启明文丛

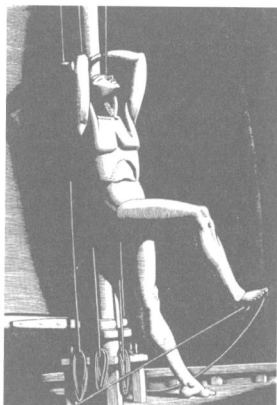

新腔重弹旧调
的余响

卫茂平 著

三联书店

图书在版编目（CIP）数据

新腔重弹旧调的余响／卫茂平著. —北京：生活·读书·新知三联书店，
2015.2
（启明文丛）
ISBN 978 - 7 - 108 - 05227 - 8

I . ①新… Ⅱ. ①卫… Ⅲ. ①德语－文学评论－文集 ②文化－德国－
文集 Ⅳ. ① I106-53 ② G151.6-53

中国版本图书馆 CIP 数据核字（2015）第 007801 号

策划编辑 刘　靖
责任编辑 郭晓慧
装帧设计 罗　洪
责任印制 卢　岳
出版发行 生活·讀書·新知 三联书店
　　　　 （北京市东城区美术馆东街 22 号 100010）
网　　址 www.sdxjpc.com
经　　销 新华书店
印　　刷 北京市松源印刷有限公司
版　　次 2015 年 2 月北京第 1 版
　　　　 2015 年 2 月北京第 1 次印刷
开　　本 635 毫米 × 965 毫米 1/16 印张 20
字　　数 221 千字
印　　数 0,001－5,000 册
定　　价 42.00 元
（印装查询：010-64002715；邮购查询：010-84010542）

目 录

序　言

蹉跎多日，编就此书。始料不及，取名不易。虽已著书几种，因为纲目一致，不曾遇此繁难。而编文集却为首次。不同文章归在一处，找一合适题目领衔，颇费周章。想到本书所收皆为曾刊之文，实有"旧调重弹"之意，而它们又多与德国或德国学术有关，就借用一句汉译德诗"新腔重弹旧调的余响"，聊作书名。

本书第一辑题名"哲学文学"。从内容上讲，此辑所收，多与德国哲学文学，或与德国思想史有关。笔者主业德语教学，却不由自主地写下此类文章多篇，可见德人思想史之创获，对自己颇具魅力。就篇目而言，十三篇文章中的九篇，曾由《文景》登出。它本世纪初创刊于上海，是笔者至今集中发稿较多的一份杂志。为读书类刊物投稿，就我而言，其实始于上世纪90年代，曾在北京的《读书》和上海的《书城》分别发过文章。但都是浅尝辄止，未有后续。原因是自己的懒散，也可能是缺少编辑的督促。直到本世纪初起，承蒙《文景》当时的执行主编杨丽华女士的约稿和鼓励，才连续多年在该杂志上发文。此种善意，令人难忘。

第二辑是"中德文化"。治学伊始，考虑作为中国的日耳曼学学人，研究重点若与德国同行一致，恐怕难有突破，因而比较注重中德文学或文化关系，力求在中德学术的交接处开辟通道。本辑所收，是此种努力的反映。

第三辑是"书前书后"。不敢掠美，"书前书后"，曾是钟叔河先生用过的书名。此处仅出现在辑目中，应该不会形成冲撞。在钟先生笔下，《书前书后》是"一束以书、读书、编书为题材的散文"，在我这里，标题下收录的主要是译本的序言或跋文，另有几篇是自己主编之书和为他人专著所写的前言，名副其实来自"书前"或者"书后"。

多年前曾与一位中文系出身的学友闲谈，欣羡其落笔成章的洒脱之态，喟叹不如。他解释说，当你们这些外文系的人背诵单词之际，正是我们进行思维和写作训练之时。细细忖量，似有道理。也许恰恰出于扬长避短之意识，虽然不时也有"创作"的冲动，但每每得到合适的译书稿约，我会立刻选择翻译，以为这才是外语教师的本分。而一旦完成译文，或长或短，常常有话想说（除了早先的几部科幻小说译本）。由此留下一些文字，形成自己在"译"与"作"之间徘徊的学术态势。而本书所收，基本反映这个事实，即相当一部分文章（不仅仅是第三辑"书前书后"中的文字），原为译序。

此书收文五十篇（收入该集时有个别修订），多数篇幅不长，追求叙述性的散论风格。即使几篇发表在"严肃"学术刊物上的长文，也力避繁琐概念和空头理论的时风。在我而言，虽以外语谋生，但在汉语语境中追求思想与文字的和谐，并由此寻得开明心绪，始终是教书之余努力的方向。此书可为这方面的一个小结。

本书书名出自歌德《诗歌集》（钱春绮译，上海译文出版社1981年版）的引子，其完整的双联是："新腔重弹旧调的余响／幸与不幸都化为歌唱"。诗句恰恰道出了我整理旧文、即将跨入人生另一阶段时的感慨心绪。

而这些"旧调",不管"幸与不幸"或成功与否,之所以能够结集"重弹",多出于杨丽华女士的雅意。本书的谋篇布局,乃至书名取舍,都与她极具专业素养的帮助密不可分。刘靖女士则以出版人特有的细致与照顾之心,专程来沪,成就此书出版事宜。郭晓慧编辑在最后的编辑阶段,多有指教。谨借此序,深致谢意!

卫茂平

2014 年元月初稿,同年 8 月 18 日改定

哲学文学

格拉斯的《母鼠》是一本毫无生机的书吗？

"书名是小说文本的一部分——事实上，它是我们读小说时最早接触到的那一部分。因此，它在吸引和支配读者的注意力方面具有相当大的力量。"[1] 洛奇（David Lodge）如是说。德国作家格拉斯（Günter Wilhelm Grass）作品的奇崛处之一，是常用动物名作书名。其书名所涉至少已有猫和老鼠（《猫与鼠》，1961），狗（《狗年月》，1963），蜗牛（《蜗牛日记》，1972），比目鱼（《比目鱼》，1977）。施莱贝尔（Jürgen Schreiber）戏称，格拉斯作品动物园中有八万五千只动物，而且保证数字准确。[2] 对这些几乎都会说人话的动物，格拉斯尤其念兹在兹的应为老鼠，故又有1986年发表的《母鼠》一书。再有他1999年诺贝尔文学奖授奖仪式讲演中的一段话，简短的开场白后，他绕过获奖作品《铁皮鼓》和新作《我的世纪》，耐人寻味地举出这部《母鼠》。他说："从纯文学的角度讲，这个大厅和邀请我来的瑞典科学院对我来说并不陌生；在我那部发表快十四年的小说《母鼠》中……老鼠……它获得了诺贝

---

1 戴·洛奇：《小说的艺术》，乔·艾略特等著，张玲等译，《小说的艺术》，社会科学文献出版社，1999，第5页。

2 Jürgen Schreiber: „Der Herr der Ratte ". Zit. nach Norbert Honsza: „Sprachmacht und Bild-Imagination ": Kritsche Stimmen zur ‚Die Rättin'. In: „Germanica Wratislaviensia " LXXI (1987), S. 131-132.

尔奖。"[1] 格拉斯记性真好，在他那本《母鼠》中（他还准确地记得在第五章），老鼠由于"在基因研究领域中的贡献"[2] 在瑞典科学院受奖并致辞。这是格拉斯早就志存高远的自然流露，或是他欲借此良机，对批评界进行反击？推想起来，应为后者。因为正是这本《母鼠》，面市之初，即遭挞伐。这曾使他沮丧万分，甚至一度搁笔。请看当时的一些书评：

《世界报》1986 年 3 月 1 日："一本毫无生机的书……倘若不读君特·格拉斯的最新创作《母鼠》，什么也不会错过。"[3]《法兰克福评论》1986 年 3 月 1 日："君特·格拉斯有合适的人陪伴：在失败者中间。""没有理由去恶意中伤。悲哀适得其所。"[4]《莱茵报》1986 年 3 月 3 日："一个畸形的脑中产物。"[5] 有德国文坛教皇之称的赖希 - 拉尼茨基（Marcel Reich-Ranicki）在 1986 年 5 月 10 日的《法兰克福汇报》上以他一贯的讥讽口吻劈头就道："这里没有什么可笑的，更没有什么可以嘲弄——告诫是别幸灾乐祸"，"简而言之，这本书令人讨厌"。[6] 评论中也有推重之辞，但是大牌批评家联袂而起的责难显然声势更大。归纳臧否，克尼舍勒（Thomas W.Kniesche）定结论："公众舆论的结果明白无误：《母鼠》是一位

1 引自《"待续……"——君特·格拉斯在 1999 年诺贝尔文学奖授奖仪式上的演讲》，郭颖杰译，载《中华读书报》1999 年 12 月 22 日。

2 Günter Grass: „Die Rättin ", Darmstadt und Neuwied 1986, S. 190. 以下此书引文均出自这个版本，仅在文后括号内标明页码，不另注。

3 Günter Zehm: „Einer träumt vom Großen Blitz ". In: „Germanica Wratislaviensia " LXXI (1987) S. 120.

4 Wolfram Schütte: „Futsch milde Minscher (oder: alles für die Katz) ". In: „Germanica Wratislaviensia " LXXI (1987) S. 118.

5 Peter Engel: „Die Menschheit tritt von der Weltbühne". Zit. nach: Franz Josef Görtz: ‚Apokalypse im Roman – Günter Grass' ‚Die Rättin'. In: Paul Michael Lützeler (Hg.): „Spätmoderne und Postmoderne ", München 1991, S. 197.

6 Marcel Reich-Ranicki: „Günter Grass ", Zürich 1992, S. 133.

享有盛誉的作家的失败尝试。"[1]

《母鼠》为何这样为人诟病？本文拟以后现代派创作特点为背景，对此作答。涉及的主要问题有：作品复杂的互文性，对启蒙的批评，体裁的交错和叙事方式的转换，时序的变换和语言的游戏性等。

一、故事情节

复述《母鼠》的故事情节并非易事。一说它主要由五个故事组成[2]，另说有七个[3]，更有人"细数"后说它共有"七百九十五个辅助情节"[4]。一位评论家以为："它没有一个能被复述的统一故事。"[5] 另一位评论家断言：《母鼠》没有互相联系、能让人依次复述的情节。"[6] 可见此书奇谲。尽管如此，这本五百多页的书在其片段性的文字中，还是呈示出数个故事单元。试归纳如下：

1. 叙述者"我"在圣诞夜希望获赠一只老鼠。愿望实现。笼中之鼠在"我"的梦中成为"母鼠"，而"我"自己被绑在一艘太空船的座椅中，作为世上最后一人同母鼠谈"后人类"，即人类消

---

1 Thomas W. Kniesche: „Die Genealogie der Post-Apokalypse: Günter Grass ' ‚Die Rättin' ", Wien 1991, S. 39.

2 同上书，S. 18。

3 参见 Wolf Wucherpfennig: „Lüge, Traum und Melancholie – Überlegungen zu dem Roman, Die Rättin' von Günter Grass ". In: „Augias " Nr. 31 (1988), S. 5。

4 Wolfgang Michal: „Den großen Knall überleben nur die Ratten ".In:„Germanica Wratislaviensia " LXXI (1987) S. 107.

5 Edgar Platen: „Hat die Menschheit eine Zukunft? Die literarische Antwort des Schriftstellers Günter Grass ". In: „Moderna Språk " Nr. 1. 1995, S. 44.

6 参见 Wolf Wucherpfennig: „Lüge, Traum und Melancholie – Überlegungen zu dem Roman ‚Die Rättin' von Günter Grass ". In: „Augias " Nr. 31 (1988), S. 5。

亡后的事。

2.《铁皮鼓》中的侏儒奥斯卡复活，已是六旬老人。他早已扔掉铁皮鼓，靠生产色情片致富，成了录像片公司"后将来"的老板。他在外祖母（同是《铁皮鼓》中的人物）一百零七岁生日那天，当众放映他预先拍好的祝寿片，内容与现实无异。庆典刚及高潮，大爆炸发生，世界毁灭。

3. 受圣诞老鼠启发，叙述者给奥斯卡提供纪录片故事。德国联邦总理携环境部长和国务秘书格林兄弟视察实际上由塑料树、多维幕墙和录音设备幻造出的森林，因为现实中的森林早已不存在。骗局被总理的两个孩子，汉斯和马伽莱特揭破。闯祸的孩子摇身一变，成了《格林童话》中的亨塞尔和格莱特，跑入童话森林与其他人物会合。他们在巫婆等的协助下，使整个联邦政府陷于瘫痪，但最后还是惨遭镇压。

4. 在"我"和奥斯卡的谈话中冒出画家马尔斯卡特。这是个真实人物，吕贝克的画家。他在"二战"后受到委托修复石勒苏益格大教堂的壁画，曾引起各界注意，轰动一时。在梦境中，奥斯卡让叙述者写一个有关马尔斯卡特的剧本，因为他在这个骗子身上看到德国50年代历史"欺骗性"的缩影。

5. 格拉斯小说《比目鱼》中的女人伊瑟贝尔的名字，成了一艘科学考察船的船名："新伊瑟贝尔"。船员是五个女人，任务为搜集海洋污染的数据。但她们似乎在船上不停地打毛线，最后去追寻传说中沉入大海的女人国"维内塔"。就在她们达到目的、准备跳入大海进入这个天堂时，发现它已被老鼠占领。也正在这时大爆炸发生。

二、复杂的互文性

"互文性"是 20 世纪 60 年代后期克里斯蒂瓦（Julia Kristeva）受巴赫金对话理论的启发提出的一个文学批评概念，意谓文本与文本的关联。就巴赫金来看，每个文本都是对另一个文本的吸收或变形。经过克里斯蒂瓦等人的发展，后结构主义的互文性理论已超出纯文学文本的范围，涉及包括非文学的整个文本宇宙。用这个理论检视《母鼠》一书，可见其令人目眩处正是在互文性方面的复杂纠结。

"格拉斯的叙述比以往任何时候更富创造力，但叙述中也出现了他以前曾讲过的东西。"[1] 对格拉斯此书不无好感的福姆威格（Heinrich Vormweg）这样说。《母鼠》中主要人物之一即是格拉斯成名作《铁皮鼓》中的奥斯卡。"哈罗，奥斯卡，他即到场：健谈多舌；因为没有什么证明他的死亡。"（20 页）除了奥斯卡，他在《铁皮鼓》中的一连串亲朋好友纷纷登场。所以，《母鼠》和《铁皮鼓》之间实非一般的互文关系，后者可以说是理解前者的前提。

同样，海洋考察船的船名"新伊瑟贝尔"及有关的情节也取自他本人的作品。伊瑟贝尔原为《格林童话》"渔夫和他的妻子"中那个贪得无厌、不断向丈夫放生的比目鱼索要东西的女人。这个带有歧视女人印记的名字已在格拉斯 1977 年的小说《比目鱼》中出现，眼下则成了一艘女子考察船的船号。但《母鼠》中的这个故事与女祸论似无干系，却带有女权主义的色彩。

1　Heinrich Vormweg: „Günter Grass", Hamburg 1986, S. 116-117.

总而言之，"格拉斯退回到他的开端"[1]，继续纺着"他那团以往的叙述线团"[2]，"似乎这一切仅服务于作者的自我确认"[3]。以上识见颇中要害，既点出格拉斯作品的"自恋"倾向，又提示《母鼠》题材缺乏新意。

　　再看此书与他人作品的关系。显例之一为乔治·奥威尔的预言性小说《1984》。小说主人公温斯顿任凭拷打，不愿屈服于国家政权的淫威，最后被绑椅上，头被卡住。一笼老鼠被放到他眼前，笼门对脸。行刑者警告，一打开笼门，"这些饿慌的小畜生就会万箭齐发一起蹿出来……会直扑你的脸孔，一口咬住不放。有时它们先咬眼睛。有时它们先咬面颊，再吃舌头"[4]。温斯顿精神崩溃，最后背叛了情人裘丽亚。格拉斯笔下的主人公梦中同样被绑椅上，面对鼠笼。老鼠虽未咬他，却咬了奥斯卡的外祖母，下口处也是脸上。（353页）事实上格拉斯在《母鼠》中未藏匿此书与奥威尔《1984》的互文关系，多次述及奥威尔及"奥威尔的著名小说"。（191，192页）另外，他书中不断提到的"鼠疫"（136，138页）和"有益的鼠疫"（502页）等例中，暗伏着加缪的《鼠疫》一书。对于书中频频出现的"超级鼠"（87页）和"超鼠"（118，329页）等词，未曾寓目尼采"超人"一说，也会不得要领。策姆（Günter Zehm）在品评《母鼠》时讲："可惜这么多情节中没有一个真正原

1　Wolfgang Michal: „Den großen Knall überleben nur die Ratten ".In: „ Germanica Wratislaviensia" LXXI (1987) S. 107.

2　参见 Peter Engel: „Die Menschheit tritt von der Weltbühne". Zit. nach: Franz Josef Görtz: ‚Apokalypse im Roman – Günter Grass' ‚Die Rättin' ". In: Paul Michael Lützeler (Hg.): „ Spätmoderne und Postmoderne ", München 1991, S. 199。

3　同上书，S. 208。

4　乔治·奥威尔著，董乐山译，《1984》，花城出版社，1985，第 284 页。

创的，真正是'发明'"[1]，也从另一侧面说明，倘不了解与格拉斯此书互文之作，阅读《母鼠》的难点何在。

《母鼠》一书指涉尤甚的是各类童话和传说。比如，豪夫（Wilhelm Hauff）的《冷酷的心》、蒂克（Ludwig Tieck）的《穿靴子的公猫》、民间传说《山妖的故事》和《安徒生童话》等。特别是《格林童话》在此书中作用非常，但遭到荒谬的变形。除了互文性，这里还牵涉到格拉斯自《铁皮鼓》以来不断走向极致的乖谬的写作手法。比如，龙佩尔施迪尔钦不断从地里拔出自己那百扯不断的腿；青蛙王子小鸡啄米般地吻醒他的公主；无手女孩双手离体，不停地凌空击人；小红帽动辄钻入老狼肚子，然后从里面拉上拉链；惹人怜爱的白雪公主则同七个小矮人轮流隐入树丛，干男女之事；法力无边的巫婆被反复推入火炉不死，更能在众目睽睽之下撩裙撒尿代替汽油，让众童话人物驾车驶入波恩，大闹都城。断无疑义，这是对童话的逆悖而非鼎新，折射的不啻是互文性问题，更是动摇现代美学标准的后现代创作之价值偏向。哈桑（Ihab Hassan）对后现代主义概念的阐述之一是："如果说现代派多半显得神圣化，附属结构的，形式主义的，那么，后现代派给我们的印象迥然不同，表现为嬉嬉闹闹，并列结构的，解构主义的。"[2]仅综上述，即可窥见，《母鼠》一书与此阐述颇有会合之处。这应是它不能见容于传统文学批评的原因之一。

---

1 Günter Zehm: „Einer träumt vom Großen Blitz ". In: „Germanica Wratislaviensia " LXXI (1987) S. 121.

2 哈桑，《后现代主义概念初探》，载：让－弗·利奥塔等著，赵一凡等译，《后现代主义》，社会科学文献出版社，1999，第123页。

三、启蒙辩证法、末日启示与社会批评

《母鼠》一书开篇不久就提到"一首涉及人类的教育的诗"（71页）。《人类的教育》，这是德国启蒙运动的先驱莱辛（Gotthold Ephraim Lessing）的名著。他以为，人类应该通过教育摒弃中世纪的愚昧，依靠理性获得独立和自由。但是启蒙和理性的发展非如莱辛所愿。《母鼠》中有一首诗对这一"教育"过程及结果进行了评说：

> 当我们称我们的教育为进步后，
> 知识就不仅仅被用在纸上
> 而是被宣布为力量。
> 已获启蒙者大呼：可怕呀
> 那些无知者！

> 当暴力最终，不顾一切理性，
> 无法被清除出世界时，
> 人类教育自己互相恫吓。
> 人类就这样学习维持和平，直到某个偶然
> 不明不白地[1]突然出现。

> 人类的教育最终
> 大体结束。伟大的光明
> 照亮每一个角落。可惜，此后

---

1 "不明不白地"原文为"unaufgeklärt"，直译为"未受启蒙地"，这里同样影射启蒙运动。

变得如此阴暗。没人再找得到

他的学校。（188—189 页）

　　启蒙运动宣告了理性主义的胜利，是欧洲现代文明史的重要
转折。但是，尤其到了所谓的后现代主义时期，启蒙辩证法，亦
即理性的阴暗面由秘而显：笛卡尔的"我思故我在"仅以思维和
理智作为人的定义，以自我度量世界，由此把人同他的历史和自
然分离；培根的"知识就是力量"，纵容人类狂妄地把知识用来征
服同类和奴役自然。莱辛推崇的根植于道德和人道主义的理性，
历史性地成了纯粹的技术理性。正是在《母鼠》中，格拉斯利用
各种机会，历数森林死亡、环境恶化、水质污染、基因研究和电
脑技术的可怕倾向，批判这种理性的畸形发展。有鉴于此，普拉
滕（Edgar Platen）称："《母鼠》是一本关于一种乌托邦，即启蒙
乌托邦失败的书。"[1] 这又一次彰显出此书与以批判启蒙为本位的后
现代派思维的媾和。

　　如前所述，《母鼠》一书的题材有的来自格拉斯自己的作品，
有的源于他人著作和童话，也有的取自思想史。而马尔斯卡特的
故事则属于历史现实，与文学无关，与思想史无涉。但格拉斯又
让这个历史人物同他的文学人物奥斯卡见面。历史人物的真实性和
文学人物的虚构性互相销蚀，这也许正是作者的意图。但格拉斯还
另有他意。在童话故事中他已把联邦总理及部长们戏弄一番，现在
又把联邦德国首任总理康拉德·阿登纳（Konrad Adenauer）和前民
主德国首脑瓦尔特·乌尔布里希（Walter Haubrich）同马尔斯卡特

1　参见 Edgar Platen: „Hat die Menschheit eine Zukunft? Die literarische Antwort des Schriftstellters Günter Grass". In: „Moderna Spräk " Nr. 1. 1995, S. 51。

这个骗子并列一处，称他们是"作伪大师"（42页），称德国的20世纪50年代为"虚假的50年代"（273页），因为这两位政治家战后投靠各自的战胜国，倏然都成了胜利者，从而试图抹去德国的战争罪行。另外，他们在作伪方面比马尔斯卡特有过之而无不及，因为马尔斯卡特最后天良发现，自我揭露，而那两位政治家继续玩着他们那"国家反对国家的恶毒游戏"，"用谎言对付谎言"。（445页）格拉斯就这样借题发挥，一如既往地对德国现实政治发难。

正是面对这样一个启蒙失败、道德泯灭的世界，格拉斯在书中发出诅咒，把《母鼠》的话语主题定位在"末日启示"上。眼看着空中"云雾般涌来的鼠群"，"甚至无神论者也许叫出声：'典型的末日启示'！"（149页）在奥斯卡外祖母生日庆典达到高潮、"新伊瑟贝尔"考察船上的女人们终于到达目的地的那一刻，核弹爆炸，人类消亡。

末日启示是个著名的宗教历史和文学模型。上帝创世时规定了开头、中间、结尾这个法则。个体生命中这一法则早已实现，但世界有无末日？旧的预言失败后是新的预言，因为这个法则无法证伪。末日灾难就成了文学的主要叙事范式之一。但格拉斯笔下的这个末日与《圣经》故事不同，它非由上帝圈定，而由人类促成，是人类理性疯狂发展的结果。"人以多种多样的方式对人类的毁灭已经开始。"[1]这是格拉斯1982年就说过的话。1983年，联邦德国同意北约将其中程核弹布置在自己境内后，核战在技术上的可能性更易为格拉斯体察。也就在《母鼠》发表约八个星期后，切尔诺贝利核电站发生爆炸，证明和平时期的人类也能毁于自己

---

1 引自 Timm Boßmann: „Der Dichter im Schlußfeld. Geschichte und Versagen der Literaturkritik am Beispiel Günter Grass ", Marburg 1997, S. 66。

的双手，这并非盛世危言、空穴来风。但是，格拉斯在一部文学作品中对理性偏执的人类社会作出审判，这种把文学作品当做政论来写的做法，遭到文学批评界一片指摘："因为我们的世界受到最大危害，人类可能在奔向自己的末日，政治家和神职人员，科学家和业余大学的校长们天天在谈"，"对此一篇文章或一篇中等规模的讲话已经足够"。但格拉斯呢？"他不去叙述我们大家非常感兴趣的此时此地的生活，却走一条相反的路：他令人惋惜地试图把他那些如此平庸的见解和警告变成叙事。"[1]赖希－拉尼茨基立场明确，政治议论并非文学创作之正途。其背景当为欧美传统文评刻意践履的、强调艺术之独立价值的美学原则。

四、体裁的交错和叙事方式的转换

在以上论述中，笔者尽量不提《母鼠》一书的体裁。因为此书发表时没有任何体裁说明。赖希－拉尼茨基当时在评论中称其为小说，曾遭反驳："赖希－拉尼茨基忽视了，此书没有任何体裁标记，但却断言，格拉斯一定要把他的危机坚定和预言作为小说公之于众。"[2]这似乎对赖希－拉尼茨基的批评来了一个釜底抽薪。《母鼠》究竟隶属哪种体裁？有人说："关于作者和母鼠的情节使用虚构的作者传记和梦幻手法，奥斯卡情节是个短篇，关于'新伊瑟贝尔'的故事是旅行记，童话本身是个独立体裁，而马尔斯

---

1 参见 Marcel Reich-Ranicki: „Günter Grass", Zürich 1992, S. 135。

2 Ilse Hilliger und Johannes Dorndorf: „Katastrophenbilder. ‚Die Rättin', ‚Zunge Zeigen', ‚Totes Holz' ". In: Heinz Ludwig Arnold (Hg.): „Blech getrommelt – Günter Grass in der Kritik", Göttingen 1997, S. 172.

卡特的情节被表现为记实。"[1]另一位评论家的话更加简练："格拉斯使他的作品脱离了固定的形式。它打破了一切类目，既非长篇也非短篇。相反，作者在文学体裁的多彩篮筐中自由捞取，把叙事同诗歌、童话和报告，和短篇及幻想掺在一起。"[2]评论一部文学作品，着手处是它的体裁。没有明显的或公认的文类标志，会让严守文类模式的评者无所适从。无奈之余有人称《母鼠》为"一场人物众多的噩梦"[3]，也有人哀叹，这是"文学的挽歌"[4]。面对这样一部"四不像"的作品，另一位批评家写下"一部他自己（格拉斯）不敢指称的小说"[5]这样的话。格拉斯真的不敢？就在这次授奖仪式上，他明确地（不知是否首次）称《母鼠》为小说。赖希－拉尼茨基批评中被抽走的薪火被格拉斯大度地送了回去。格拉斯以自己的指称有意无意间又向后现代主义靠近一步。因为遵循后现代主义的思维方式，传统的小说定义和其他许多所谓的科学定义一样，是理论家杜撰的神话。而后现代主义的反体裁创作就是要打破这类神话。这应是《母鼠》难逃传统文评苛责的又一缘由。

惹恼批评界的还有此书行文方式上的"前卫"。"每个叙述单元先是仅被一笔带过，然后才被较清楚地展现"[6]，比如画家马尔斯

1 参见 Thomas W. Kniesche: „Die Gencalogie der Post-Apokalypse: Günter Grass' ‚Die Rättin' ", Wien 1991, S. 18。

2 Peter Wirtz: „Neues Verhältnis von Dichtung und Wahrheit ". In: Heinz Ludwig Arnold (Hg.): „Blech getrommelt-Günter Grass in der Kritik ", Göttingen 1997, S. 172-173.

3 Joachim Kaiser: „In Zukunft nur Ratten ". In: „Germanica Wratislaviensia " LXXI (1987) , S. 122.

4 Rainer Scherf: „Günter Grass: ‚Die Rättin' und der Tod der Literatur ". In: „Wirkendes Wort ", 6/1987, S. 397.

5 Paul F. Reize: „Zwerg Oskar, die Grimms und ein Nagetier ". In: „Germanica Wratislaviensia " LXXI (1987) S. 113.

6 Mark Martin Gruettner: „Intertextualität und Zeitkritik in Günter Grass' "Kopfgeburten' und„ Die Rättin' ". Tübingen 1997, S. 107.

卡特的故事，书中第十六页已提及，较清楚的交代在三百九十二页。同样，其他各个叙述单元也无时不刻处在跳跃和转换中。这种迷宫式的写作方式，往往让人莫知适从。此外，文学作品不同于科学著作，一般不必加注作解。注解不属于叙事文本。但在《母鼠》中，括号中的插叙和解释比比皆是，似乎作者生怕读者在他的八卦阵中迷失方向。还有，叙事作品中恐怕没有什么比政论和说教更易失于浅薄。可格拉斯偏不信邪。母鼠重复人类的话："进步有它的代价"，"技术发展无法阻挡。"（74页）雅各布·格林说："民主仅是个请愿者。伟大的金钱拥有权力。"（236页）而对时事政治、环境保护乃至历史文化所发的长篇大论也不时可见，最终引出批评家"文学社论？"的疑问。[1]以陈述代替叙述，以社会批评取代人物塑造，这难道也是后现代文学宣告"大叙述"瓦解的另一标志？

五、时序的变幻和语言的游戏性

《母鼠》结构特点之一是时间逻辑的破除。传统意义中的过去、现在和将来的时序在此书中不存。中心例子是奥斯卡的录像片公司。它能借助媒体技术，预先拍摄尚未发生的事。例二是有关大爆炸的叙述单元。回观人类历史，不断有人预言人类的末日，但无人能如实叙写，因为人的生命只有一次，人类无法记录自己的死亡。但格拉斯偏要尝试一番。他把故事定位在后人类时代。那时世界已经毁灭，老鼠横行于世。这样，预言成了现实，将来

---

1 In: Heinz Ludwig Arnold (Hg.): „Blech getrommelt – Günter Grass in der Kritik ", Göttingen 1997, S. 175.

成了过去。更有甚者,大爆炸后,奥斯卡依旧从波兰、从外祖母的生日庆典上返回。以后,他还盛邀亲友、包括先前也已死过一回的"新伊瑟贝尔"女船长达姆萝卡,庆祝自己的六十岁生日。大爆炸没有发生?如果说,在此之前尽管作者跳跃式或交叉式的叙述,读者还能重构故事的事态时序,那么至少从此刻起,人类公认的自然时序已被作者的话语打破,依靠传统时间逻辑的重构不再可能。格拉斯试图也对时间概念进行解构、对末日启示题材进行颠覆?可以肯定的是,一旦末日启示变成回忆、被宣告为过去,它就失去了传统的震慑和警示功能。这是否有违格拉斯的初衷?

　　再看一下《母鼠》的语言运用。评论家指出的格拉斯的语言特征有"从句的集聚,多极的句法,有词形变化但句法上无法理解的从句叠加"[1],又有人点出"其意义作者自己可能也不明白的'词的联想'"[2]。这种倾向在《母鼠》中表现尤甚。这里拈出几例,以示此非妄言。一段对森林的描绘:"从所有的树梢上落下引文。一个男孩是时候地在一个被放在青苔上的公主的上方排空男孩的奇妙号角:花朵,蜻蜓和蝴蝶……"(54页)树梢上怎么会落下引文?难道格拉斯这里从歌德"理论全是灰色,生命之树才常青"出发,曲折地影射文字和树的关系?不是尽人皆知《男孩的奇妙号角》是德语文学中的一部名著。即使知道,难道该"形而下"地解释这个场景?再如,"唉,腿不短,谎言脚力甚健地阔步向前"(80页),这是对德语成语"谎言腿短"的戏用。又如,"这个

1　Sabine Gross: „Soviel Wirklichkeit ermüdet. Sprache und Stil in Günter Grass' ‚Die Rättin' ". In: Hans Adler und Jost Hermand (Hg.): „Günter Grass · Ästhetik des Engagements, Frankfurt " / M. 1996, S. 116.

2　同上书,S. 117。

既不年轻也不年迈的女人丑陋而美丽"（127页），这似同属戏言，但亦可解为后现代主义意义中对二元对立逻辑的弃绝。诸如此类的例子在《母鼠》中几乎触目皆是。它造成一种戏谑风格，进一步阻止读者去解读作者的忧患意识、末日情怀。

六、格拉斯是后现代主义作家？

洛奇曾总结后现代主义文学创作的六大特点：1. 矛盾——后一句话推翻前一句话；2. 排列——有时把几种可能性排列起来，以示故事和生活的荒谬；3. 不连贯性——以极简短的互不衔接的章节、片断来组成小说；4. 随意性——创作与阅读成了一种随便的行为；5. 比喻的极度引申；6. 虚构与事实相结合。[1] 本文无意把《母鼠》一书完全归于后现代主义，但稍作回顾即可发现，这里举出的特征，大部分能在《母鼠》中找到对应。威尔什（Wolfgomg Welsch）的归纳更具原则性："后现代性出现在语言、模型和处理方式的一种原则性多元主义得到贯彻的地方，但这种多元主义不是在不同的作品中并列，而是在同一部作品中互相交错。"[2] 也正是基于《母鼠》中交叉出现的这种多元性，克尼舍（Thomas W. Kniesche）明确问道："格拉斯因此是位后现代主义作家吗？"[3] 问题不易回答。因为后现代主义本身是个"成问题"的

---

1 参见李泽厚、汝信名誉主编，《美学百科全书》，社会科学文献出版社，1990，第191—192页。此处引自王治河著，《扑朔迷离的游戏——后现代哲学思潮研究》，社会科学文献出版社，1993，第295页。

2 Wolfgang Welsch: „Postmoderne". In: Thomas W. Kniesche: „Die Genealogie der Post-Apokalypse: Günter Grass', Die Rättin'", Wien 1991, S. 60.

3 参见 Thomas W. Kniesche: „Die Genealogie der Post-Apokalypse: Günter Grass', Die Rättin'", Wien 1991, S. 60。

概念。尤其是因为，尽管此书裏挟了对启蒙失败、理性疯狂的种种批判并且诅咒了人类的将来，又携带着这么些多元主义因素和戏谑风格，我们在书中仍能读到以"尽管如此"（dennoch）一词体现出的西西弗斯精神："兄弟俩（格林兄弟）懂得表达他们的努力，这种不限于一时的勇敢的'尽管如此'。他们似乎喜欢他们那重复的失败。"（53页）而叙述者在全书第一首诗中已道出的"因为我想用词语推迟这个结果"（16页）的话，同样呈示出加缪意义中永不言败和执著于希望的顽强。这有悖于后现代主义创作的基本范式，反而张扬了格拉斯坚持启蒙的现代主义立场。

《母鼠》中表现的强烈社会批评倾向，是引起批评界发难的契机之一。德国《明镜》（*Spiegel*）周刊上当时有人挖苦道："似乎这个世界的问题和冲突正是为了让他大声责骂和克服而存在。似乎森林只有当格拉斯公开要求别死才能存活。"[1] 美国《时代》杂志中更有人尖刻地说："给这个男人诺贝尔文学奖，好让他最后闭嘴！"[2]

诺贝尔文学奖十四年后真的给了他，但格拉斯似无闭嘴的打算，这从他这次授奖仪式讲演的论战性上不难看出。格拉斯会一如既往，用其作品掀起波澜，搅动文坛。实际上他那些充满互文性又为文诡异的作品找的就是批评界，绝非普通读者。这也许是洛奇上文未及的、后现代主义文学的又一表征。

（原载《国外文学》2001年4月号）

---

1 Christian Schulz-Gestein: „ Im Schatten der Trommel". 引自注 26，S. 176。

2 Helmut Ziegler: „Wort zum Sonntag ". 引自 Thomas W. Kniesche: „ Die Genealogie der PostApokalypse: Günter Grass ' ,Die Rättin' ", Wien 1991, S. 176.

错过了的机会

——斯洛特戴克及其《欧道主义》

十多年前在德国，初见《欧道主义》(*Eurotaoismus*)一书，即为玄奇竟怪的书名所吸引。十多年后，在上海西区一欧式餐厅的一次冷餐会上，有德国学人问：您知道斯洛特戴克吗？一时语塞。就德国哲学家而言，正被近年来逐渐占满书架的海德格尔、胡塞尔、雅斯贝尔斯 (Karl Jaspers)、伽达默尔 (Hans-Georg Gadamer) 和哈贝马斯等弄得眼花缭乱，斯洛特戴克不知被挤到了哪个角落。当这位德人提醒说，他写过一本叫《欧道主义》的书时，记忆的闸门终于打开，能够骄傲地回答：买过此书首版，那时他在哲学界还不十分叫座。毕竟此书以其独特的书名，让人难以忘怀。

斯洛特戴克 (Peter Sloterdijk, 1947—   ) 是当今德国著名哲学家，后结构主义反知识论的一个代表人物。初版于 1989 年的《欧道主义》[1]是其力作之一。此书书名用词词典不载，又中西合璧，立意鸣高，得有一番解释。其实，斯洛特戴克本人在书的引言起首处，已作修辞反问：为什么偏偏用这个"笨拙而又玄奥的词"作书名？他本人给出三个答案：一、这是他本人经常胡说八道的毛病所致；二、这是施莱格尔风格意义中"组合性玩笑"（7

---

1 „Eurotaoismus. Zur Kritik der politischen Kinetik ", Suhrkamp 1989. 以下此书引文均出自这个版本，仅在文后括号内标明页码。

页），即把两个相距甚远乃至互不相干的概念合在一起的结果；三、这更可能是个关于错过了的机会的标题。答案一显然是自嘲。答案二为组词运作方法的一种可能，只局限在技术层面。答案三似乎才有实质性的意义。莫非他的言外之意是对欧洲错过了融合"道"之学说的机会的遗憾？换言之，这难道是"欧道主义"一词的含义？这不太好说。

回答这个问题，得从书的内容谈起。此书有个补充性的副标题：政治动力学批判。源自牛顿及其弟子克拉克的经典动力论，是一种关于力和由此产生的物体运动之间的关系的学说。这为斯洛特戴克此书的展开提供了一个切入点。以这个理论检视人类社会发展史，他以为，在欧洲历史进程中，起决定性作用的正是一种以总动员（Mobilmachung）形式出现的、强大的运动性力。这种动力早在古希腊企望完美的诡辩术，以及追求极限的奥林匹克竞赛中初现形态。接着在修道院，对专注的专注，沉思中的沉思，人的主体性不断增强。到了近现代社会，知识的日积月累，国家的独立运动，军备竞赛的升级，艺术家个体的自我偶像化，体育运动中对提高技能水平的迷狂等，简而言之，长时间以来，在人类活动的各个领域中进行着由动力论生发出的人类的自我总动员。就是马克思那通过资本化创造剩余价值的"价值"（66页），与其说是一种经济现象，还不如说是一种动力论现象。

问题的关键是，谁运动，他运动的就不仅仅是其自身；谁创造历史，他创造的也绝不仅仅是他想创造的历史。斯洛特戴克以"现代主义最神圣之物汽车"（42页）为例说明："夏季中欧高速公路上的严重堵车也具有历史哲学的价值，甚至宗教史的意义。"因为正是在这"后现代主义的停停走走"现象中，他看到了现代主义的失败:"……在此我们遭遇的是一种幻想的终结——这些现象是动力论的耶稣受难节。在这个节日,通过提速得到拯救的希望归于破灭。"而且,"即使哪一位从未听说过'后现代主义'这个词,在堵车的那些个下午也已熟悉了事态"(42,43 页)。

斯洛特戴克此书批判现代主义"动力乌托邦"(23 页)的宗旨由此一目了然。这种动力乌托邦以为,全部的世界运动应该是人对各种运动规划的执行,世界理应是人这个主体生命的有序表达。然而,伴随着现代而来的人类社会现象和人们往日的想象大不一样。斯洛特戴克在书中提到了纽约的大面积停电,切尔诺贝利核电站的爆炸。他当时未及目睹的,还有约十年后拖着熊熊烈火,把近百名德国人送上不归路的协和式飞机坠毁,以及让世人闻之色变的疯牛病蔓延。看来,事物发展的结果往往悖于人的计划。设计好的规划做不到万无一失。也就是说,运动失控,与创造历史的运动如影相随。而现代主义却教给我们过多的行动理论,其结果是环境危机四伏,世人惊恐万状。面对现代主义的失败和总动员的结果,斯洛特戴克的诊断毫不含糊:这一切非是人算不如天算,而是由于人类没有弄清动力学问题。随着人类的自我总动员,有穷极倾向的原动力,引发了能彻底埋葬人类自身的雪崩。而人类自己是这场悲剧的主犯。

斯洛特戴克的论述,似能让我们对古老的伊甸园故事获得一种新识:仁慈的上帝为何不让人有智慧。上帝是替人着想。他也许懂得斯洛特戴克意义中的政治动力学。

不过,斯洛特戴克是否在危言耸听?因为,不是中外皆有"吃一堑长一智"的说法?而且,斯洛特戴克在书中也确认"Durch Schaden Klugheit"这句话,并说,"在此之中保存了人类最古老的学习理论"（114页）。斯洛特戴克此书的亮点之一，就是对此说的条分缕析。他认为，这句话一方面表明，人类的智慧和对苦难的经历从来就是难兄难弟，须臾不可离，受难也就是人的宿命。另一方面他以为，这句话似乎也包含了另一种灾难辩证法，亦即人类能够从错误中吸取教训。由此推之，人类想必也能从失败中变得聪明，摆脱动力论的控制和总动员的支配。但是不，斯洛特戴克惊堂木一拍，说："人类先天就有学习障碍，因为它不是一个主体，而是一个联动装置。"（116页）具体而言，具有肉身的个人有学习能力和学习要求，而这个我们称之为人类的联动装置没有用来体验失败和进行学习的肉身。被烫的孩子不再玩火，而人类作为一个集体不会是被烫的孩子。学习的古老模式在这个事实前无效。

而且，这里不仅牵涉到"人类"的无主体性，而且事关灾难的无主体性。斯洛特戴克的灾难辩证法还包含对"事件的灾难"和"行为的灾难"的区别。"事件的灾难"与人的行为无直接关系。只有当灾难是"行为的灾难"时，亦即在灾难后能找到一个确实的罪犯时，它才可能成为个人的改变观念、进行反思的一种刺激。也就是说，为了让灾难后的学习变得可能，必须找出一个造成灾难的主体。问题随之而来，比如，在切尔诺贝利这样一个灾难后，在这样一个复杂的技术和组织构架中能找出一个实实在在的肇事者，并让他承担责任吗？斯洛特戴克在书中这样设问："在这样一个肇事者身上，其对于统治自然的意志是由什么唤起的？谁或什么把作案的武器递到他手里？这个统治自然的主体最后是通过何种历史也成了原子核大火的主人？"（120页）言下之意显然是，按照西方"知性和意志文化"（119页）的观念，现代社会中的每个人都有犯罪的嫌疑，都有可能是肇祸人。换言之，谁都又不是罪犯。结果是，失败后不存在学习过程，"吃一堑"后未必会"长一智"。这个古老的学习理论奈何不了动力论引发的人类总动员及其不胜枚举的灾难。

面对此情此景，斯洛特戴克疾首问道，是否有必要发展一种关于人类能力有限性的意识，一种同"积极行动"的西方精神不同的、"只有在现代派规划的反面形成的""纯态"或"消极状态"（28页），以排抵现代主义的行动理论。这种"纯态"或"消极状态"应为其书名已暗示的，老子道学中的无为思想。至迟自巴洛克时代已进入德国学界的中国智慧，在这本《欧道主义》中实际上又经历了一次复兴。此书有一章节的题目其实就是"一种亚洲文艺复兴的机会：关于古代的理论"（82页）。

关于中国器物文化以外的知识，一开始主要由西人，特别是耶稣会士带回欧洲。出于自身发展策略的考虑，此类关于中国的报告常常过于理想化。人们对中国的印象起初也就激赏有加。随着愈演愈烈的西方殖民扩张和耶稣会士在中国的逐渐失势，至迟到18世纪末，对中国的批评之声，渐次加强。此后，西人的实地考察，进一步抹去了笼罩在中华大地上的神秘光环。而中国的落后，使背靠"先进"制度文化和科学技术的西人鼻子翘得更高。即使今日，带着摩天大厦和林荫大道超前发展的中国城市文化，因为携有短时间内抛甩不去的国民群体素质低下状况和散布在各个角落的贫民居所，也还无法改变这一局面。就在斯洛特戴克这本20世纪80年代末出版、书名中夹着中国哲学概念的学术著作中，也不乏对中国居高临下的调侃。在言及"古老的中国"时他说："如所周知，那里生活着如此众多的智者。为了阻止对启智的乳房的拥挤，一个家庭只能生一个孩子——有人窃窃私语，这几

天第十亿个小道家就要出世。"（211 页）

斯洛特戴克对中国人形象轻嘴薄舌，对中国的老子学说却倍加关爱。有书名为证。他在书中还说："当西方沉湎于一种隐没的东方，呼唤一种亚洲的古代，作为目前生活有示范性意义的文化模型时，它是在一种陌生的过去中探究自身未来的可能。"（86 页）这个"有示范性意义的文化模型"，就上下文看，显然意指也许能略助西人免堕总动员之深渊的老子学说。但是，斯洛特戴克虽然把"道"字羼入自家书名，书中也凸显出借中国智慧，释自身焦虑的意向，他还是心如明镜。面对动力论的凯歌高奏，"道"无法挽狂澜于既倒，"即使我们承认东方智慧令人印象深刻，具有自身价值，仅靠输入亚洲，帮不了西方那已总动员了的世界"（9 页）。思想家知其不可而仍然为之的绝望于此可见。

不过，深得"道"之精髓的亚洲呢？实际上，在西方殖民主义引起的"精神世界贸易"影响下，亚洲同样走上了一条由动力论划定的不归路。用斯洛特戴克的话说："对真正的东方来说，它被另一种精神的发现，其实是同自己的命运相遇。已被高度总动员了的西方对东方先是发现，然后是征服、传教和上课，随即就把古老的东方一起扯入地球的总动员。"接踵而至的是整个文化的消失："古老的亚洲，有一天也许会在一种划时代的自我殖民化进程中，从地面上消失。它只能在受西方影响的印度学、汉学和日本学的图书馆中继续生存——还有在古装电影里。"（83 页）

这幅可怕的远景图并非无稽妄言。且不说有"纳西文化之父"美誉的，就是一位名叫洛克（Joseph Francis Charles Rock）[1]的美籍

---

1 洛克 (1884—1962)，美籍奥地利人，植物学家、探险家，1922—1949 年旅居丽江二十七年，研究滇西北植物地理和纳西文化，被誉为"纳西文化之父"。

奥地利学者，而近年来中国大陆国外汉学的出奇繁盛，更可添为旁例。斯洛特戴克十多年前"自我殖民化"的说法，对于我们今天方兴未艾的国外汉学研究热，也许正是一服清凉剂。

回到前及何为"欧道主义"的问题。斯洛特戴克此书第三章第三节的题名就是"欧道主义"。节首引言是《道德经》二十四章中的语录"企者不立，跨者不行"，有对全书立论提纲挈领的作用。但他欲言又止，整节正文仅由一句话组成："Das Eurotao, das ausgesprochen werden kann, ist nicht das wahre Eurotao usw"，汉译为："欧道可道，非常欧道。"此页以下空白，极为惹眼。记得当时好奇满怀，翻到此页，不禁愕然。学老子，斯洛特戴克算是学到了家。

再回到上提与德国学人的那次谈话。那时才知道，斯洛特戴克眼下在德国哲学界可谓风光八面。媒体纷纷称他为"我们这个时代的思想先锋、文化先导"等。有德国文坛教皇美称的赖希－拉尼茨基多年来在德国电视二台主持一档叫《文学四人谈》的节目，收视率相当可观，几已成为德国学界一道不可或缺的景观。可斯洛特戴克嫌此不够刺激，目前在同一电台统领一档《哲学四人谈》的节目，引起媒体轰动。较之介绍文学，把艰深的哲学推向大众，以平淡之意出深邃之思，显然更难。斯洛特戴克当为一个能举重若轻的哲学俊才。

（2002 年 4 月 26 日于上海，原载《文景》2002 年 5 月号）

"我的全部作品是通过德语传播的"

——记 2002 年诺贝尔文学奖获得者凯尔泰斯

　　"奥斯维辛后再写诗是野蛮的",这是阿多诺"二战"后留下的传世名言。的确,在惨绝人寰的大屠杀后,谁还能心安理得地呼唤缪斯女神,触碰文学语言?但是不,有足够多的作家,无惧淡化世间恐怖之嫌,执着地继续用文学手段,或释放自我,或探究人生。近日,奥斯维辛的幸存者、匈牙利作家凯尔泰斯(Kertész Imre),甚至挟着以奥斯维辛为题材的小说《命运无常》,登上了诺贝尔文学奖的高堂。

　　凯尔泰斯在众多候选人中的胜出有些出人意料。上海《文汇读书周报》10 月 4 日头版《下周,谁是诺贝尔文学奖新得主?》一文,综合外电报道,提到了美国 1998 年普利策奖获得者菲利普·罗斯(Philip Roth)、南非人 J. M. 库切(J. M. Coetzee)等十多位有可能问鼎的世界知名作家,偏偏就是缺了凯尔泰斯。但凯尔泰斯的获奖又非全无先兆。比如《德意志新闻社》2002 年 10 月 8 日有一则消息,题目就是《关于诺贝尔文学奖的推测——凯尔泰斯,罗斯或库切》。文中说:"今年七十二岁的凯尔泰斯·伊姆雷在推测中高居榜首。"两天后尘埃落地,凯尔泰斯果然成了文坛新冕之王。瑞典科学院称赞他在作品中反映了"在野蛮的历史进程中个体的脆弱",说他不仅让读者面对野蛮行径的残暴,而且见识了施虐时那具有特征的麻木不仁。具体来说,"凯尔泰斯的文学作品探究了个体在这样一个时代中生活和思考的可能性，在这个时代里，人越来越完整地屈服于国家政权"。

决定授予他诺贝尔奖的瑞典科学院当然对他赞赏有加，否则怎会作此决定。令人瞩目的是，同往常不太一样，结果公布后，评家们异口同声，一片赞扬。人们对其作品的思想深度几无啧言，就是对其创作的艺术水准也倾心折服。《南瑞典日报》的文艺专栏作家彼得·路特尔森（Peter Luthersson）说："凯尔泰斯是一个少有的、货真价实的、从人性上讲令人信服的诺贝尔文学奖获得者。"奥地利女作家耶琳内克（Elfriede Jelinek）的话是："我几乎不知道还有谁比他更有资格获奖……他把生活中那可怕的经历化为了艺术。"有德国文学教皇之称的赖希－拉尼茨基则说："我很高兴凯尔泰斯得奖。我曾为菲利普·罗斯和约翰·乌帕迪克（John Updike）说话。不过，这样一个有成就的作家获奖，这很好。他是一个对时代、时代批评和社会批评问题很敏锐的作家。他是心理学的行家和描写苦难的大师。这些苦难对他经历过的时代具有典型意义。"

在瑞典科学院公布名单之前，凯尔泰斯显然对自己可能获奖有所耳闻，因为他此前说："如果得奖，我会感到幸福；得不到，我也幸福，因为工作对我来说是最重要的。"2002 年 10 月 10 日，当瑞典斯德哥尔摩诺贝尔委员会的通知到达时，凯尔泰斯与他夫人在柏林的住房里。书房的电话响起，他的手开始颤抖。为了镇定，年逾古稀的候选人上午就喝了红葡萄酒，但这无济于事。激动是可以理解的，凯尔泰斯获得了世界上最重要的文学奖——诺贝尔文学奖。整整过了一刻钟，这位匈牙利作家没有缓过神来。记者蜂拥而至，他的发言人卡塔琳娜·威得尔曼（Katharina

Wiedemann）替他挡驾：凯尔泰斯还不想发表意见，"因为他头脑里一片混乱"。不过，此后他还是欢快地配合了记者们的工作。有人问，作为获奖者，他为什么同格拉斯不一样，受到各方一致的欢迎。他的回答很妙，"也许别人爱我"，引起一片掌声。又有人问，那约一百万欧元的奖金他准备怎么用。他开心地说，"我会花的。这是一大笔钱，花完它得费一些时日"，又激起笑声一阵。实际上，他获奖后的第一次表态即同奖金有关。他说："这对我是个巨大的认可。也许还意味着，我现在可以过一种更加平静的生活，至少在经济上，我现在安全了，无论如何就这点来讲是这样。"言语中透露出东欧小国作家经济上底气的不足。

凯尔泰斯从 2002 年 10 月起至 2003 年 7 月，作为柏林科学院的研究员，在柏林工作。他将用一笔德国的奖学金，为德国苏尔坎普出版社写完自己一部新的小说，显露出这位匈牙利作家同德国的特殊关系。事实上他自己也说，用的还是德语，"Eigentlich ist mein ganzes Werk durch die deutsche Sprache verbreitet worden"（我的全部作品是通过德语传播的）。此话怎讲？请看其履历及作品传布情况。

凯尔泰斯 1929 年出生于布达佩斯一犹太家庭。1944 年，德军入侵匈牙利，十五岁的凯尔泰斯被解送到奥斯维辛集中营，约一年后在布痕瓦尔德被解放。1948 年起任布达佩斯《光明报》记者，1951 年报纸政治倾向加强后被解雇，服了两年兵役后，他从 1953 年起成为自由作家，通过为剧院写娱乐性音乐剧和喜剧剧本谋生。他是作家，也是译手。1975 年第一部小说《命运无常》（*Fateless*），即今天的获奖作品出版后，凭着精通德语，凯尔泰斯相继把尼采、弗洛伊德、维特根斯坦、霍夫曼斯塔尔、卡内蒂、罗特和施尼茨勒等德语哲学家、文学家的著作译成匈牙利语，借以维持生活。同时他创作不断，继《命运无常》后，又写出《惨败》（*A Kudarc*，1988）和《给一个未出生孩子的安息文》（*Kaddis a meg nem született gyermekért*，1990）。除了这所谓的"无命运者三部曲"以外，他大致还有下列作品发表：《追踪者》（*A Nyomkeresö*，1977），《英国旗》（*Az angol lobogó*，1991），《苦役日记》（*Gályanapló*，1992），《作为文化的大屠杀》（*A holocaust mint kultúra: három elöadás*，1993），《记录》（*Jegyzökönyv*，1993），《我和他者》（*Valaki más: a változás krónikája*，1997），《瞬间的寂静，当枪杀命令重新下达时》（*A gondolatnyi csend, amíg a kivégzö osztag újratölt*，1998），《被逐出国的语言》（*A számüzött nyelv*，2001）。据现有材料，这总共约十一部作品中，至 2002 年末只有两部（即三部曲中的第一部和第三部）被译成了英语，相反，至少有九部已有德译。其中《命运无常》还有两个德译本。所以，有媒体说他在文坛的崭露头角，与德译本密切相关，这不无道理。

其实，凯尔泰斯的出名，的确靠了德国人的帮忙。也许他致力于推广德国文学和哲学，德国人投桃报李；也许是因为德国学界反思历史，对这样一位是奥斯维辛集中营幸存者的犹太作家怀有歉疚和补救之情。1975 年，凯尔泰斯的《命运无常》历经坎坷，在匈牙利勉强出版，但波澜不惊。难道在 1944 年就有四十五万犹太人被押入集中营的匈牙利，人们对这段历史还噤若寒蝉？ 1990年，此书德译本问世，凯尔泰斯从此声名远播，局面改变。这位往日的受迫害者，偏偏用迫害者的语言，打动了使用这种语言的众多读者，文学史上颇可称奇。耐人寻味的还有，今天，其作品德译本一个版本的印数，已远远超过他全部作品在自己家乡的总发行数，以至于凯尔泰斯本人不久前还遗憾地承认，他实际上还未融入匈牙利社会。在他的家乡，几乎没人愿意读他的书。这真应了中国"墙里开花墙外香"的这句老话。接踵而至的是德国人给他的一个个奖项。其中有1995年的"布兰登堡文学奖"，1997年的"莱比锡欧洲理解图书奖"，2000年的《世界报》文学奖"。就在他获诺贝尔文学奖的前一天晚上，似乎是替他鸣锣开道，德国人又赶着在柏林授予他"汉斯·斯塔尔奖"。那是为纪念为躲避纳粹法西斯迫害，流亡法美的德国作家汉斯·斯塔尔（Hans Stahl, 1902—1993）而设立的文学奖。

凯尔泰斯的主要获奖作品是《命运无常》。小说主人公科维斯少不更事，就被德国法西斯抓入集中营。他在自己遭遇的恐惧中寻找某种意义，但徒劳无功。集中营的秩序在小说中得到细致的观察：犯人的住房分配，就餐的行为规矩，集体屠杀的程序等。在这个十四岁的少年眼里，一切都是那么不言而喻，理所当然。甚至对自己的犹太人身份，这个男孩开始也全然不觉。对他来说，集体屠杀那有效的组织工作同"狱卒那做得非常漂亮的皮鞭"一样是欣赏的对象。他要做的只是适应生活，顺从环境。凯尔泰斯小说中表现的这种对个体理性的距离感，对恐怖描写的放弃，使作品生发出一种别样的、震人心魄的效果。用瑞典科学院的评语说，"也许正是因为它缺少道德愤怒的特征或呼唤主题的形而上学的抗议，描写获得震撼人心的可信性。"而作者毫不妥协的立场，体现在风格上，"使人想起挡在无知来客之前，那长势良好、茂盛多刺的野蔷薇丛"。

这第一部小说的备受冷落，似乎在"三部曲"的第二部《惨败》的书名中已得到映现。但小说的要点还是作者奥斯维辛经历留下的伤痕。"也许我开始写作，是为了报复世界……我的肾上腺，我甚至把它们完好无损地带出奥斯维辛，也许生产出太多的肾上腺素。为什么不？在描述中最终有一种力量，那好斗的冲动会在里面得到片刻的歇息。这种力量能制造一种平衡，一种暂时的和平……我想从一种永恒的客观存在变为主体，从一个被描述者成为描述者本人。"

作为奥斯维辛的幸存者，尤其作为一个成为作家的幸存者，往日的经历梦魇一般缠身，生存极不容易。也有过集中营经历的艾默里（Jean Amery）曾说过，谁在集中营里经历了极度的羞辱和自我折磨，谁就再也摆脱不了被折磨者的存在。确是如此，同样在纳粹集中营待过的意大利作家普里默·列维（Primo Levi）和德语作家保尔·策兰（Paul Celan），包括艾默里本人，最后都选择了自杀。也许都是以此逃避往日的噩梦？凯尔泰斯几乎是唯一一个在写作中找到平衡，全身至今，而且笔耕不辍的集中营作家。凯尔泰斯在德国苏尔坎普出版社的女编辑卡塔琳娜·拉贝（Katharina Raabe），说诺贝尔文学奖是对这样一个未被这些集中营经历毁灭的作家的肯定，确是深中肯綮的切当之言。

和在《命运无常》中一样，《惨败》中也无激越的道德控诉，有的只是对灾难的哲理思考。比如有一处，作家取一极为大胆的做法，把集中营受害者的命运与罪犯的命运等同起来：双方都由于一种对恐怖秩序的"默契"进入自己的角色，在那全然的极度紧张中，都盲目地完成自己那貌似正常的工作，都能以自己那"十分自然的生活"，让人觉得他们有权利要求一种"道德的真实性"。由此，灾难后更深层次的道德制度、人性命运、社会组织和生存困境等本体论问题得到探究。

"三部曲"的最后一部名为《给一个未出生孩子的安息文》。所谓"安息文"是犹太人给死者念的悼文。《命运无常》和《惨败》中的主人公科维斯再次出现，他为自己拒绝要的孩子念安息文，他不想让一个孩子降生到一个允许奥斯维辛存在的世上。作家通过他，再次回顾自己那抛甩不去的集中营经历。

　　凯尔泰斯的主要作品还有《苦役日记》。作家以日记的形式记录下自己在1961年到1991年间在专制统治下对个人自由的确定性的叩问，并且寻找对集中营恐怖的解释。"我是奥斯维辛幽灵的媒体"，他写道："奥斯维辛从我心底述说。与此相反，我觉得其他一切都是胡扯。"奥斯维辛那梦幻般的幽灵看来始终啮噬着作家那敏感的心。

　　《我和他者》是《苦役日记》的继续，包容的时间是1991年到1995年，是对自我确认的哲学拷问。"这个被分割的生命的哪一部分可以称作我？"作者发问，接着又回答："我是个虚构，我们最多是这个虚构的共同始作俑者。"

　　凯尔泰斯目前在柏林有一套固定的住房。"我在那里（匈牙利）无法工作，您无法想象那里的情况。"他在接受德国《时代周刊》记者采访时这么说。记者问："这就是说，您在柏林流亡？""事实上是这样。"凯尔泰斯回答。他在柏林的任务是，在2003年7月前，完成他的新作《清算》(*Felszamolás*)。在柏林科学院最近的"动态报道"中，他对此书这样描述："小说的情节发生在巨变时代，在使人六神无主的突然自由时期。往昔在这个时代被清除，履历被改变。没有什么仍然有效，没有可以叙述的故事。"接着他又说："同时我计划，用这部小说，对大屠杀投上最后一眼，不再关注存活者，而是关注第二代，那些以后出生的人。

他们不知所措地同沉重的遗产搏斗，躲避着这种消化的过程或承受这种过程。"看来，凯尔泰斯正打算对集中营的经历作彻底清算，同折磨他一生的奥斯维辛告别。"我从奥斯维辛出发。每当我想写一部新小说时，我会想起奥斯维辛。"这是他以前说的话。但愿作家这次的努力成功，真的能以这部小说同苦难的往事挥别。

在这部小说杀青之前，凯尔泰斯还给我们准备了两个悬念。一是他已把自己的小说《命运无常》改编成了电影剧本，不日将在德国出版。凯尔泰斯甚至已经邀请他的同胞，著名匈牙利摄影师、多次获奥斯卡最佳摄影提名奖的拉乔斯·科泰（Lajos Koltai）当这部电影的导演。而有电影音乐之父之美称的意大利电影配乐大师埃尼·莫里康（Ennio Morrione）也已欣然答应，亲自为这部电影助阵。另外，为了奖励这位民族英雄，匈牙利政府已决定提供四百万欧元，资助电影的拍摄。这也许会是影坛的又一部巨片。二是2002年12月10日他在瑞典的颁奖仪式上要作怎样的讲演。就此，凯尔泰斯本人已有所考虑。他在接受德国《时代周刊》记者采访时最后这样披露："您可以相信，我不会不重读加缪就写下我的诺贝尔讲演词。后现代主义及其相对论已经过时。我们重新需要立场。又有了对一种严肃对待自己的文学的需求。"

无疑，凯尔泰斯属于当下给予写作以严肃的作家。他懂得叙述的沉重，懂得艺术与生活的关联，是一位努力在存在的骚动中保持自己知识分子良知的作家。集中营的经历形成了他观察社会、解读历史的视野，他在此中浸润颇深的日耳曼思辨传统，则塑就了其作品谨严整肃的风格。他的获奖，应该会给后现代主义的甚嚣尘上来一点纠偏。

光阴荏苒，1929年11月9日出生的凯尔泰斯转瞬就要迎来他七十三岁的生日。我们预祝老人，如己所愿，在诺贝尔文学奖的辉映下，诞辰祥和，生活平静。

（2002 年 11 月 6 日写毕，

原载《中国比较文学》2003 年 1 月号）

「我的全部作品是通过德语传播的」

西西弗斯的石头及其寓意

　　小说的开头有多种多样。可交代时间地点，可摹写景致人物；既有诗行起首，也有对话开篇。到了现代派或"后"现代派的小说中，以议论或哲思导入，更是屡见不鲜。林林总总，不一而足。

　　这部小说的开端，自有其独特之处。它以一个类似于引导母题的句群起始：

　　　　老人站在写字台前。他思考着。那是早晨。（相当早：大约十点）。在这个时候老人总是思考。

　　这个句式，以及其他类似的句式，随后在小说中流宕不定，或隐或现，赋予作品一种宛转回荡的音乐意味。所以说它类似于乐曲中的引导母题。这是小说《惨败》给人的第一印象。

　　别小看了这个句式中那个带出"相当早：大约十点"的括号。它可是小说进程中一个重要修辞手段。有时一个句子未完，括号就会带出另一个插入句，而未等这个插入句结束，它可能会再次带出下一个有括号的插入句。

　　这还没完。除了圆括号，小说还破天荒地引入了尖括号，以及尖括号里更长的句子。而这些尖括号里的句子，还可能另含带圆括号的插入语，如此这般，循环往复。而这种情况在"引子"部分尤甚，形成小说独特的修辞风格。这既造成了句子的阻塞，也形成了阅读的张力。这往往要求读者不急不躁，耐心揣摩，方能卒读文本。或许这正是作者刻意追求的效果，着力要达到的目的。

《惨败》（1988），是 2002 年诺贝尔文学奖获得者、匈牙利作家凯尔泰斯·伊姆雷所谓"无命运者三部曲"中的第二部小说。第一部是《命运无常》（1975），第三部为《给一个未出生孩子的安息文》（1900）。

小说讲一个年约五十的男人，生活在局促的住房兼书房里，长年来忍受着邻居噪声的干扰，街上汽车尾气的熏烤。他那塞着耳朵进行的、对往事的回忆和对思考的梳理，终于结出硕果：那是一部与奥斯维辛有关的小说。或许他想以此摆脱自己那逼仄的天地、挣脱那郁闷的牢笼，忘掉往日那鬼魅般的经历。但是，小说遭到出版社的否决。老人沮丧地面对自己的"惨败"。可他不言放弃，没有气馁，并成功地找到了出路。他创作出一个叫柯韦什的人物，把自己多年来的思维包袱转移到了他的身上，就这个人物的经历，写出一部题为《惨败》的小说。

紧接着这个占全书篇幅三分之一的"引子"（标题为译者所加），是小说的正文《惨败》。故事似乎发生在 20 世纪 50 年代某个东欧国家。一个名叫柯韦什的记者从家乡坐飞机出发，降落到某个陌生而又熟悉的"外国"城市。漆黑的夜晚，迎接他的不是机场地勤人员，而是一簇跳跃的灯柱。灯光渐渐把他引入一个扑朔迷离、无法看透又似曾相识的城市生活中。初来乍到，尚无工作，有人却给他寄来一份解聘书，让人更加周章失措。他尝试着掌握生命的主动权。但无论人在报社，还是身在工厂；无论在新

西西弗斯的石头及其寓意 —— 35

闻处当记者，还是在军队里做狱卒，他遭遇的都是"惨败"。但友谊的关照（比如同钢琴师温茨棱和记者斯齐克拉的友情），爱情的眷顾（比如同一名黑发工厂女工和新闻处女秘书的相识和"相爱"），还是稍稍卸去了他承负的生存压力。在民众起义和旧制度崩溃的时刻，他有机会逃往国外，奔向"自由"，但最终选择留下，因为他仅掌握这个唯一的语言，而他只能用这个语言，写出他必须写的小说。

"《惨败》的小说世界是一个神秘的宇宙，具体得无法消解，但同时缺少任何清晰度"，有人这样归纳。这个特点除了部分地要归于小说时间、地点以及人物塑造的模糊性，主要应同小说的梦幻色彩有关。

就故事交代，柯韦什从家乡城市布达佩斯起程，经过十六个小时的飞行，跨越半个地球，才来到这个陌生的外国城市。可他常有这种感觉，他身处一个熟悉之地。下车后，"柯韦什开始步行，带着某种自信，似乎回忆或者旅行经验会替他带路"，尽管他知道，"这个感觉同人的健康理智不合拍"。再比如，柯韦什以后经常光顾的南海饭店。刚到那里，"当他们通过那老式的、配有玻璃的旋转门走进饭店时，柯韦什忽然觉得这个地方——一个被分割成两个或者更多房间的大厅——似曾相识，但又不认识"。

不仅对这个陌生的地方他有熟悉之感，而且，他在这个陌生城市里最初结识的两个朋友，似乎也是"旧友"，而非"新朋"。柯韦什离开机场，来到城里，渺茫恍惚之际，受人之邀，懵懵懂懂地在中心花园的长凳上，度过了自己的第一夜。而身旁的这个钢琴师温茨棱，他实际上认识，因为他以前常常光顾钢琴师的演出场所——"辉煌的星星酒吧"。钢琴师这么对他说："我装作你不知道这点（即他是钢琴师），而其实你常常来我们这里。"而接下去的谈话，让"柯韦什自己也似乎觉得，他嘴里说出的是模糊的梦幻，此外是幼稚的幻象，除了能让清醒的人大笑几分钟以外，没有任何用处"。再看那个帮助他融入社会、也是他在这个陌生城市里最亲密的记者朋友斯齐克拉。小说叙述者让柯韦什在领取所谓的"解雇补偿费"时，初次同斯齐克拉认识。可是柯韦什经常觉得，他以前认识这个名字："斯齐克拉——当柯韦什听见他的名字时，他浑身一震，一种不比某种不确定的回忆更多的感觉浮上心头。"其实，留心的读者在此之前已经知道，柯韦什在这个城市降落时，要找的就是斯齐克拉。他们以前就是熟人。让我们重温柯韦什和"海关官员"之间的一段话：

> "我到这里来探望我的朋友。"他说。……
>
> "这是怎样的一位朋友？"这个人问。
>
> "某个叫斯齐克拉……以后叫斯特恩……现在的名字是萨森，世界著名的滑稽小品和剧作家。"柯韦什解释。

面对这样一种似梦非梦，梦幻与现实交织的状况，小说主人公柯韦什自己也常常觉得无所适从，只能用"在这样的一个世界上，回忆的不确定性同现实的不确定性是一样的——"这样的解释来宽慰自己。但是，倘若我们仔细揣摩小说的事态秩序，不难找出蛛丝马迹，来说明这种似曾相识的感觉从何而来。请看柯韦什到达这个"陌生的外国城市"时，他在飞机上的观察："尽管他已经飞行十六个小时，他现在才感觉到，犹如一种轻微的醉意，那距离的确定性。这个距离把他同多瑙河那熟悉的河湾、同那彩灯环绕的桥梁、同布达的山坡和内城那灯火辉煌的环城路隔开。"这是对布达佩斯地形和景色的如实描写。我们知道，匈牙利首都布达佩斯大体分为两部分，布达处于多瑙河东岸的河岸台地以及山坡上，佩斯位于多瑙河西岸的平原地区，城市由横跨多瑙河的多座大桥连成一片。柯韦什在这个外国的陌生城市看到的是什么？紧接着上面的描写，是他现在的观察："而他在这里的深处也能看到一条闪着苍白的银光的带子：也许是某条河流，上面这里或那里有着微弱的拱形照明——也许是桥；当他们降得更低时，已经可以认出，在河的一边，城市在一片平原上展开，而在河的另一边，城市处在一个山峦起伏的地带。"难道就是那种作者巧妙安排的"轻微的醉意"，让他辨认不出，他花十六个小时在空中兜了一圈，到达的地方还是布达佩斯？柯韦什其实应该没有出国，只不过小说叙述者以陌生化的手法，让他从现实进入梦幻，在真实与虚幻的交互中，重新经历自己的生命。只有这样，尚无工作的他，在到达本地的次日早晨，就突然收到解雇通知的这一情节，才不那么匪夷所思，而变得顺理成章：他原本就该是报社记者，或许还是斯齐克拉的同事。无论如何，根据小说的叙事逻辑，我们应该能够得出这样的结论。

不仅小说主人公柯韦什在这个既陌生又熟悉的城市里，经常徘徊在梦幻和现实之间。就是"引子"中的老人，那个发明了柯韦什故事的作者，也不断地梦见自己，在"奥斯维辛的木头庭院里醒来"；甚至老人的妻子也做梦，在一个类似"监狱"的大饭店里，疲于奔命，被判死刑；而柯韦什更是打着"瞌睡"，从家乡城市到达这个陌生国度。凯尔泰斯的这个小说世界，就这样被笼罩在一种如梦非梦的氛围中。而这个氛围，其实在小说开头处描写老人及其居家环境的时候，已经有所暗示："在这个站在写字台前的老人和周围的环境上方，似乎将拱起一个蓝光闪烁的钟形玻璃罩。"把这个"蓝光闪烁的钟形玻璃罩"就这么视为隐喻，可能略有勉强，还需进一步地阐释。但它的确让人禁不住联想起德国浪漫主义文学中，那朵象征着梦幻的"蓝花"。

梦幻同石头结缘，这却是文学史上铁板钉钉的事实，似无须再作论证。人尽皆知的《红楼梦》，开头用的就是娲皇炼石的故事，且不说它还另有书名《石头记》。无独有偶，理解这部梦影浓重的外国当代名著，也还真的不得不关注书中也出现的一块石头，这始于小说的"引子"。老人冥思苦索，不得写作之头绪，便打开一个装有文件夹的纸箱，文件夹上放着一块"在某种程度上被用作镇纸"的石块。这块灰色的、有着"被砸出的犄角、棱锥、尖顶、凸面、凹槽、裂缝、拱突和空穴"的、"形态奇特的石头"，似乎在小说中成了另一个"引导母题"，不断出现，甚至勾起了老人母亲的好奇，引出了两人下面的对话：

　　"这是什么？"老人的母亲问，从灰色的文件夹
上拿起那在某种程度上被用作镇纸的、同样是灰色的
（尽管颜色要暗一些）石块。
　　"一块石头。"老人说。
　　"这我也知道。感谢上帝我还没有老迈昏聩。不过
你用它做什么？"
　　"我恰好不用它做什么。"老人嘟哝着。
　　"它有什么用处？"

　　"我不知道，"老人说，"它就这么在这里。"

　　"引子"中沉淀起的这个悬念，蓄积良久，隐而不彰，一直到进入《惨败》正文，未见作者对此有任何交代。只不过小说正文中几个人物的名字，似在与此暗通款曲。一是小说主人公柯韦什的名字，其匈牙利原文为：Köves，德语译文直译为：Steinig，中文意思是：石头的。二是柯韦什的好朋友斯齐克拉的名字，其匈牙利原文为：Szikla，德语直译为：Felsen，中文意即：岩石。三是饭店女招待阿丽茨的男友、那个大谈存在主义哲学之道的贝尔格，其原名就是 Berg，意思是：山或者矸石。这不能不让人感到作者设计小说整体结构和人物名字时的苦心孤诣，周匝细密。但是迷津未破，雾霭仍在。（可惜西文中这样的"文字游戏"，汉译无法表达通透。）

　　这块被老人用作镇纸的、"四角形的平行六面体"的怪石，在读者几已把它忘却的小说结尾处，才真相大白：那是那由于"崎岖不平"的路和"不断地滚动"而磨损变小的、西西弗斯"长时间来在尘土中往前踢的"那块石头。小说最后，当老人溘然长逝时，手里拿着的就是它。

　　由此，小说梦幻和现实的交互中，又多了一个因素：神话。自加缪以来，西西弗斯几已成了存在主义者的象征。他带着斯多葛主义式的沉着冷静，冷眼周围的荒谬世界，直面自己的悲惨命运，成了极目天下、傲视众物的人世英雄。而凯尔泰斯则目光下移，瞄向了他脚下那块与他共命运的石头，并把它移到了小说主人公的书桌上。这确实是神话题材别开生面的活用。其象征意义不言自明：写作，就是西西弗斯推石上山。而且，因为"写怎样的一本书，这完全无所谓，一本好书或者坏书——这对本质没有丝毫的改变"，写作就被抽去了其创造的本质，成了同推石上山一样的、循环往复的苦役，或者是存在者的命运。

尽管梦幻、现实和神话相互媾和，小说《惨败》未离凯尔泰斯创作的源泉：奥斯维辛或纳粹大屠杀的经历。凯尔泰斯1929年出生于布达佩斯。1944年，德军入侵匈牙利，十五岁不到的凯尔泰斯被解送到奥斯维辛，约一年后被解放。作为奥斯维辛的幸存者，解读这一惨绝人寰的历史现象，成了这位作家自觉担当的使命。尤其在《惨败》的"引子"部分，有对毛特豪森集中营采石场三百四十名荷兰犹太人"肝脑涂岩"惨相的描写，也有对布痕瓦尔德集中营纳粹令人发指之罪行的记述。但是，同他成名作《命运无常》中表现出的、对个体理性的距离感、对恐怖描写和对道德愤怒的放弃稍有不同，在这本小说中，凯尔泰斯假借作品主人公、即那个老人之口，不时地对允许法西斯犯下如此万恶罪行的人类社会进行分析和掊击："存在着一种不可克服的不相称：一方面有着关于朝霞、价值的重估、崇高的非道德性的令人陶醉的讲演——另一方面是人类货物的铁路运输，还得以最快的速度——而且是顺利无阻地——在毒气室里总是以最小的能量，让货物消失不见。"

关于大屠杀作为现代性所包含的一种可能性的讨论，20世纪80年代曾达到高峰。其中的一个论点，恰恰是以上引文中涉及的、现代工业或者现代交通所体现的工具理性，包括现代官僚体制和科学技术原则，在大屠杀中的作用。凯尔泰斯的这部小说，显然与这个讨论有涉。而接着对布痕瓦尔德集中营里，纳粹以人骨作镇纸、以人皮当灯罩的陈述，小说以对集中营囚犯或整个人类社会的诘问，代替对法西斯的控诉，似乎更加震人心魄："仅在布痕瓦尔德那集权主义的世界里，这样的情况还有多少？我几乎不敢提出这个在我心中隐伏的、看来无法驱逐的问题，那用人的头颅制成的镇纸，那用人的皮肤做出的灯罩和书皮，最终都是谁的手工制品……"把大屠杀作为一个现代社会的事件，作为人类集体文明化进程中的一个悖论来讨论，而不局限于对法西斯主义的道德控诉，是凯尔泰斯作品的独到之处，同样也体现在这部小说中。它为深层次地分析奥斯维辛现象，的确提供了新的空间。

《惨败》的政治性还横贯于小说的主体部分，即小说主人公柯韦什在某个专制主义统治的国家的遭遇。那是一个类似于英国作家奥威尔笔下，即小说《1984》所描写的专制国家。柯韦什初到后就认识的那个钢琴师，每天在花园长凳上度过漫漫长夜，为的就是不让军人在夜深人静之时，把自己从床上拽走，以保存个体那最后的尊严。《惨败》1988年初版于布达佩斯。那时，柏林大墙尚在，东欧剧变未到，匈牙利国内的政治环境，远未宽松到能让人随意指点江山的程度。凯尔泰斯让自己小说的主人公，深夜降落在一个是布达佩斯，而又非布达佩斯的神秘城市。而小说以后的叙述，也追求抽象含蓄，力避直涉时政。这除了与凯尔泰斯深受卡夫卡、加缪等现代派作家创作风格的滋润与催发有关，应该也同他确有难言之隐相连。

有始有终，方成正果。本文曾以小说开头起首，现在也以小说那事关石头的结束收尾，以前后相赓：

　　他现在拿它怎么办？他肯定会弯腰把它拿起，装进口袋，带回家——最终说来它属于他。在他那空虚的时光中——现在等待他的只有空虚的时光——他肯定会不时地把它取出，使出自己的力气，朝着山峰，把它往山上推，这当然有些可笑：不过他用自己那由于白内障而失明的、老花的眼睛不断地打量它，似乎他一直还在斟酌它的分量，怎么抓它。他用自己那颤抖的、毫无感觉的手指圈住它，肯定在最后一次进行冲击的那一瞬间，也把它抓在手里——要是他那时，面对写字台，寿终正寝地从椅子上翻倒在地。

加缪那篇著名散文《西西弗斯的神话》这样结束："我们得把西西弗斯想象成一个幸福的人。"（实际上，小说结尾处未明言地引用了这个句子）那么，西西弗斯手里的这块石头，也应该就是幸福的本源。写作，对这位老人，或许还对其创作者凯尔泰斯来说，是西西弗斯那象征幸福的石头。

（原载《文景》2005年4月号）

记忆与真实

　　文学与社会政治结缘，此说当属剀切，尽管学界同时有"为艺术而艺术"的主张与实践。20世纪末德国文坛上就有这么一例。1998年，德国当代著名作家马丁·瓦尔泽（Martin Walser, 1927— ）获德国书业和平奖。在例行的获奖答谢辞中，他有如下表述："没有一个值得认真对待的人会否认奥斯维辛；没有一个还有理智的人会对奥斯维辛的残酷不停地吹毛求疵；不过，要是有人每天在媒体中告诫我这段往事，我就发觉，我心里有些东西反抗对我们耻辱的这种喋喋不休。我不会对无休无止地呈示我们的耻辱表示谢意，会相反地扭过头去。"

　　瓦尔泽批评的是德国学界或媒体触摸历史伤痕的"泛工具化"倾向。这看来道出了颇多在场听众的心声，因而博得人们的站立鼓掌。这惊世骇俗的敢言无忌同时也让媒体一片沸然。两天以后，德国犹太人中心委员会主席布毕斯（Ignatz Bubis）就公开表示愤慨，指责瓦尔泽忘记了奥斯维辛，而且代表了一大批右派激进分子的意见，说他的讲话是"精神上的纵火"。与此同时，不少名人或是反对，或是赞同瓦尔泽的讲话，加入这场媒体大战，由此也引出眼前的这部小说《迸涌的流泉》。正是这部作品，1998年上半年发表不久，即遭指责，说这部所谓的"时代小说"只字不提奥斯维辛。而恰恰在以上这篇获奖答谢辞中，瓦尔泽的确提道："一个聪明的知识分子在电视节目中做出一副严肃的表情，一副在这张脸上像是一种外语的严肃，告诉世人，在作家的书里没有出现奥斯维辛，这是作家的一次严重失误。"

看来，瓦尔泽讲演中有关奥斯维辛的话并非偶然，而是有激而发。抑或真是对有人非议其小说《迸涌的流泉》的反驳。话语之间，其在文坛上素享盛誉的刚直耿介、不肯敷衍的性情姿态又显一二。

小说《迸涌的流泉》分三章，第一章题为"母亲入党"，叙述时间始于1932年年底。小说主人公、约五岁的约翰理发回家，途中让一个流动摄影师照了相，忘了母亲的嘱咐，回家时数一下竞争对手的饭店里有多少客人。母亲对他让人拍照的事没有多加指责，只是抱怨："这又会花钱"，家道之拮据溢于言表。旅店经营的惨淡，始终是母亲的担忧。无力支付账单、归还借款，加上市场的萧条、银行的倒闭、邻居产业的被强制性拍卖，这些都给她和整个家庭带来无尽的烦恼和持续的恐惧。有人说，现在只有希特勒能帮助德国渡过难关，而竞争对手们都已入党。继续洁身自好，只能被摒除在社会生活之外，而对一个旅店主来说，这会是致命的结果。生存的危机让母亲在圣诞前夕决定入党。

父亲是一次世界大战的老兵。惨烈的前线经历让他成了一个和平主义者和一个通神论组织的创立人。他不停地做着一些不着边际的梦，试图让家庭摆脱困境：在阿尔高建银狐饲养场，在家里挪出地方养安哥拉兔甚至养蚕，和朋友一起生产包治百病的磁疗装置。失败和无能让他愧对家人。最后他英年早逝，把家庭的重负留在母亲一人肩上。

第二章是"瓦塞堡的奇迹"。叙事时间约1938年夏。十一岁的约翰对马戏团女孩阿尼塔的爱占据故事中心。对异性的心理倾慕与生理的逐渐成熟联袂而至。正是在他首次参加圣餐仪式的前夜,同阿尼塔的肌肤之亲引发了他第一次的自慰行为,就此他违背了基督教第六条不可淫欲的戒律,犯下所谓的深重罪孽。这会使他无法接受圣体,会受到上帝的严惩。但仪式照常进行,天塌地陷的灾难没有发生。这也是"奇迹"?出于对阿尼塔的爱,当纳粹分子深夜暗袭马戏团小丑时,他坚定地站在被袭者一边;也是为了赢得阿尼塔的爱,他几乎同自己最要好的朋友阿道夫决裂。最后,为了去看望在异地演出的阿尼塔,他甚至置母亲的担忧于不顾,逃学又逃夜。不过"奇迹"出现,这次能带来可怕后果的事件由于天使代替他行使了各项义务而得以掩盖。

第三章是"收获"。叙事时间约为 1944 年到 1945 年间。主人公已是一个十七八岁的青年。自从想当牧师的愿望被当歌唱家的理想代替后,他现在又逐步放弃写诗,转而迷恋散文,因为它能更精确地记录自己的情感。经过希特勒青年团的军事训练,约翰成了帝国的山地狙击兵。而家乡瓦塞堡已经失去往日的宁静,到处是心灵破碎的战争难民。他从部队潜逃回家,经过短暂的俘虏生活,与母亲和弟弟重逢,而哥哥已在前线战死。经过在阿尼塔那里的失望,他终于找到了自己的生活伴侣莱娜。令人迷醉的性经验,让他跨入长大和成熟的又一阶段。这也许是他继找到散文形式后最大的人生收获。

这是一部颇具德国传统发展或教育小说模式的作品,讲青年主人公的成长及同环境的冲突与磨合。具体在这部小说中,幸福的少年时代和动荡的历史进程并行不悖。一方面,一个在《绿衣亨利》(*Der grüne Heinrich*)和《彼得·卡门青》(*Peter Camenzind*)

中人们似曾相识的德国乡村世界再度显现：淳朴的世风和谨厚的民众，没有现代文明污染的山谷河流，静谧祥和的田野秀景。另一方面是德国纳粹从掌权到垮台的那段史实：希特勒上台时人们的欢跃狂热，战时难民从物质到精神的困顿疲惫，法西斯主义思想的泛滥，无辜士兵及平民的罹难。

主人公约翰的成长无疑是小说的主线。由于时代和家庭经济的窘迫，年幼的他已在餐厅帮忙，为村民送煤，为大车过磅；小小年纪，他已攀高爬树，摘采苹果。父亲的早逝让家庭生计的重负落在母亲一人身上，这让他从小就知道体贴母亲：举止规范，以便没人有理由向母亲告状。"靠别人生活，就不能同别人对着干"，这是当女店主的母亲的口头禅。这教导他要顺应环境，在想做什么和该做什么之间找到平衡。从父亲那里他则继承了人道主义思想，对文学的热爱，对音乐的痴迷，以及对文字的特殊感受力。正是这些与狭隘的实用主义无涉的所谓"无用之学"，使他面对同龄人具有某种心理上的优势，让他的目光超越逼仄的地域限制，在那动荡不安的岁月中，既能免受外部虚假世界的侵袭，又有进行"内心流亡"的可能。

与歌德的《威廉·迈斯特》（*Wilhelm Meisters Lebrjahre*）等其他一些发展小说不同，此书的事件发生地范围稍小，主要局限在瓦塞堡这样一个不大的村庄或村镇。更集中的故事地点实际上是约翰自家的旅店。如此的人群会聚之地，实为展现各式人物的上佳场所。在有钱人家做清洁女工的赫尔米内犹如一张流动报纸，散布着各类小道消息；房客泽哈恩先生不停地发出他对世界的诅咒；独脚老兵格布哈特抱怨着自己的残疾和所受的伤害；顽固的冲锋队头领布鲁格剔着牙齿大放厥词；老仆人尼克劳斯忘不了战时养成的绑腿习惯而把袜子丢在一旁；年迈的祖父面对看不懂的世道只能用方言重复："但愿我去了美国。"瓦尔泽就这样看似毫不经意地让一个个相干和不相干的人物穿梭上场，其语言简练而少修饰，叙述精到而富有活力，且远离任何价值评判和政治阐释。半个多世纪前那早已消逝的场景和事件就这样受到激活，得以重现。

这样一种精细的外部描述和缺少主体涉足的写实手法，让人觉得瓦尔泽在此追求一种历史的客观性，一种自传的真实性。尤其是他本人的履历同小说主人公生平的符契（瓦尔泽本人和小说主人公约翰一样，也于1927年出生于博登湖畔瓦塞堡的一个旅店主家庭），更是加深了小说的自传色彩。其实，对读书界来说，这的确是一部自传体小说，甚至是作家"迄至今日最令人信服的书"。可是，此书第二章中那个"奇迹"情节的插入，形成一个乖谬。为了同自己心仪的女孩阿尼塔碰面，约翰离家出走一天一夜。胆战心惊地返回后他发现，除了爱犬退尔，似乎无人觉察到他的不在。母亲表扬他那天出色地完成了为大车过磅的活儿，赢得众人称许；同学夸奖他在学校里，当脾气暴躁的老师体罚一个女孩时，能够挺身而出，抱打不平，而且还完成了一篇出色的作文。而常识告诉我们，一个人不可能同时在两地出现。刑事诉讼法中排除犯罪嫌疑的"不在犯罪现场证明"，正是这一逻辑推演的结果。书中这个匪夷所思的"奇迹"，只能是约翰卧室墙上那"保护天使"下凡，扮作他的替身，填补了他在家和在校之缺席的杰作。瓦尔泽在小说中苦心孤诣地织就的所有历史真实性就此土崩瓦解。因为，倘若我们承认这项"奇迹"有违常理，隶属梦幻，那么小说的其他情节、亦即瓦尔泽对往日的所有回忆或叙写也应属虚构。也许，瓦尔泽在有意识地颠覆自己叙事之事件逻辑的同时，悄悄地在尝试着把我们拉向思辨自传体小说本质的深处，不露声色地对别人、包括对那些纳粹集中营幸存者自传体小说之真实性也提出了诘难？

此非无根之谈。事实上在这部小说各章的第一小节里，都出现了作者对回忆之真实性的哲理诠释，似可与这个情节参互印证。它们有一个共同的章节标题，"以往作为当下"。比如在第一章的开头，作者写道："倘若某事已经过去，某人就不再是遭遇过这件事的人。我们现在说此事曾经有过，可当它以前有的时候，我们不曾知道，这就是它。现在我们说，它曾是这样或那样，尽管当时，当它曾是的时候，我们对我们现在说的事一无所知。"一部自传体小说的魅力尤其在于它的真实性。这应该也是作者的追求和读者的期待。但是，"以往"不会让人当场抓住和定格。人们能做的其实只是有别于"以往"的追记。瓦尔泽道破的许是这样一个令人沮丧的事实。

在第三章的"以往作为当下"一节中，瓦尔泽继续点明以往和当下的缠绕关系及其分解的不可能："以往以某种形式包含在当下里，它无法从当下中获取，就像一种包含在另一种材料中的材料，无法被通过一种聪明的程序取出，然后别人就这么拥有它。这样的以往不存在。"接着，他层层剥茧，揭露人们寻找以往时的自欺欺人："只要人们没有发觉，人们以为重新找到的以往，其实只是当下的一种氛围或者一种情绪……那些最最热心地收集以往的人，大多面临这样的危险，把他们自己创造出来的东西，当作他们寻找的东西。"这种对待以往的态度不仅仅局限在自欺上，还涉及欺人。瓦尔泽进一步借题发挥："有些人学会了，拒绝自己的以往。他们发展出一种现在看起来比较有利的以往。他们这样做是由于当下的缘故。倘若在正好有效的当下里想得到好的结果，人们太清楚地知道，该有一个怎样的以往。"这寥寥数语的精辟和尖锐，在现实生活中确实不断得到验证。只不过这是另一话题。

当歌德写下他那著名自传《诗与真》(*Aus meinem leben: Dòht-ung und wahrheit*) 时，这位比之今日流俗要诚实得多的作家，已经通过书名祖示，此书绝非人们期待的摹写真实往昔的自传。因为"诗"字的德语原文"Dichtung"有"虚构"的意思。所以，此书书名的直译可以是"虚构与真实"。文学发展至今，越来越多的所谓自传以真实客观的面貌出现，乃至招摇撞骗时有所见。大胆揣度，或许正是面对这样一个盛产伪饰自传或自传体小说的年代，瓦尔泽在自己的作品中编排出这么一个"奇迹"，加之上述那些别出心裁、打破自传体裁之恒定性的议论，在自己身上开刀，从哲理上究诘所谓自传体小说的真相，以警醒天真的读者，以往的真实图像，其实无法复原！

那么，瓦尔泽是否因此而放弃了客观再现以往的尝试？不。他在书中还是给自己设定了复现以往的目标和方式："希望以往有一个我们无法掌握的在场。事后不能再有征服。理想的目标：对以往的没有兴趣的兴趣。它会似乎是自动地朝我们走来。"他追求的显然是一种以往的自动显现。这种显现应该没有主体意图的涉足，远离人为的拘挛，犹如尼采《查拉斯图特拉如是说》的"夜歌"中，那一派源于其内在生命力的"迸涌的流泉"。这其实也是瓦尔泽此书书名的出处。不过我们还是必须指出，自然界的流泉和人类的回忆毕竟不同。而且，已经形成的以往具有永恒的性质，而任何力图还原历史的尝试都受当下的销蚀，具有不定的本相。凭记忆再现真实的以往，大概何时何地均属美好的一厢情愿。

（原载《文景》2004 年 7 月号）

没有音乐，何来尼采？

　　一如穆斯林有其心向往之的麦加圣地，世界瓦格纳音乐之友也有其神萦梦绕的拜罗伊特节庆剧院。它虽非宗教意义上的圣地，但每年也吸引众多瓦格纳迷前来朝拜。剧院外表朴实无华，与世无争，风格上绝无名建筑大多拥有的伟岸气派或精巧外观，但内部构筑却戛戛独造：木质剧场和下沉式乐池创造出美奂绝伦的音响效果，享有举世无双之誉；深深的舞台配有齐全的演出设施，能满足瓦格纳音乐剧的特殊需要。不过，招引乐迷纷至沓来的根本原因，是这栋建筑由瓦格纳本人亲自设计，亲手奠基。那是1872年5月的一个雨日，达官贵人云集捧场，俊男倩女中有哲人一位，名叫尼采（1844—1900）。

　　倏忽一百三十年整。2002年5月的一天，拜罗伊特的天上也是淅淅沥沥。看过节庆剧院，来到瓦格纳故居，偶得激光唱片一张，题为《在瓦格纳的斯坦韦上》，由德国当代著名钢琴家斯特凡·米基希（Stefan Mickisch）用瓦格纳当年的一架斯坦韦牌钢琴演奏。唱片收乐曲十首，五首为瓦格纳乐曲，另五首为尼采原作。又是尼采！尼采还是音乐家？消息虽非耸人听闻，却也罕为人知。

　　事后翻检尼采履历，可见他的确自小颇具音乐天赋。在1864年的一份简历中他写道："由于某种偶然，九岁那年我开始热衷于音乐。我这个充满激情的儿童，把连贯的和音音符记录在纸上，在美妙的钢琴的伴奏下按谱唱《圣经》经文。"1869 年，在教授职位的申请书里，他又写道："缺少一些外在的偶然性，否则我当时会大胆尝试，当音乐家。从九岁起我就感到音乐那最强烈的魅力；身处那种还不了解自己才能之局限的幸福状态中，以为自己所喜欢的一切，都可以得到。我曾留下无数乐谱，取得了比门外汉要多得多的音乐理论知识。只是在我普弗塔生活的最后年代里，我才以正确的自我认识，放弃了所有艺术家的生活计划；从此刻起，哲学进入形成的空缺。"

所谓的"普弗塔"年代指他的文科中学时期。"留下无数乐谱"，也非虚言，其中有 1861 年的四首钢琴曲《痛苦是大自然的基调》，乐曲名称已透露这位早熟的青年同叔本华哲学的亲和关系。同年，同窗和朋友克鲁格（Gustav Krug）介绍他第一次认识了瓦格纳音乐《特里斯坦和伊索尔德》钢琴曲片段。这年他十七岁。1862 年，他又同克鲁格等几个朋友一起，建立了一个叫"日耳曼尼亚"的艺术社团，其章程明确规定："每个人可以自由提供一件音乐作品，一首诗或一篇论文。"可见在这个学生社团中，音乐占据要津。1863 年，尼采主要热衷于演奏贝多芬、海顿和舒伯特音乐，写下乐曲《在一个凉爽的谷底》，颇具自然风味。这年圣诞节，完成小提琴钢琴合奏曲《一个除夕夜》。1864 年和 1865 年，他转而迷恋巴赫、亨德尔、莫扎特、舒伯特和肖邦等人的作品。而他自己大部分的钢琴曲和为自己诗歌的谱曲也完成于这个年代。此后，瓦格纳逐渐成为他音乐生活的中心。

对瓦格纳音乐的彻底皈依发生在 1868 年 10 月 28 日。这天，他仔细聆听了《特里斯坦》和《工匠歌手》这两部从剧情到音乐都迥然不同的作品的序曲，抑制不住心头的激动，提笔给挚友罗德（Erwin Rohde）写道："我的每根血管，每根神经都在震颤。"这位以后以怀疑一切和弃绝尘世著称的叛逆性哲学家，就这样毫无抵抗地臣服于瓦格纳那炽热强烈的音乐艺术，以孤注一掷的姿态爱上了恢宏壮丽的瓦格纳音乐，乃至以后在《人啊人》中坦言："我思索再三，假如没有瓦格纳的音乐，我也许熬不过我的青年时代。"对一个人，对一种音乐如此义无反顾地信任和专注，在他生命旅途中别无旁例。等他日后心生叛意，想抽身而出，实已为时太晚。

尼采与瓦格纳相识的媒介，也恰恰是他对瓦格纳音乐的痴迷，且极富传奇色彩。1868 年 10 月，青年尼采由于一次肋骨骨折由炮兵部队退伍，返回莱比锡，在恩师里契尔（Friedrich Wilhelm Ritschl）门下继续自己的古典语文学学业。这年 11 月，瓦格纳在慕尼黑吃了巴伐利亚国王的闭门羹，快快地转访莱比锡，住在姐夫赫尔曼·布洛克豪斯（Hermann Brockhaus）家。一天，他为主人弹奏自己的得意之作《纽伦堡的工匠歌手》，不料听众中有位女客索菲·里契尔。她说自己认识此曲，她丈夫的一个得意门生是瓦格纳先生音乐的崇拜者，不久前曾兴奋地把此曲弹给她听。大师异乡巧遇知音，当即表示愿意认识一下这个年轻人。崇拜者非是旁人，正是尼采。原来索菲·里契尔是尼采的师母。

倘若尼采没有因伤退伍，返回莱比锡，倘若瓦格纳没有在慕尼黑遭冷遇而转道莱比锡；再倘若尼采的师母不是瓦格纳姐姐家的常客，并有幸在不同地点听到尼采和瓦格纳演奏的同一曲目，那么，尼采和瓦格纳，年龄相差三十一岁的哲学家和音乐家，两人走到一起简直是天方夜谭。大胆往下推测，倘若尼采无缘结识瓦格纳，其受益于瓦格纳音乐思想的处女作《悲剧的诞生》也许不会"诞生",而尼采以后的发展,颇难猜测。

其实,尼采与瓦格纳的相遇,对尼采来说,不仅是机缘凑合,简直有宿命的意味。几个月后,1869年2月,尼采即被聘为瑞士巴塞尔大学的教授,而瓦格纳那时恰恰住在瑞士卢塞恩近郊的特里布申。尼采就这样鬼使神差般地从莱比锡追着瓦格纳来到巴塞尔,从那里造访他的音乐偶像瓦格纳,可说几乎只有抬腿之遥,尼采利用了这便利的条件。从1869年5月起,至1872年4月瓦格纳迁往拜罗伊特之前,在这三年里,尼采频繁出入瓦格纳在特里布申的别墅,甚至在那里拥有自己的卧室。两人漫步湖畔,促膝炉旁,论说音乐、探讨哲学,结下忘年之交。执着于音乐和戏剧艺术的瓦格纳虽然也喜好叔本华哲学,时而也做哲论,但从未有当哲人的奢望。尼采则不同。虽然主攻哲学,但时不时地弹琴作曲,并以音乐家自诩。请见下例。精神崩溃前三年,即1786年,在欧洲学界四处碰壁、颇感岑寂的尼采,把自己的书寄给丹麦的文学评论家勃兰兑斯(Georg Brandes),寻求声援。两人开始了持续一年多的通信。勃兰兑斯据此写下《尼采》传记一册,书载尼采给他的十一封信。在其中将近一半,即五封信中,尼采谈到自己的音乐创作或音乐才能。

> 1887年12月2日:您是一位音乐家吗?我的管弦乐合唱曲《赞美生活》正在印行中。我打算以此作为我留给后世的音乐作品,并期待着有一天人们会以这首歌纪念我。

> 1888年3月27日:我想,我大概更是一位音乐家,而不是一位浪漫主义者。如果没有音乐,生活对

于我就将是一种错误。

1888 年 5 月 4 日:《赞美生活》将在这几天内踏上通向哥本哈根的旅途。对我们哲学家来说，最大的乐事莫过于被错认为是艺术家了。而且，由于内行的评价，我可以肯定，《赞美》一作完全适宜于演出和歌唱，其效果也是毋庸置疑的⋯⋯

1888 年 5 月 23 日：我也希望莱比锡的出版商 E.W. 弗雷采能够履行他的义务，寄出《赞美》一作。

1888 年 9 月 13 日：您可能不习惯于从音乐（所有缪斯中最重要的一位）中索取什么，然而，无论您有怎样的理由，还是请读读这份《音乐家的心理学》吧。⋯⋯毕竟，我在这个领域中是一个行家，而且十分幸运地禀赋着足够的音乐家的直觉。

可见尼采对音乐的痴迷，也可见这个敢冒天下之大不韪，竟敢以"我为什么这样聪明"为题作文的尼采，就是在论及自己的音乐才能时，同样大言不惭。

不过，这只是他的自我评价，别人究竟如何品藻他的音乐作品？

1871 年圣诞前夕，正是在频频拜访瓦格纳的日子里，尼采小心翼翼地把自己的乐曲《一个除夕夜的余音》献给瓦格纳夫人柯西玛。1871 年 12 月 20 日，他在给罗德的信中说："瓦格纳夫人 12 月 25 日生日⋯⋯我把我的《除夕夜》献给她，很想知道，在那里会听到对我音乐作品的何种评价，因为我还从未闻听过权威的评论。"

尼采赠曲，显然有一石二鸟之意图。一则祝寿，二则检验自己的音乐水准。作为家庭密友，尼采收到了庆祝生日的邀请，却未赴寿宴。许是想以自己的缺席让别人作更客观的评判？容或对自己的作品把握不大，临阵怯场？那是一首钢琴曲，当时由瓦格纳夫人进行了演奏。看来那一晚的情景令人难忘，所以约十六年后瓦格纳夫人对此还记忆犹新。1887 年 11 月，她在给友人莫特尔（Felix Mottl）的信中写道："雅各布·斯托克尔，我当时的仆人……在收拾餐桌时站下……仔细倾听，最后终于回转身去，说：'我觉得味道不好'（schint mir nicht gut）。我承认，尽管友谊万岁，我还是笑得无法继续演奏。"当时在瓦格纳家做客、同瓦格纳夫人一起弹奏《除夕钟声》的汉斯·里希特（Hans Richter）的描述更加仔细："瓦格纳不安地坐在一边，折起他的小帽在曲终前走出……我担心他要发火。但雅各布的批评使气氛缓和了些。我看到大师开怀大笑。一年半来同一个人来往，没想到有这样的事；现在他暗中跑来，大衣里揣着乐谱。"

对于这个场面，尼采也许一无所知。无论如何，他继续寻求行家对自己音乐作品的认同。1872 年，尼采把自己的《曼弗雷德——沉思曲》寄给著名指挥家和音乐家毕洛夫（Hans von Bülow），恳求指点，信中谦虚地说自己的音乐"靠不住"，甚至"可怕"。显然同他在其他场合的恣肆张扬判若霄壤。但是，尼采的自谦并未阻挡毕洛夫给出不留情面的评判。他毫不客气地质问，这一切是不是开玩笑？是不是对"未来音乐"的一种音乐讽刺？他是否有意嘲弄音符联系的所有规则，如同嘲弄正字法？他称尼采的乐曲是他许久以来见到的"最不令人振奋和最反音乐的东西"，说尼采那音乐的发烧作品在音乐世界里犹如道德世界中的一次犯罪：音乐的缪斯欧忒耳珀遭到了强奸。他甚至尖刻发问："您难道没有一个更好的杀死我的办法吗？"毕洛夫语近刻薄，语句简直显示出面对音乐遭受亵渎的怒发冲冠。对踌躇满志的尼采来说，这显然是当头一棒。他沮丧地道歉说，他完全不知道自己的音乐如此毫无价值："您对我帮助很大。——这是一种自白，我带着几分痛苦作出的自白。"

尽管如此，尼采似乎并未甘心。1874年，他再次把这首乐曲寄给管弦乐队指挥赫加尔（Friedrich Hegar）过目。赫加尔的回信语句含蓄，几句恭维话后是："就音乐思想的构造来说，整体上缺少对某些艺术结构条件的满足。乐曲给我造成的印象更像是一首富有情趣的即兴曲，而不是一件深思熟虑的艺术作品。"

在评价尼采音乐作品方面，瓦格纳从一开始就态度矜持，显然是与尼采的特殊关系所致，生怕伤害朋友的一番虔诚。但从以上里希特描述的一幕看，他对尼采音乐最起码是不以为然。也许是被逼到了墙角，他有一次不得不对尼采这样说："就一名教授来说，您的乐曲非常好。"虽无贬抑，但可以让人咂摸出一番滋味：就一名非音乐专业的教授来说不错，就一名音乐家来说呢？尼采可自视为音乐家！

把尼采的自我称许比照旁人的评价，其间反差巨大。尼采显然高估了自家的音乐造诣，几有"无人赏，自家拍掌，唱得千山响"之嫌。但无可否认，他具有音乐天赋，且乐此不疲，时而能够凭借自己的聪明才智、日常体悟，作曲配乐。从以上专家的议论看，他分明缺少系统的作曲训练，看来也低估了曲式结构的难度，有些勉为其难。可是才华横溢、疯劲十足的尼采不愿正视业余爱好同专业水准之间的差异。这也难怪，既然凭借自己的艺术天赋，语言修炼，加上敏锐的目光，作为古典语文学家的他能在哲学界抢滩成功（当然直到今天这还是个可以争论的问题），为什么不能依恃同样的天资和悟性，跻身乐坛、充当大师呢？这可能是尼采一生耿耿于怀、没有想通的事。

其实，失之东隅，收之桑榆。尼采的音乐天赋虽然没能让他成为一名世所公认的音乐家，却对他的哲学著作起了决定性的作用。且不说其著述的很大一部分同音乐有难解之缘，比如他的发轫之作《悲剧的诞生》，其基调就是音乐乃悲剧之母；再如《瓦格纳与拜罗伊特》、《瓦格纳事件》和《尼采反瓦格纳》，主题也均为音乐。而其著作中对音乐艺术的零星议论，更是不胜枚举。就是其著作那音韵铿锵的语言、跳跃式的思维方式、夸张的修辞手段和亢奋的激情后面，其实无不让人感到音乐的冲动。

尼采一生至少留下七十三首乐曲。即使到了1889年，他明显地出现了精神分裂症状以后，语言逻辑逐渐离去，可音乐依旧在场。到了病情全面爆发的1890年，尼采神气萧疏、仅存形骸，但还能在钢琴上熟练地弹奏贝多芬的钢琴奏鸣曲。比之语言文字，音乐的生命力在他身上更加绵延不绝，悠长坚韧。非于此道浸淫有年者，实难办到。今天，世人在纪念哲学家尼采时，也逐渐记起音乐家尼采。据说1983年的世界哲学家大会上，已有人演出了他创作的乐曲。大约从1980年起至今，世界各地推出的尼采和包括尼采音乐的唱片，其实也已不下十张。笔者拥有的只是其中的一张，不过是独具特色的一张。因为那上面一半是瓦格纳音乐，一半是尼采乐曲，并且由拜罗伊特的瓦格纳博物馆发行。回顾一下尼采对瓦格纳的"背叛"，尤其是瓦格纳死后多年，他还撰写《尼采反瓦格纳》，对瓦格纳几有不依不饶的狠劲，更让人感到拜罗伊特人的宽宏大量。

转眼又是 5 月，窗外也是春雨绵绵。一年前购得尼采唱片的情景历历在目，禁不住再次静听他的音乐。其中《除夕夜草稿》仅二十九秒、《钢琴曲残篇》四十七秒，兔起鹘落一阵，即告结束。走的明显是即兴一途。另三首中，《这里淌过一条小溪》一分四十一秒、《英雄悲诉》一分五十二秒，最长的《残篇自身》也仅二分十三秒。总体印象，错陈杂出、纷纭而至、散而不显，有片段式风格；且音调奇诡，似与大师们的炉锤之作不类。以往读尼采书，颠来倒去，总觉得论据逻辑的铺陈、风格语言的营造，全不像哲学，今日重听他这五首都出自 1862 年、即他十八岁时创作的乐曲，蓦然有所感悟。难道尼采在以他的作曲方式著文？倘或不谬，或许进一步理解尼采，得从源头开始，研读他的音乐？观其一生发展，尼采毕竟以音乐肇端，以音乐收尾。没有音乐，何来尼采？

（原载《文景》2003 年 8 月号）

尼采：真理是个可怕的事物

2000 年是尼采一百周年忌辰。国内外尼采著作的新版或有关尼采的论著频频问世，盛况空前。当时，德国汉泽尔出版社也推出了一本独具特色的尼采新论，这就是眼下所译萨弗兰斯基著的《尼采思想传记》(*Nieztsche: Biographie seines Denkens*)。

在尼采的家乡德国，有关尼采的著述此前已有上百种（可参见本书的参考书目）在案。其中两本尤其引人注目。一是雅斯贝尔斯的《尼采——他的哲学思想理解导论》(1936)；二是海德格尔的《尼采》(1961)。恰恰这两本书都已有中译。前者是社会科学文献出版社 2001 年版的《尼采其人其说》，后者为商务印书馆 2002 年版的《尼采》。前一本书，如作者自己所言，"试图整理尼采哲学的内容、抵制迄今接受尼采思想的各代人均带有的巨大误解，抵制这位濒临疯狂的人士在人们对他做的摘录中留下的歧义"，亦即具有论争的性质。而海德格尔的《尼采》，来源于他关于尼采的几个专题讲座，尝试着主要以哲学门类，亦即大多以自身的哲学理念，来清理尼采哲学，并且用他那著名的"词语溯源"的方式，对一些哲学概念做详尽的历史分析工作。简言之，这两本尼采专论以哲学家的立场，对尼采进行解读，表现出作者自身强烈的哲思欲望（后者尤甚），对阅读的要求颇高。虽然为了帮助读者理解这两本深奥的著作，中译者已做了卓有成效的努力，但夸张一些地说，看前者还是需要"正襟危坐"，读后者可能就得"如临大敌"了。前两本是关于尼采的研究型专著。

由于作者及其著述方式的关系，关于尼采的传记，撇开外文的不论，就笔者所见，其汉译在我国较流行的也有两种。一是法国人丹尼尔·哈列维的《尼采传》，百花洲文艺出版社1996年版（又有贵州人民出版社2004年重译本《尼采传——一个特立独行者的一生》）；二是德国伊沃·弗伦策尔著的《尼采》，河北教育出版社1999年版。另外，国人自己也有多部尼采传记问世，但材料上大多没能超越上述两书，有的其实只是它们的改作。

此书作者萨弗兰斯基是当今德国著名作家、哲学家，其著作目前至少已被译成十三种语言。众多著述中的两本也已有中译，一是他的《海德格尔传——来自德国的大师》，有商务印书馆1999年版；二是他的《恶——或者自由的戏剧》，有云南人民出版社2001年版。这本《尼采思想传记》是他又一部用心之作。它从尼采的酷爱，即音乐着手，顺着他生平的重大事件与著述顺序，清晰地展示出尼采思想的发展脉络与主旨，最后以其思想对后世之影响的提示收束。与上述研究专著相比，作者没有掺入自己"微言大义"的奢望，也不怎么做"补正纠偏"的尝试，着眼的多是尼采人格发展背景上的思想意旨，以及这些思想与西方哲学史和思想史的纵向联系和横向关涉。与上述生平传记相较，他绝不拘泥尼采的生平琐事和生活变迁，更不屑重复那些人们早已耳熟能详的逸事奇闻，而以思想发展为红线，辅以对其思想形成有特殊作用的生平材料，为读者提供了一部翔实和生动的尼采思想史。价值重估的社会观点、永恒轮回的宇宙规律、超人作为人类理想、权力意志作为历史解读，这些尼采学说中的要点，无不被他以自己独到的叙述点拨。

毋庸讳言，译书不易，译哲学书更难。既然谈尼采的思想发展史，免不了要摘引尼采本人的著作。此书翻译的一大难点也在这里。因为原作者使用的尼采原作手头不全，把一些掐头去尾的引文译成汉语时如履薄冰。不时地也尝试参考已有中译（借此机会谨对这些译者表示感谢），但有些尼采著述尚无汉译，倘若有中译，相应的段落或句子时常也很难找到（有各种原因，兹不详述）。译者孤陋，但也听说国内目前至少有两种"较全"的尼采文集中译，正在如火如荼地进行。企盼它们早日问世，也祈望它们能进一步解决目前汉译中的一些问题。

所译之书事关尼采，就势必牵涉到尼采本人的一些专有概念。这是本书翻译的另一棘手处。比如"Macht"这个词。近年来在我国，把"der Wille zur Macht"译成"强力意志"，已渐为主流。拙译开始也曾照此办理。但在翻译过程中发现，联系到上下文，这个译法有时勉为其难。从形式上看，"强力"一词在汉语中的这种偏正结构，不时与尼采使用这个词的语境互相抵牾；从内容上讲，"Macht"这个词，则同达尔文那物竞天择、优胜劣汰的学理很有瓜葛。在尼采那里，"Macht"常常意味着，各种生物体要求有自我生存和发展之机会的"权利"。但汉语中的"权利"，又经常意味着与"义务"相对的、公民或法人行使的权利和享受的利益（参照《现代汉语词典》）。最后还是回到"权力"一词。当然，有时这也不十分妥帖。鉴于中德两种语言和思维间的巨大差异，很难期待有一种完全等值的译法。只能尽量贴近原文。这其实也是译者本人的翻译准则。但哲学修炼不足、翻译时间紧迫，虽然孜孜矻矻，但拿捏不准、不符通译甚至遗漏错讹，都可能发生，尚希识者指正。

尼采生于 1844 年，但早在 1858 年，即他才十四岁的时候，就尝试着为自己作传（可参见此书的"编年史"），也就是说，他少年时似已预感自己生为奇才，会受后人感念。在以后的生命旅途中，他病魔缠身，婚姻不顺，而恰恰这种人生困境，更促使他宵旰操劳，极自觉地充当生命哲学的殉道士。他早熟聪慧，以后也明白真理是个"可怕的事物"，他进行的工作，是能致人毁灭的思维冒险。他的哲学前辈康德其实早已洞察此事，在"头顶的星空"和"心中的法则"前止步，以避危趋安。而尼采却心怀决心自食的勇气，又挟带着决堤奔腾的热情，义无反顾地接受了冒险的挑战，走上他那探索生命之奥秘的不归路。同时，对于自己将来会博得后世喝彩这点，直到理性生命结束之前，他一直坚信不渝。1887 年，即精神崩溃前的一年多，因为在尼扎的房子不得不被拆除，他就曾这么说："这对后代的好处是，他们可以少参观一个朝圣点。"这是近乎魔鬼般的自信。他没料到的可能是，他那锐利的文化批判锋刃，尤其在 20 世纪和一直进入 21 世纪的所谓后现代主义批判中，寒光迸现，震烁学界。看一下福柯如何探究知识和权力的关系、追溯疯狂和理性的由来，即可在尼采逝世一百零四年整的今天，告之尼采亡灵，他的思维精神未灭，研究方法尚存。

（原载《文景》2005 年 3 月号）

邂逅 "尼采石"

    2012 年秋，赴瑞士参加学术会议，某日下午入住阿尔卑斯山中西尔斯—马利亚的 "森林旅馆"。环境清新可人，景色美不胜收。

    旅馆 1908 年建成，家内承继，已逾百年。厚重的家具、古朴的装饰，处处凸显历史积淀。不及观赏，放下行李，便出门沿路而下。因为此行目的，是参观当地的尼采故居。尼采曾于 1881 年和 1883 年到 1888 年的夏季，在此度过他的创作盛期。故居今天已是名为 "尼采屋" 的博物馆。每年接待尼采崇拜者无数。

    虽然来瑞士之前已知具体日程，但到了尼采故居，当讲解人提及 "尼采屋" 位于 "西尔斯—马利亚的恩加丁" 时，才陡然想起尼采生平一件要事。那是 1881 年 7 月，尼采在意大利境内阿尔卑斯山脚下的威尼斯，受不了炎热，转入瑞士境内阿尔卑斯山谷中西尔斯—马利亚的恩加丁（Engadin）。一天，他外出漫游，途经一块锥形岩石，突然顿悟：万物的永恒轮回，是世界的法则。其后的隐意是，每次轮回赋予尽管短暂的事物以永恒的价值。这让他那悲观的虚无主义思想，突然拥有一种神圣的和令人振奋的意味。他简洁地写下这一思想，并标明日期："1881 年 8 月初，在西尔斯—马利亚，海拔 6500 英尺，并远超一切人类事物之上。"[1] 孤

1　转引自 Werner Ross, „Der ängstliche Adler. Friedrich Nietzsches Leben ". Deutscher Taschenbuch Verlag 1984, S. 577。

傲不羁的尼采，从此不再孤单，查拉图斯特拉的形象，之后在他笔下逐渐形成。尼采用诗的形式，记录这个形象，或围绕这个形象的巨著的诞生：

西尔斯—马利亚
我坐在那里等待——却无等待的对象，
超越善恶，我享受着，此刻的
光和影。那儿只有白昼、湖泊、正午和无尽的时间，
那时，我的朋友，一个突然变成两个——
那是查拉图斯特拉来我身旁。

作为尼采著作及传记的译者，我了解此事，趁讲解间隙，便打听那块与尼采有关的岩石。回答是，此石就在附近希尔斯湖中的夏斯泰半岛上。

次日清晨餐毕，手持热心店主所给路线图，朝圣般地赶往夏斯泰半岛。阿尔卑斯山脉的半腰上，雾气氤氲，行走在云雾下的绿野中，恍若身处仙境。约二十分钟后上岛，顺小径直奔山顶。始料不及，遇石无数，就是不知哪块岩石，曾让尼采灵感顿生。离退房出发的时间越来越近。无奈中只得怅然回撤。就在出岛当口，一个身着运动服的晨练少女迎面跑来。不甘心此行无果，便冒昧将她拦下问，您知道那块与尼采有关的石头在哪里？回答是："尼采石？就在前面不远处！"此刻才知，真有这么一块"尼采石"。

美丽少女，犹如尼采在天之灵派来的天使，带领我们，沿湖绕山而行，一路还开着玩笑。她不时地指着碎石路旁的石块打趣，

邂逅「尼采石」——65

瞧，尼采石！瞧，尼采石！真还差点儿上当。约十分钟后，来到一块依山面湖的岩石前，姑娘止步，正言正色：就是它。岩石上有个凿出的平面，上刻尼采诗"人啊！请注意！"。汉译如下：

> 人啊！请注意！
>
> 深深的午夜说什么？
>
> "我睡着，我睡着——，
>
> 我从深深的睡梦中苏醒：——
>
> 世界深深，
>
> 要比白昼想象的更深。
>
> 它的痛苦深深——，
>
> 欲念——比心中忧伤更深：
>
> 痛苦说：消失吧！
>
> 但一切欲念想要永恒——，
>
> 想要深深的、深深的永恒！"

事后细查，才知此碑来历。1900 年，尼采去世，西尔斯—马利亚的恩加丁的行政官杜里施（Durisch），为纪念这位哲人，让人在夏斯泰半岛上，利用一块山石，凿出《查拉图斯特拉如是说》中编号 599 的、人称"沉醉的夜歌"的这首尼采诗。当地人称其为"尼采石"。

事情也可能是别样。尼采死后，他的一些德国朋友曾想在他心爱的流连之地、夏斯泰半岛上竖立一根尼采铜像柱，并为此建立了一个捐款基金会。计划在第一次世界大战的纷乱中搁浅。但这类想法，并未完全消失。著名建筑学家布鲁诺·陶特（Bruno

Taut）也曾规划在夏斯泰半岛上，建一座高达十八米的纪念塔。另有尼采信徒亨利·范·德·费尔德（Henry van de Felde），在夏斯泰半岛上突发奇想，为尼采建造一座庙宇。特别在纳粹时期，有过多项为尼采树碑立传的计划，均因当地民众的反对而未实现。尼采的心爱之地夏斯泰半岛，得以远离历史耻辱，保持纯净。而这块仅刻"沉醉的夜歌"、无任何其他悼词的"尼采石"，以最朴素的方式，在一百多年后的今天，让人得以凭吊这个哲学伟人。

此次在瑞士的西尔斯—马利亚之行，未亲见让尼采顿悟的、尼采博物馆用照片展出的那块锥形岩石，却发现了这块之前未见文献记载的"尼采石"，以及石上的尼采诗，这不能不说是意外收获。

此诗由不规则的十一行组成。开头两行，是有对话意味的祈使句："人啊！请注意！/深深的午夜说什么？"诗歌单刀直入，呼唤读者去聆听夜的呓语。联系此诗出自《查拉图斯特拉如是说》，不难猜出，这就是查拉图斯特拉对大众的呼唤。

午夜本是一个时辰的名称，自身并无说话能力，此属常识。"深深的午夜说什么？"无疑对"午夜"的固有性质提出挑战，并将它一下从规范性语言的羁勒中解放出来。突破日常的语言形式，乃是诗歌语言的特征。诗人显然熟谙此道，本诗第九行"痛苦说：消失吧！"用了同一技法。

午夜又是无声的天下，静谧能被聆听？也许只有像尼采那样具有诗人秉性的哲人和对声音无比敏感的音乐家（尼采自视为音乐家）才能做到。从深处着想，也许唯有寂静才提供聆听的可能，因为被聆听的，其实是自己灵魂深处的独语。这也许就是诗句指向。

随后出现在引号中的九行诗句，是诗人想让读者细听的、从睡梦中苏醒的"我"，即查拉图斯特拉的独语。其中第三行到第六行，讲夜的世界深沉，比白日想象的更深。这是诗的又一层深意。

将夜入诗，在德国文学史上，是浪漫主义诗作的重要特点。诺瓦利斯的《夜颂》可谓典范。它颂扬夜、即非理性者的魅力，抗击启蒙运动中以"光"作为象征出现的理性。在此意义上，尼采无疑是浪漫主义传统的继承人。诗人告诉我们，黑夜比白昼想象的更深，莫过于说，无法把握的、以"夜"作为象征的非理性世界，远比以"白昼"作为标志的理性世界更深邃。

偶见中国作家木心《夜歌》一首，其中写道："但愿我能化作夜／而我却是光啊。"较之白昼，诗人更愿憧憬夜晚，追求"黑"的深邃。

诗的第七行告诉读者，世界的痛苦很深。这是诗的另一含义，人世即痛苦，这是人的宿命。就西方传统来说，人被赶出伊甸园，即意味着吃苦受难。但诗人在此并非重复旧识，而是为以下的转换进行铺垫：比心灵之痛更深的是欲念。

此处汉语的"欲念"，其德语原文是"Lust"。之前的译者，大多将此译为"快乐"[1]。若查德德词典，可见"Lust"一词，实为"内在的需求"，或"旨在满足一种愿望的要求"；在高雅用法中，它还表示强烈的、要求得到满足的"情欲"或"性欲"。[2]尼采此处

---

1 曾见三种译文，都将这个词译为"快乐"。参见：钱春绮译《尼采诗集》，漓江出版社，1986，第35页；黄明佳、娄林译《扎拉图斯特拉如是说》，华东师范大学出版社，2009，第517页；周国平译《尼采诗集》，作家出版社，2012，第46页。

2 可参见：Duden. „Deutsches Universalwärterbuch", Mannheim 1989 年版的有关条目。

用词，就笔者理解，强调的该是源自人之本能的愿望或欲望。它与诗人"权力意志"概念中的"意志"相近，追求自身"快乐"的满足，或自身利益的最大化。人的欲念，远比世界深邃的基底更深，也比心灵之痛更深，这该是诗句想表达的哲理。

痛苦扰人，因此得被摆脱；而人的欲念，永远不会彻底满足，它要的是永恒。中文成语"欲壑难填"，恰恰在"深凹"的意境中，形象地点出欲念的特征，似能为诗人之言提供佐证。

在消极意义中，追求"欲念"的满足，是原罪，是"恶"，是该鄙弃者。但在积极意义中，它与"意志"一样，无疑又是人类历史行进的动力。这也许是尼采此诗的主旨，及其哲学睿智的总结。

在语言形式上，此诗首行中的呼唤，十分突兀。德语原文为："O Mensch！"直译该是："啊人！"依汉语习惯，此处译为"人啊！"惊叹词或语气词，通常用来表达不可名状的情感。诗人直抒胸臆的热情，开始便跃然纸上。

而通观全诗，更让人难忘的，莫过于"深"字的运用。它在由四十八个德语单词（包括冠词）组成的全诗中有八次重复，比例颇大。此诗中与"深"有关的名词，归纳起来大致有："午夜"、"睡梦"、"世界"、"痛苦"、"欲念"和"永恒"等。它们涉及人世或生命的不同领域和概念。若按客观的真实逻辑，这些或是客观，或是主观的物象，并非能被形容词"深"字，组合一处。但诗人根据哲理的法则，使"深"字腾挪其间，让这些物象实现了彼此间的流动转换，成为一体。

在音韵方面，德语原文中值得一提的有：在本诗的单行中

（第三行）被重复的单词有"睡"（schlief），在上下行中（第十、十一行）被重复的单词有"要"（will）以及"永恒"（Ewigkeit），加上反复八次出现的"深"（tief），字，单元音"i"和双元音"ie"在全诗中前后呼应，上下激荡，造成一咏三叹之效。为了在汉语文本中再现这种跌宕起伏，译者在翻译德语的"深"字时，除了两次当它被用在比较级中时，将其译成"更深"，其余六次试用汉语的双声词"深深"，再现原文中的双元音"ie"，以弥补德语转成汉语时，音韵或节律的阙失。

"没有诗，我们将失去远方"，上海的《劳动报》头版，近日（2014年6月9日）刊登这样的标题文章，这令人感到惊讶又觉得欣幸。惊讶的是，这份名字与诗几无干系的报纸，竟然给予诗歌如此关注；欣幸的是，当下已被论及的诗歌复兴，似乎由此更露端倪。接着要问的是，我们需要何种诗歌？元好问的"诗家圣处，不离文字，不在文字"，始终是诗人所求。但这说来简单，做到还真不易。请看某些或直白如水，或佶屈聱牙的"现代"或"后现代"作品，再读尼采这首将形式与内容、语言和思想结合得如此巧妙的"夜歌"，足见此言不虚。

回到本文起首介绍的"尼采石"。石上未凿尼采的任何哲理名言，仅刻其质朴而深邃的诗一首，可见他作为诗人，百多年前，已负时名。聊借此文，予以志之。

附记：2012年秋，在瑞士的西尔斯—马利亚，有幸见识"尼采石"及石上那首"沉醉的夜歌"。一直有意，重译此诗，并用文字录下这段童话般的"寻石觅诗"经历。近承《创作与评论》杂志的编辑诚恳约稿，才有机会了却心愿。谨致深深的谢意。

（2014 年 6 月 22 日记于上海，

原载《创作与评论》2014 年 7 月下半月刊）

遭逢萨弗兰斯基

多年来有一爱好：收集译自德语的人文社科书籍。近日新得一书，题为《偶然造就一切》[1]。题目似与科学主义盛行的今天不怎么合拍。因为经历了启蒙尤其是唯物主义洗礼的现代，自信已知万物规律，可以统筹一切。但细忖之下，也许人人都有体会，世间许多事情，实非规划所致，而由偶然铸成。

在我的译书经历中，一个偶然是同德国当代传记作家、哲学家萨弗兰斯基的结缘。记得那是 1998 年下半年某日，一位相识不久的年轻编辑，拿来德语书籍数本，让我选择翻译。其中就有萨弗兰斯基著《恶——或者自由的戏剧》。此书布面精装，外套深蓝色护封；护封上方，在印成白色的作家全名"吕迪格尔·萨弗兰斯基"（Rüdiger Safranski）和书名后半部分"或者自由的戏剧"（oder das Drama der Freiheit）之间，是个硕大的"恶"（Böse）字，且着红色，特别惹眼。记得初见书名，不禁想起幼时熟读的裴多菲名诗："生命诚可贵，爱情价更高，若为自由故，两者皆可抛。"对西方传统来说，自由是比生命和爱情都更高贵的东西，与人皆弃之的"恶"有何干系？译完此书，深感书名不假。

中国典籍《荀子·性恶》中有言："今人之性，生而有好利焉，

---

1 斯坦芬·科兰奈著，刁晓瀛译，上海人民出版社，2007。

顺是，故争夺生而辞让亡焉；生而有疾恶焉，顺是，故残贼生而忠信亡焉；生而有耳目之欲，有好声色焉，顺是，故淫乱生而礼义文理亡焉。"此书最后把"恶"归于人性中的"好利"、"好声色"，结论是："人之性恶"。而萨弗兰斯基告诉我们，从古希腊罗马一直到现代，西方传统则另有一说，认为"恶"来自原罪，确切地说来自上帝给予人的自由。这是缺乏基督教思想浸染的中国传统不易即刻领会的，而萨弗兰斯基既形象又生动的叙述，能让我们接近并理解这一学说。全书还从"恶"出发，对哲学的功用、艺术的定位、国家的职能、宗教的理由等人文科学的各个方面，阐述真知灼见，醒人耳目，促人深思。

全书发凡起例，上下千年，援引了众多西方典籍，其中不少已有中译。所以移译之初，我曾定下找出这些引文已有中译的原则，希望能减少由于关联不清而产生的误译，也可表示对前人劳作的尊重。但此非易事。一则原书引文未标出处，二则自己学养不够，藏书不丰。而交稿时间紧迫，不允许外出查考，费时太多。结果有得有失。先说"得"。比如在原书正文第一页，萨弗兰斯基引德国作家毕希纳（Georg Büchner）的一段话："我们缺少一种我不知其名的东西。可是既然这东西在五脏六腑里根本找不出来，为什么我们还要彼此剖开我们的肉身。"毕希纳英年早逝，留下作品虽说不多，但也不少。要寻得出处，仍然不易。但我还是在他的剧本《丹东之死》中找到了答案。那是人民文学出版社 1981 年版的译本。再如，萨弗兰斯基在书的第十三章，引德国作家霍夫曼斯塔尔（Hugo von Hofmannsthal）的一首诗，讲诗人和苦役、即艺术和"恶"的依存关系："许多人自然必须死亡，/ 在沉重的船桨摇动的地方，/ 另一些人居住在上面船舵之旁，/ 他们知道鸟的

遭逢萨弗兰斯基

73

飞翔、星的家乡。"霍夫曼斯塔尔的诗歌,中译十分罕见。尽管如此,凭借记忆,依靠翻检,最终在一本汉译德语文学理论著作里,发现此诗中译。那是沃尔夫冈·凯塞尔著、陈铨译的《语言的艺术作品》,有上海译文出版社 1984 年版。再说"失"。比如书中所引法国作家萨德作品,估计已有中译,但当时已无暇追根寻源。其他遗缺尚多,此处不再繁举。至今思之,惴惴不安。

此译于 2001 年 9 月正式出版。装帧简单,但封面上偌大一个"恶"字,似乎深得原书封面设计之真谛。美中不足的是,所印作家姓名原文中间,开了一个天窗:字母 Ü 缺漏。据说印刷时,电脑偶出故障,不认这个变音的德文字母,看来偶然的作用确实非常。拿到样书时的沮丧失望,至今记忆犹新。2005 年 11 月,适逢北京召开纪念席勒逝世二百周年国际会议。因为萨弗兰斯基写过一本《席勒传》,也受邀与会。我给了他本书汉译。此前踌躇再三,原因就是那个天窗,把人名字印错,实为莫大不敬。后来听人建议,笔填所缺,再行赠书。事后想来,恐怕只是弄巧成拙。北京会后,萨弗兰斯基借道上海返回德国,下榻和平饭店。陪他漫步外滩时,想到此事,忐忑不安。我一番解释,他微微一笑。

其实,还在上海接待萨弗兰斯基时,我已译就他另一部名作《尼采思想传记》。签下《尼采思想传记》的译书合同,是 2003 年下半年的事,2004 年暑假后准时交稿。但此书的正式出版,是 2007 年年初,而且换了出版社。此间情况发展一波三折,非我初料所及。对此,本书译后记中略有交代,兹不赘述。

继译成《尼采思想传记》后,我与萨弗兰斯基的著作,缘分未尽。就在上提北京纪念席勒逝世二百周年的会上,一家出版社问我,是否愿意翻译萨弗兰斯基 2004 年新出的一本《席勒传》。

尽管诸事繁忙，出于对萨弗兰斯基著作的喜爱，次年还是签下翻译合同。日前书已译毕，交付编辑出版。萨弗兰斯基的这本《席勒传》，确切书名是：《席勒——德国理想主义的发明》（*Schiller als oder Die Erfindung des Deutschen Idealismus*）。

在德语文学史上，席勒是与歌德齐名的大文学家，他与哲学概念理想主义的发明有何干系？书名已透出萨弗兰斯基经典重读的尝试和独特的切入点。如果说，《恶——或者自由的戏剧》展示出欧洲上下千年的一段思想史或社会伦理史，《尼采思想传记》探讨了西方现代哲学承上启下之关键人物的思想来源及影响，那么，这本《席勒传》，介绍的是德国18、19世纪理想主义的鼎盛年代及中心人物。在物质主义至上和商品逻辑泛滥的当下，作者偏偏在一个文学家身上，掘发出以精神统领物质的理想主义哲学，自有其指陈时弊的寓意。

综观全书，论述流畅合理，叙事翔实可据。但难免也有个别失误。比如该书第十八章，有一段歌德引文，作者自言来自《威廉·迈斯特的漫游时代》，实则出于《威廉·迈斯特的学习时代》。

对笔者来说，每次翻译萨弗兰斯基那些内容详备、文思敏捷、识见精微的作品，受到的不仅是心智的挑战和脑力的煎熬，更是思想的润泽。正是这些翻译实践，给我机会，完善知识结构，调整学术坐标。获益良多，念之不胜感慨。

不管怎样，遭逢萨弗兰斯基，是我职业生涯中一个让人欣悦的偶然。

（2007年7月29日于上海酷热中，

原载《文景》2007年9月号）

作为德国事件的浪漫主义

"浪漫主义属于公认具有永久现实意义的世界文化现象。"[1] 俄罗斯学者加比托娃《德国浪漫哲学》的"中文版序",这样起首。论断似合常识,不易引人发难。但萨弗兰斯基此书题名"浪漫主义——一个德国事件"与此抵牾,因为它给"浪漫主义"[2] 贴上一个特定的德国标签。

"浪漫主义"果真是个"德国"事件?倘若深究,确有根据。以英国哲学家以赛亚·伯林(Isaish Berlin)为例,他在其《浪漫主义的根源》一书中,视欧洲范围内的浪漫主义为一种反启蒙运动的思潮。但真正意义上的"反启蒙运动思潮,其实源自别的地方,源自那些德国人"[3]。此书另一处,他又强调:"无论如何,浪漫主义运动起源于德国。"[4] 看来,德国人萨弗兰斯基,将浪漫主义当成一个特殊的"德国事件"来讲,并非无由。

这是一本专论德国浪漫主义的书。何为浪漫主义?还是回到伯林。他那本书第一章的题目就是"寻找一个定义",但这只是

---

1 (俄)加比托娃著,王念宁译,《德国浪漫哲学》,中央编译出版社,2007,第1页。

1 (俄)加比托娃著,王念宁译,《德国浪漫哲学》,中央编译出版社,2007,第1页。

2 原文为"Romantik"。翻译上异名甚多,如周作人将此译成"传奇派"(周作人:《近代欧洲文学史》,团结出版社,2007),更经常被译成"浪漫派"。因德语另有"die romantische Schule",直译就是"浪漫派",为示区别,在此均取"浪漫主义"译名。

3 (英)以赛亚·伯林著,亨利·哈代编,吕梁等译,《浪漫主义的根源》,译林出版社,2008,第40页。

4 同上书,第131页。

虚晃一枪。此章首句为："也许你们期待我演讲一开始就给浪漫主义做些定义，或者试图做些定义，或者至少给些归纳概括什么的，以便阐明我所说的浪漫主义到底是什么。但我不想重蹈这种窠臼。"[1] 原因是："浪漫主义是一个危险混乱的领域，许多人身陷其中，迷失了……"之后，他通篇讲述浪漫主义的发生史及某些"形式和症状"[2]，就是不下定义。

德国人卡尔·施米特（Carl Schmitt）也有讨论浪漫主义的专著，题为《政治的浪漫派》。涉及浪漫主义的概念时他也说："谁要从混乱中寻找客观明晰性，都会发现自己陷入了一场永恒的交谈和毫无成果的喋喋不休。"[3] 所以，他在书中，也未扼要界定浪漫主义，代之以词语的溯源和现象的罗列。

萨弗兰斯基此书另有写法。他避开繁复的概念溯源和现象铺陈，在前言中就直面定义问题，但自己退在一旁，援引浪漫主义作家诺瓦利斯："当我给卑贱物一种崇高的意义，给寻常物一副神秘的模样，给已知物以未知物的庄重，给有限物一种无限的表象，我就将它们浪漫化了"[4]，并称此为浪漫主义的"最佳定义"。其中的关键词"崇高"、"神秘"、"庄重"和"无限"等，虽属浪漫主义特征，但远非浪漫主义的全部。尽管如此，棘手的概念定义问题暂作交代。

在以上萨弗兰斯基所设诺瓦利斯的"定义"中，重要缺漏之

---

1 （英）以赛亚·伯林著，亨利·哈代编，吕梁等译，《浪漫主义的根源》，译林出版社，2008，第9页。

2 同上书，第5页。

3 （德）卡尔·施米特著，冯克利、刘锋译，《政治的浪漫派》，上海人民出版社，2004，第3页。

4 Rüdiger Safranski, „Romamantik – Eine deutsche Affäre ", Carl Hansel Verlag 2007, S.13. 以下此书引文均出自这个版本，仅在括号内标明页码。

一，似为浪漫主义的关键要素"反讽"。萨弗兰斯基此书第一章借助赫尔德的航海哲思，讲德国浪漫主义之肇始；第二章作为主题的铺垫，述席勒及其"游戏论"；第三章即顺势讨论"反讽的发迹"。

反讽，在修辞或文学方法史上并非浪漫主义的独创。但就他看来，正是席勒"游戏论"，"在施莱格尔那里，从中产生出反讽的游戏"。他还以为，"反讽那至今为人熟悉的基本修辞手段"是，"某个陈述被移入另一个，一个更广阔的视角中，由此被相对化，甚至更正"。但施莱格尔反讽理论的独特点是，"他每次都将有限代替某个陈述，又将无限代替相对化和更正的观点……在一场这样的游戏中，一切有关的轮廓分明的陈述，会被送入漂浮——"（62—63页）。由此，"知识型游戏者"得到造就，而席勒的游戏理论在此产生"鼓舞性的效果"（82页）。

在德国文学史上，席勒通常被归于狂飙突进运动和古典主义，非但不属于浪漫主义作家阵营，实际上还与这些作家多有龃龉。但在萨弗兰斯基的笔下，浪漫主义却同席勒有脱不了的干系。

除了他的"游戏论"与浪漫主义反讽的关系，萨弗兰斯基在第三章，讨论浪漫主义神秘的社团小说时，还曾提到席勒的神秘主义小说《见鬼者》。对神秘莫测和奇异怪诞之事的兴趣，是浪漫主义抵制启蒙理性的一种特殊表现[1]。霍夫曼、蒂克等浪漫主义作家，在这方面均有不俗表现。而席勒以其《见鬼者》，对浪漫主义秘密社团小说的繁盛，具有引领作用。

---

[1] 这种神秘主义在当时欧洲的主要表现之一是催眠术的流行，就达尔顿所见，它与其他因素一起，造就了浪漫主义，甚至引起启蒙运动的终结。参见（美）罗伯特·达尔顿著，周小进译，《催眠术与法国启蒙运动的终结》，华东师范大学出版社，2010，第2页。

其实，就反讽手段的运用来看，狂飙突进运动和古典主义文学的旗手歌德，与浪漫主义也有瓜葛。笔者多年前曾译 2002 年诺贝尔文学奖获奖人、匈牙利作家凯尔泰斯·伊姆雷的小说《惨败》，有如下情节。主人公从书架上取下一书，读到以下文字：

> 1749 年 8 月 28 日，正午，钟敲 12 点的时候，我在美因茨河畔的法兰克福出生。星座位置是吉利的；太阳在处女座的标记中，一天天地到达中天；木星和金星友好地凝视着太阳，水星不晦气；土星和火星取无所谓的态度；只是月亮……

明眼人一看便知，这摘自歌德自传《诗与真》，是歌德描述自己出生时的一段话。凯尔泰斯隐没出处，代以嘲讽：

> 好吧，人得这样出生，作为瞬间的人——但在这样的一个瞬间，谁知道还有多少人同时来到这个地球上。只是别人没有在身后留下书的霉味；也就是说他们不算。那幸福的瞬间被宇宙的法则仅为唯一的一次出生所预定。那位天才，伟大的创造者，作为神话英雄踏上地球。[1]

初见凯尔泰斯对歌德这位"天才"、"伟大的创造者"和"神话英雄"之自负的巧妙讽刺，几乎拍案叫绝。而今读到萨弗兰斯

---

1 （匈）凯尔泰斯·伊姆雷著，卫茂平译，《惨败》，上海译文出版社，2005，第 89 页。

基关于浪漫主义反讽的文字，则恍然有悟。歌德以其睿智，应该不会如此虚荣，这样神化自己的出生。他所运用的，应当就是通过"给寻常物一副神秘的模样"，而后让人从这"神秘的模样"出发，拉开距离，重估对象的反讽手法，结果则是事物进入含有审美意蕴之不定的"漂浮"状态。以此反观歌德自传之名《诗与真》，得获新解。此著德语原文为：Dichtung und Wahrheit，直译可是：虚构与真实。歌德足够智慧，在书名中就让虚构与真实互相戏仿，同时宣告，此为诗性之作，并非历史纪实，但同时未放弃对于真实的要求，结果是自传真假互现，作者本人则"漂浮"于作品之上，赢得诗意的创作自由。这正是那个时代浪漫主义作家借助反讽之追求目标。如此看来，百年之后，凯尔泰斯将"游戏"当真，无异于自找没趣。面对反讽，任何严肃失却锋芒，转为可笑。这是反讽之效力。

然而，萨弗兰斯基并未将这种修辞方法归于席勒或歌德，而将它回溯到苏格拉底那个故作谦恭的名句上："我知道，我什么也不知道。"但事实上，他解释说：

> ……苏格拉底知道一大堆事，但首先知道这点，其他人知道的事，要比他们以为知道的少。苏格拉底式的反讽故作姿态。它表面上认真对待他人号称的知识，实际却将他卷入自身的自负中，以至于他最后不得不发觉自己的空洞，倘若骄傲没禁止他做到这点。（62页）

当然，将苏格拉底当作反讽方法之发明人之一，并非始于萨弗兰斯基。19世纪丹麦哲学家克尔凯郭尔（Soren Kierkegaard）的

《论反讽概念》，上卷题目就是"苏格拉底的立场，理解为反讽"。[1]

　　萨弗兰斯基介绍浪漫主义反讽之时，并未述及歌德。以上是笔者插话。但在本书第四章，当他讨论费希特的自我哲学与浪漫主义之关系时，曾引歌德成名作《少年维特之烦恼》中的一句话："我返回自身，发现一个世界。"（81页）[2]以说明对尝试"感觉自身"的一代浪漫主义作家来说，歌德的典范作用。

　　德国浪漫主义产生背景，已熟为人知。以社会史角度观察，那是"政治分裂、大城市的缺失、社会生活之狭隘形式"（359页）等因素作用的结果，"不过，也恰恰是这种所谓狭隘的境况，有利于这样一种创造性的内向性和坚韧的紧张性。既然缺少一个外部的大世界，人们就用仓储货物替自己制造出一个世界。人们只需要拥有抽象和幻想的才能。德国知识分子在这方面装备富足"（82页）。真正可谓，行有不得则反求诸己。就此看来，歌德让他的维特，大声叫出这样的话，极具德国浪漫主义或者德意志民族内倾性偏好的象征意义。而从思想史观之，浪漫主义确是抗拒启蒙理性对个性的羁约，争取精神自由的尝试。而其意图创造"渐进的普遍诗"（59页）的纲领，正是这种解放的个体，想统一文学各领域之抱负的充分体现。萨弗兰斯基此书"前言"的结语，"年迈的歌德曾说，浪漫是病态。不过，就是他也不愿撇弃浪漫"（13页），当属精辟。以此观之，德国文学史上的两位泰斗，不管本身是否愿意，与浪漫主义文学都有不解之缘。这为萨弗兰斯基说浪漫主义是一个德国事件，添上砝码。

1　（丹）克尔凯郭尔著，汤晨溪译，《论反讽概念》，中国社会科学出版社，2005。其实，德国浪漫主义代表施莱格尔业已指出，浪漫主义的"自主性"，"是苏格拉底式的反讽"。参见（美）维塞尔著，陈开华译，《马克思与浪漫派的反讽——论马克思主义神话诗学的本源》，华东师范大学出版社，2008，第71页。

2　源出《少年维特之烦恼》第一编5月22日的信。

歌德不喜浪漫主义，可见浪漫主义流行德国时，已遭非议。尤其当其在德国反拿破仑的解放战争时期染上民族主义色彩而开始涉足政治，接着在"一战"期间变身为所谓的"钢铁浪漫主义"，最后在纳粹时期再被利用后，浪漫主义真的成了一个独特的德国"事件"。法西斯政权垮台及"二战"之后，有人"不是将国家社会主义描绘成它曾确实是的粗暴事件，而是将其描绘成民族的浪漫主义迷途"（377页），将德国引起的这场悲剧，解释为浪漫主义精神之过度张扬的结果，这就引出了阿伦特对这种"声名狼藉的德国式沉思的表达方式"（376页）的批评。以此线索，萨弗兰斯基在本书中清晰地描述了这个德国"事件"的来龙去脉，论述了浪漫主义作为一个文学或思想运动结束后，如何以"浪漫主义的精神姿态"，在德国社会历史中产生后续作用，令人印象深刻。

但是，仅读译文，我们其实还无法充分理解这个"事件"的真实含义。萨弗兰斯基在此使用的，并非一般对应汉语"事件"的德语词"Fall"或者"Ereignis"，而是出人意料的"Affäre"。此词释义大体有二：一是"令人不快或难堪之事"；二为"私通或者爱情丑闻"。对应汉语，直译一般是"丑闻"。较之"事件"，"丑闻"更具错综复杂、隐晦幽暗的特点，其内涵深邃不易探究，其背景纠葛难于廓清。更因为浪漫主义"误入"政治，被与德国引起的历史灾难扯上联系，"Affäre"这个词似乎更能反映德国浪漫主义或浪漫的精神姿态的实质。遗憾的是，由于汉德语言之间的巨大差异，尽管汉语的"事件"与德语原文相比，意义多不相值，译者在此也只能放弃歧义更多的"丑闻"，而取"事件"。

近读涉及汉语"理想"一词来源的一篇文章[1]，说该词汉语原

---

1 陆晓光，《两度反思"知识者理想"》，载《社会科学报》2010年12月30日，第3版。

无，经由日语"理想"中介而入中国，其语源为英语"ideal"，又有派生词"idealism"和"idealist"。以"idealism"为例，该文列其汉语"A类义项"为"理想主义"，"B类义项"为"观念论、唯心论、唯心主义"，而且在汉语语境中，前者是"正面褒义"，后者属"负面贬义"。也就是说，无论"理想主义"也好，"唯心主义"也罢，都无法同时给出"idealism"两种不同的内涵。由此下推，汉语的"事件"或"丑闻"，面对德语"Affäre"的两个主要义项，也只能各得其半，又各失其半。其实一旦涉及西文抽象概念的中文翻译，有众多案例，可以证明这种必然的顾此失彼。这是翻译命中注定的悲哀，也属译者无法躲开的窘境。这是另话，不赘。

德国浪漫主义在中国，时常被分为"积极浪漫主义"和"消极浪漫主义"，甚至被贴上"反动"和"病态"的标签。[1]这与我们的文学评论，曾深受苏联意识形态和政治立场的影响有涉。如伊瓦肖娃著《十九世纪外国文学史》，谈到德国浪漫主义时，每每冠以"反动"两字。可见下例：

> 在文艺方面，贵族阶级对于法国革命和法国唯物主义的反动态度表现为一个流派，这个流派的创始人把它叫做浪漫主义。
>
> 德国反动的浪漫主义……它的目的在于直接反对法国资产阶级革命及其意识形态。[2]

---

1 可参见袁志英，《译本前言》，富凯等著，袁志英等译，《水妖》，漓江出版社，1991。
2 （苏）伊瓦肖娃著，杨周翰等译，《十九世纪外国文学史》，人民文学出版社，1958，第1卷。第323页。

历史沿革至今，这种以偏概全、仅从阶级立场出发评论浪漫主义的做法，已渐为人弃，而浪漫主义对于精神世界的奉献，则广为人识。针对启蒙运动的明晰，浪漫主义作家倡导搅动人之"幽暗的基底"（322页），即世人身上的狄俄尼索斯之力或非理性，来对抗阿波罗的理性及其带来的"异化的社会机械论"（52页）。从本质上讲，它延续了人类平衡物质与精神、现实与理想、肉体与灵魂、理智与情感之冲突的努力，为人类精神世界的健康发展，做出有益探索。但这种人世的两歧，存至今日未亡。现代工业社会和商品经济所带来的物质主义的繁盛和文化精神的蜕变，还不断加深这样的不平衡。这始终让思想家们心神不宁。有报道说，美国约翰·邓普顿（John Templeton）基金会，每年邀请世界著名学者与公共人物，讨论"经久不衰而备受争议的"重大问题，2010年的主题是："道德行动依赖于理性推论吗？"从本质上讲，这是理性与非理性孰轻孰重的老问题。有学者在讨论中认为，"启蒙思想的重大错误之一就是低估了非理性力量的威力，这种力量是我们基因遗传的一部分"[1]。反观德国的浪漫主义运动，面对高扬理性主义大旗的启蒙运动，它大力倡导非理性的革命，不守矩矱，脱略形骸，带来了文学、哲学和宗教融会一处的一个激情时代，为德国乃至世界的精神文明，留下丰富遗产。萨弗兰斯基笔端所现，就是这段历史。

勃兰兑斯在其名著《十九世纪文学主流》中说："源源本本地描述德国的浪漫派，这个任务对于一个丹麦人困难到令人灰心。"

1　刘擎，《2010年社科界十大热点关注（国外篇）之四：道德与理性展开跨学科对话》，载《社会科学报》2012年12月30日，第7版。

原因是："这个题目大得吓人。"[1] 此话写于 19 世纪末。尽管如此，此后比肩接踵，代有续作。仅是汉译，也有多种。对此，本文借助脚注，尽量多收，以提供参阅的便利。与之相比，萨弗兰斯基此书特点尤著。他在完整地分梳德国浪漫主义脉络之时，并不以绵密的考证见长，却以通达的见识和宏阔的视野取胜。其表述感性酣畅，充满灵性，更贴近浪漫主义之生命的本体，以及浪漫主义作家之灵魂的此在，更具可读性。

盛行于 18 世纪末、19 世纪初的德国浪漫主义，作为文学或思想运动，已成历史。但"浪漫的"思维方式，或者"浪漫主义的精神姿态"，作为德意志民族的性格要素，存至今日。萨弗兰斯基在本书最后，在遍及欧美的 1968 年大学生运动中，再次扪其命脉。因为就是在那个年代，"浪漫主义抵抗工业社会的深层次的传统，重新爆发"（384 页）。他在建立浪漫主义与现代社会联系之时，让历史的浪漫主义越出文学疆域，再获社会政治意义。这超出了一般浪漫主义研究的老生常谈，彰显出作者识见不凡。

不过历史告诉我们，政治的浪漫主义，"既无益于浪漫主义也无益于政治"（392 页）。文学艺术需要浪漫或者幻想，但社会政治更需要的是妥协和务实。这已被历史多方验证，也为我们思考当下社会政治，提供良多启迪。

（原载《文景》2011 年 6 月号）

1 （丹）勃兰兑斯著，刘半九译，《十九世纪文学主流（第二分册）——德国的浪漫派》，人民文学出版社，1981，第 3 页。

哲学家席勒及德国理想主义

　　20世纪末，德国"文学教皇"赖希－拉尼茨基结束德国电视二台那档名噪一时的节目《文学四重奏》后，不甘寂寞，独自主编，推出系列丛书"德语文学经典"，由岛屿出版社出版，再次引起轰动。有人质疑，凭拉氏一人，有何资格勒定德语文学的秩序？不过，责难之余，人们还是饶有兴趣，看究竟有哪些作家、以何种方式被拉氏收入其"经典"。帷幕拉开。就戏剧系列而言，"经典"共分八卷，收作家二十四人，剧作四十四部，平均每人约1.8部。仔细端详，可见谁受青睐。其中，以三部剧作入选的有：莱辛、克莱斯特、施尼茨勒、布莱希特；有四部剧作入围的是歌德；唯独席勒"鹤立鸡群"，携六部剧本上场。可见，在拉氏眼中，席勒该坐德语戏剧厅堂的头把交椅。

　　《文学四重奏》谢幕后，由哲学家斯洛特戴克领衔的《哲学四重奏》，在德国电视二台旋即登场。斯氏有一个固定助手，为德国当红哲学家和传记作家萨弗兰斯基。正值拉氏文学"选秀"节目达其高潮之际，席勒逝世二百周年纪念日来临。萨弗兰斯基以新作《席勒——德国理想主义的发明》（2004），与拉氏对席勒的推重交相辉映。

　　书名已告世人，倘若文学评论家拉尼茨基看重的是文学家席勒，那么在哲学家和传记作家萨弗兰斯基眼里，席勒的现代意义，是他在哲学上给人的启示。德国《明镜》周刊 2004 年 10 月的第 41 期上，刊有记者对萨弗兰斯基的访谈录。文章题为：《一位清晰的天才——席勒传记作者萨弗兰斯基，五十九岁，谈作为哲学家的诗人[1]那被低估的意义》[2]。如此看来，媒体对萨弗兰斯基此书的着眼点，心领神会。

　　萨弗兰斯基的席勒解读，自有坚实基础。席勒虽以文学创作，即以剧作《强盗》（1781）一举成名，但之前已表现出精微的思辨能力。

　　在席勒的学习年代，受启蒙理性主义思想的激励和经验主义的影响，有一大批医生和哲学家，尝试探讨肉体和精神的关系，并试图发现它们之间的隐秘。无论是身体决定精神的唯物论，还是灵魂统治肉体的泛灵论，都有不俗表现。年轻的席勒，作为医学专业的学生，以自己的毕业论文《生理学的哲学》（1779），大胆涉入各路名家之间展开的论争。

　　受时风熏染，席勒在卡尔学校的老师，更倾向于唯物主义，推崇自下而上的、从肉体到精神的方式。而作为学生的席勒，挑战权威，选取的却是自上而下的、从精神到肉体的道路，提出了一种可以归结到上帝创世时的、统摄一切的形而上学的"爱"的哲学。因为就他看来，宇宙本生出自上帝"爱"的创造。但是，这种哲学虽可建立"生灵的伟大锁链"，但无法实现他论文所追求，对精神和物质、灵魂和肉体相互作用的一种合理解释。

1　此处"诗人"一词，原文为"Dichter"，常常泛指"文学家"。以下译文正文中，这个词大体以这个含义出现。

2　„Ein Genie der Klarheit " – Schiller-Biograf Rüdiger Safranski, 59, über die unterschätzte Bedeutung des Dichters als Philosoph . Interview: Volker Hage, Elks Schmitter. In: „Der Spiegel ", Nr.41/4.10.04.

那时，神经生理研究虽已取得重大进展，对知性的剖析及对所谓自由意志的生理学定位，都获得振奋人心的发现。但人们依旧迷惑不解，一种可以测量的物质作用，如何能被当作意识经历；或者相反，意识又以何种途径，激发生理变化。席勒沿着这样的思考轨迹，设想着存在一种把物质和精神联系起来的"中间力量"，并称之为"神经精神"，并对此多方论证，但最后还是不得不承认，这个"其间"无法证明。

这篇论文由于其意气风发的修辞手段和对专业权威的莽撞无礼，也由于过度地脱离经验和趋于玄思，被评审委员会否决。但在某种程度上，确立了席勒以后整个创作中的哲思倾向。而生理的唯物主义和充满激情的爱的哲学之间的冲突，将伴随席勒一生的创作。

让我们回到萨弗兰斯基席勒传记的题目。"理想主义"是他介绍或评论"哲学家"席勒的中心词。何谓理想主义？萨弗兰斯基在此书序言中给出的首个定义是：倘若有人依靠激情的力量，比肉体所允许的时间活得更长，亦即精神战胜躯体，理念战胜现实，这就是理想主义 [1]。

德国理想主义的诞生地是耶拿（Jena）。其代表人物，就哲学史来讲，人们一般提到的是费希特（Johann Fichte），谢林（Friedrich Schelling）和黑格尔。但他们先后来耶拿大学任教的时间是 1794 年、1798 年和 1801 年。所以，真正开创这一传统的应是席勒，其标志性事件是 1789 年 5 月 26 日晚，他在耶拿大学作为历史学教授的就职演讲，以后正式出版的题目是：《什么是和为

---

1 德语原文为 Idealismus，常被译为"唯心主义"，含贬义。另有"观念论"的译法。

什么要研究普遍历史》。

挟带着《强盗》一剧所赢盛名，席勒在去演讲大厅的路上，已像一位凯旋的统帅，由激动的大学生们簇拥向前。演讲大获成功，乃至于学生们随后手擎火炬，彻夜欢呼。

席勒在简短的引子后，就以让人抉择的方法，刺激年轻学子思考。他区分"谋生的学者"和"哲学的头脑"。前者注重物质利益和实际效果，依靠科学生活；后者追求精神价值和终极真理，为了科学生活，亦即韦伯以后称之为"以学术为业"（Wissenschaft als Beruf）的人。孰重孰轻，褒贬分明。演讲结束于一个充满激情的句子："一种高尚的渴望必定会在我们心中燃烧，追求真理、伦常和自由的丰富遗赠。我们从前辈那里获得这种遗赠，必须让它丰富地增加，再将它重新传给后世，并从我们的资金中为此贡献一部分，把我们那不断流逝的此在，固定在这条永不消失、穿越所有人类蜿蜒而行的锁链上。"

正是这种高昂的姿态和求真的激情，为所谓的耶拿理想主义立下传统。当1794年费希特和1798年谢林也到耶拿大学，作就职演讲时，都以席勒式的激越，针砭市侩，光扬理想。

也正是这种对于精神理念的信仰，让他以后在康德哲学中找到知音。1793年2月18日，在给好友科尔纳的信中，他这样说："除了这句康德的话，还从未有一个凡人说出一句更伟大的话。它同样是其全部哲学的内容：从你自身出发确定你自己；而在理论哲学中就是：自然受制于知性法则。"很显然，他在康德哲学中看到的不仅是人类自由的奥秘，而且还有精神高于物质的价值取向。

但是："在康德的道德哲学里，义务的观念是带着一种严酷表述的，它吓退一切秀美，可能容易让一种软弱的知性，试图在修道士禁欲主义的阴暗道路上，寻求道德的完善。"（《论秀美与尊严》）席勒此言所指，显然是康德那关于"我头上的星空，我心中的道德法则"的名言。但就席勒看来，这种"应该"的道德律令，有违人的天性和自然，是强迫而非自由；而理想的人性，在任何情况下都不该牺牲自己的自由。自由该在任何时空庆贺自己的胜利。这是席勒对康德的超越之处，而他的确也在自己多部作品中实践这一原则。

比如，在他的成名作《强盗》中，信奉物质主义的弟弟弗朗茨，施展诡计，让有理想主义色彩的哥哥卡尔背弃家庭和社会，最后落草为寇。之后，卡尔携强盗伙伴，打回家乡。弗朗茨眼见事败，自缢而亡。未婚妻阿玛丽娅要求卡尔改邪归正，而强盗们提醒卡尔，遵守他保持忠诚的誓言。最后卡尔杀死未婚妻，重新赢回自己的自由，向官府自首。再比如，席勒的压轴之作《威廉·退尔》。神箭手退尔虽临危不惧，救助他人，但拒绝加入起义组织，以保持自己的独立。恰恰这种不介入的姿态，让他赢得个人的自由。最后，在起义者拘泥于策略考虑而无法及时行动的当口，正是自由的退尔，以自己出于本能的自发行动，引发了全民起义，挽救了独立事业。

席勒的理想主义倾向，用在艺术上，其特点是精神为情感立法。他欣赏歌德的创作，认为歌德拥有出色的直觉能力，能够轻快地依靠自己的情感进行创作，并从中总结出歌德以"情感立法"的特征。而他自己则懂得另一种艺术，即以思想统帅情感，甚至以激情创造情感。

歌德和席勒的不同创作方式，其实也是两种不同的创作态度，即现实主义的和理想主义的。就席勒看来，现实主义在理论中是对感性的倚赖，在实践上是对自然和社会的臣服；而理想主义在理论上追求认识的绝对，在实践中坚持个人的意志。席勒认为，这两种立场，无论哪一种单方面地发展，都会导致作品或人物的扭曲变形。而在歌德的《威廉·迈斯特》中，这种现实主义和理想主义的融合十分成功，因为主人公"从一个虚空和不定的理想进入一种确定的积极的生命，但未丧失理想化的力量"（致歌德，1796 年 7 月 8 日）。

这是他在理论上找到的他和歌德之间的平衡点。但在实践中，他屡屡犯难："因为，通常当我该进行哲学思考时，诗人会催促我，而当我该进行文学创作时，哲学的精神催促我。"（致歌德，1794 年 8 月 31 日）

理想主义对于明晰的向往，必然导致探求绝对真理，正如席勒在《什么是和为什么要研究普遍历史》中所呼唤："一种高尚的渴望必定会在我们心中燃烧，追求真理、伦常和自由的丰富遗赠。"究竟何为真理？是否存在真理？激情澎湃之后，席勒也难免有此惶惑。作为医生，席勒知道：切开肉身，找不到灵魂，剖开大脑，找不到思想。他也在小说《见鬼者》中，通过哲理性的谈话，暗示了这点：即在世界秘密的帷幕后，空无一物。更形象化的是他的名诗《赛伊斯的蒙面神像》。根据教士的说法，遮有面纱的神像是真理。但为何无人撩起面纱，窥视真理？某个夜晚，一名年轻人斗胆揭开面纱。翌日早晨，神像前是他的尸体。席勒早于尼采多年，业已发现，真理是个可怕的事物。人们不该强行扯开真理的帷幕，否则会掉入深渊；相反该心怀对"神像"的敬意，去靠近真理。按萨弗兰斯基的说法，这是席勒的"审美的宗教"。

也就是说，席勒既能升华自身，攀至激情的高峰，也能让自己重新冷却，直至虚无主义的底层。他充满幻想，也了解无意义的深渊，所以在他的理想主义中，人们始终可以感受到一种"知其不可而为之"的执拗。

在上提那篇访谈中，记者曾问："席勒具有什么现实意义？"萨弗兰斯基这样作答："仅举一个例子，'只有当人游戏的时候，他才是完整的人'。"此言出自席勒《论人的审美教育书简》。席勒在这本著作里，倡导通过审美教育，来解决现代社会问题，尤其想避免因法国革命而四处泛滥的暴力倾向。同样具有浓厚的理想主义特征。在他眼里，现代乃是一种处于功利强制下的文化，是一个合目的性的封闭系统。而席勒的游戏概念，是反抗工具理性和摆脱强制的尝试，因而具有文化人类学的意义。就萨弗兰斯基来看，正是经过"游戏"，人类才从自然走向文化，而席勒是率先提出这个观点的人之一。通过游戏（其中包括各种仪式、禁忌和象征），人类本能的严肃性（包括性欲、攻击性）以及对于死亡和疾病的恐惧，会失去其威力，人也由此获得自由。比如色情，它导演距离的游戏，让人在若即若离中，享受和疏导爱欲；又比如体育比赛，它让人类的攻击性在游戏中得到宣泄，从而避免暴力冲突。游戏意味着，面对生命的严肃和强制，让人的身心得到放松和调节。文化一旦失去其游戏的能力，灾难就会降临。

始料未及的是，在席勒身后，他那关于游戏的社会乌托邦，尤其随着现代科学技术的发展，以另一种极端的方式得到实现。人们越来越多地在虚拟世界中耗费生命。游戏的原则，扩大到社会生活的各个领域后，其结果是社会义务的消解和人类道德的沉沦。

本文起首处，我们曾引萨弗兰斯基关于理想主义的一个定义。其实，席勒自己对此也下过定义。1805 年 4 月 2 日，他在给威廉·

封·洪堡（Wilhelm von Humboldt）的信中说："归根到底我们俩都是理想主义者……而我们将感到羞愧，倘若让别人以后议论我们，说事物塑造了我们，而不是我们塑造了事物。"

写此言时，席勒已病入膏肓，下面的 5 月 9 日，就是他的忌日。尽管如此，他那坚定的自由意志和昂扬的理想主义，不见任何懈怠。

一般说来，澎湃的激情，来得快去得也快。原因是深思熟虑的缺席。但席勒不一样。他那理想主义的高昂精神，来自他真诚的生命哲学，所以历久不衰，炽热感人。

跟随萨弗兰斯基的这本《席勒传》，我们可进入席勒的生命与创作，同时接触德意志精神那个值得留恋的黄金时代，那个理想主义的年代。康德和费希特，谢林和黑格尔，维兰德（Christoph Martin Wieland）和赫尔德（Johann Gottfrled von Herder），歌德和席勒，施莱格尔兄弟和洪堡兄弟，荷尔德林和诺瓦利斯（Novalis），一大批德意志文化名人，将依次登场。关于他们自身以及关于他们彼此关系的叙述，会帮助我们理解德国乃至欧洲的一段思想史，并加深对当下社会及此在生命的认知。

人这个有情欲的生物，自他以大自然主人的姿态，在整个动物界卓然兀立起，就有着与生俱来的苦恼。物质与精神，始终是他必须协调的两歧。就西方世界而言，自苏格拉底以降，物质主义的急速膨胀，造成了物质世界与精神世界的失衡，给人类社会造成危机。席勒是欧洲思想史上注意到这个现象的先驱之一。他上承 17 世纪、18 世纪德国虔敬主义修身治家、进而在理性和良知基础上改造社会的传统，下启猛烈批判基督教信仰和现代工业文明、要求重估一切价值的尼采哲学。其以精神治理物质、以灵魂统领肉体的理想主义姿态，尤其在经济全球化浪潮排闼而来、物质与精神之关系严重失调的今天，更具现实意义。

萨弗兰斯基的这本《席勒传》，以"理想主义"一词对席勒的解读，既触及席勒生平与创作的实质，也对物质主义至上和商品逻辑泛滥的当下社会，给出一个提醒，开出一张药方。

（2007年暑假于上海，原载《文景》2007年10月号）

"我们一直还是野蛮人，原因何在？"

　　德国《明镜》周刊素以勇于揭短、追求轰动效应著称。其封面图片往往别出心裁，夺人眼球，成为各界时新话题。20世纪90年代中期，一张德国"文学教皇"赖希－拉尼茨基怒目圆睁、高举双手、撕扯格拉斯小说《说来话长》（一译《辽阔的田野》）的图片，曾经震撼学界。2004年10月，同是《明镜》周刊，封面上赫然登出一幅古典主义作家席勒的画像。同怒目金刚似的赖希－拉尼茨基不同，画面上的席勒神态闲雅，脑袋微侧，倚靠左手，只是头发有些古怪，犹如朵朵燃烧的火焰，轻舞飞扬。画像偕同这期纪念席勒的主打文章《火一样的心灵》，容或拉开了德国学界纪念这位作家逝世两百周年的帷幕？此说大概有些牵强。因为2003年的《席勒年鉴》，业已登出了编者序言"关于2005年的席勒年"，有些迫不及待地为两年后纪念席勒双百忌日鸣锣开道。而且，在那期《明镜》出版之前，德国各地书店，也早已纷纷辟出席勒角，摆出众多有关席勒的传记和导论、画册乃至戏仿作品，当然少不了的还有各种席勒作品的新版。这些开本不一、琳琅满目的书籍争相斗艳，招徕读者，抢占商机，惹得《明镜》周刊上这篇文章的作者哈格（Volker Hage）发出惊呼："席勒目前已经启动了一个小小的图书工业！"

　　德国是一个文化大国，颇有纪念文化名人的传统。我们记忆犹新的就有1999年歌德诞生二百五十周年和2004年康德去世两百周年的盛大纪念活动。但书界发出如此感叹，恕我孤陋寡闻，似为罕见。人们大张旗鼓地著文出书，当然有前面哈格暗指的市场因素，但不容忽视的还有学者补正纠偏的意图，原因是席勒那"被低估了的意义"。学界有意让被冷落已久的席勒复显，对他进行"重估"。相比之下，歌德似乎从未受人低估，康德亦同。

《火一样的心灵》分为三节，各围绕一个中心词展开。它们是"自由"、"女人"和"友谊"。"自由"论席勒创作的一个主题，当然属"雅"。"女人"谈席勒生平同几个女子的关系，当可归"俗"。看一下当年名噪一时的《克里斯蒂安妮和歌德》、《布莱希特及其弟子》（讲替布氏捉刀的两个情人）等书，就可知道，当今名家研究中确有重个人私生活的倾向。事实上，德国岛屿出版社2004年版的《席勒——逝世两百周年纪念》一书，也已收录长文《席勒的姑娘和女人》。看来席勒研究不能免俗。"友谊"一节主要讲读者耳熟能详的席勒同歌德的交谊。在此可说是个中性词。《明镜》周刊上的这篇文章，就这样亦雅亦俗地评论席勒，倒也符合杂志雅俗共赏的特征。但是，要谈"诗人那被低估了的意义"，恐怕还得从"自由"说起，另外两个关键词与此关涉不多。

席勒的成名作是《强盗》，1777年动笔，1780年完成，1781年自费出版，1782年在曼海姆民族剧院首演。剧本讲德国法兰肯地区年迈昏聩的老伯爵莫尔，听信卑劣奸险的小儿子弗朗茨的谗言，把远在莱比锡求学的长子卡尔赶出家门。这对卡尔同时意味着被逐出社会。生性率直、容易冲动的卡尔，一怒之下，落草为寇，干起打家劫舍的勾当。对父亲的愤激之情，转变成对社会的造反。以后，卡尔偕同强盗伙伴，打回家乡，解救出被弗朗茨囚禁的父亲，与未婚妻阿玛丽娅重逢。弗朗茨眼见事败，自缢身亡。老父亲亲见卡尔沦为强盗，气急而死。卡尔在对伙伴们立下的忠诚的誓言和对阿玛丽娅的依恋之间进退维谷，绝望中开枪打死未婚妻，向官府自首。剧本语言激烈、情感奔放，1782 年 1 月 13 日首演时，震动全场。一位证人这样描述当时的盛况："剧院活像一座疯人院。观众席里的人一个个瞪着眼，紧握拳头，顿足踏地，喊叫得声嘶力竭。互不相识的人也呜咽着彼此拥抱，妇女们几乎要昏厥地踉跄着奔向门口。"德国文坛的一颗新星由此诞生。"如若我们能期待一位德国的莎士比亚，那就是这个人"，有人这样评价。而卡尔在剧中的呼喊，"法律永远不能产生伟大人物，只有自由才能造成巨人和英雄"，一时成为德国狂飙突进运动冲击规范、破除准则的昂扬口号。回顾席勒早年经历，"自由"的确是这位当时才二十一岁的作家发自内心的呼声。

席勒出生于一个贫穷的家庭。父亲原为破产农民，凭借自己的努力，成为理发师和符腾堡公爵卡尔·欧根部队中的军医，后是公爵园圃管理人。这位卡尔·欧根公爵，自视为臣民上帝般的父亲，是那个时代典型的独裁者。为了巩固自己的专制统治，他曾建立以自己名字命名的军事学院。就在席勒十三岁那年，他挑选学生的目光，偏偏落到了自己园圃管理人的儿子席勒身上。原先指望儿子当神职人员的父亲，面对要求属下绝对服从的公爵，别无选择，只能臣服，并在"自愿书"上立下誓言，保证儿子终生为公爵忠诚服务。此后八年，年幼的席勒在这个被称为"奴隶养成所"的军校里，经受的是冷酷无情的军事训练和侮辱人格的鞭笞惩罚。压迫愈重，反抗愈甚，争取自由的渴望，就在他幼小的心灵中萌芽生长。《强盗》一剧中要求自由的呼唤，无疑是他的肺腑之言。他未经公爵准许，两次擅自去曼海姆观看自己剧本的演出，受到公爵严厉的训斥和十四天禁闭的惩罚。1782 年 9 月 22 日，在公爵大宴宾客之际，他趁着月色，从自己当军医的部队驻地斯图加特逃出，奔向他文学事业的发祥地曼海姆。在 18 世纪的德国，从属于符腾堡的斯图加特逃到属于普法茨选帝侯的曼海姆，就像出国。而且，作为军医的席勒，实际上得一直身着戎装，而未受公爵批准的外出，可以被解释为叛变或者逃兵行为。席勒敢冒如此风险，确实需要巨大勇气。

席勒奔向了自由，但是，在他以后生命的大部分时间里，微薄的收入，沉重的债务，染病的身体，并未让他真正享受到生活的自由。自由，是席勒生命的一种迫切要求，也是贯穿他一生创作的基本主题。在《阴谋与爱情》（1783）中，一对出身不同的青年男女，最后以自己生命作为代价，追求相爱的自由；在《唐·卡洛斯》（1785）中，波沙侯爵把自由提到一种自然人性的高度，面对专制的国王发出了"请您给予思想自由"的请求；就是在研究康德哲学、确定自己美学观的过程中，他的结论也是"美不是别的什么，而是现象中的自由"（1793 年 2 月 8 日给科尔纳的信）；而他生前最后一部完整的剧本《威廉·退尔》（1804），同样以瑞士人民摆脱异族暴力统治、争取民族自由独立为主题。

正是这一摆脱束缚、争取自由的主题，让席勒获得莫大声誉，产生重大政治影响。法国革命时期，当欢呼的法国民众推翻君主政体的时候，被改编上演的《强盗》一剧，起了推波助澜的作用，以至于 1792 年，法兰西国民议会授予席勒法国荣誉公民的称号。时隔不久，法国军队的铁蹄震荡德意志大地。席勒剧作体现的自由独立思想，尤其是《威廉·退尔》中呈示的反抗异族统治的民族自由和独立的思想，也成了德国解放战争的催化剂。随后在德国 1815—1848 年革命时期，德国境内出现了众多要求民族统一的"席勒协会"，给割据一方的诸侯们造成巨大压力。1839 年，在斯图加特竖起的席勒纪念像，又对王侯权力提出了挑战，因为直到 18 世纪末，纪念像的建造始终是王侯们的权益。"诗人王侯"的称号由此产生，而席勒故乡马尔巴赫（Marbach am Neckar）也就变为一个诗人崇拜者的朝圣地。席勒作为政治的民族作家，成了家喻户晓的人物，成为德国统一的象征。《威廉·退尔》中"我们要形成一个兄弟的民族"的句子，在法兰克福举行的革命国民议会选举集会上，被当作口号使用。1849 年，柏林歌剧院的院墙上，还有人大笔写出"后天威廉·退尔"的要求。而《威廉·退尔》的演出，最后演变成民间盛会。席勒崇拜在 1859 年人们纪念他一百周年诞辰时达到高潮。据说在整个德意志境内，民族主义者和爱国主义者们举行了多达万次的纪念活动。1848—1849 年革命失败前后，席勒已被置入政治活动中心。而第一次世界大战后，民族主义者，甚至法西斯主义者也在席勒身上寻找支撑点。戈培尔（Paul Joseph Gobebbels）曾称席勒为"党内同志"；希特勒上台后，德国青年曾聚集在席勒故居马尔巴赫的席勒纪念像周围，举行极具象征意义的接力赛跑。这种倾向甚至波及传统的日耳曼学研究，1934 年，柏林出版了一本由汉斯·法布里库斯（Hans Fabricus）写的书，书名令人愕然：《席勒作为希特勒的战友——席勒剧作中的国家社会主义》。

问题是席勒剧作对于"自由"之呼吁所造成的、时常与暴力联系在一起的影响，是否符合他的原意？这似乎是个不争的问题，因为尽人皆知，席勒成名剧《强盗》扉页上有这么一句拉丁语格言，"打倒暴戾者"（in tyrannes）。但人们往往忽视了，这个名句其实由《强盗》剧本第二版的出版人、曼海姆的勒费尔（Löffler）羼入，与席勒本人无关。作为公爵的宠儿，一个接受贵族金钱资助（1791—1794 年接受丹麦奥古斯特公爵的研究金）的作家，席勒厌恶骚乱，从未有过抗礼王侯、挑战制度的意图。就是法国革命赋予他的崇高荣誉，在很大程度上要归功于其剧本《强盗》的法语编译和巴黎舞台的诠释，是文学作品异地流传和变异的一个典型案例。1789 年到 1795 年间，置身于如火如荼的法国革命浪潮中，对于报纸杂志的询问，席勒始终保持沉默。法国革命期间，他曾经打算去一次巴黎，但不是去对革命表示声援，而是准备在国民议会上为法国国王进行辩护。因为对他来说，比诸国家政体的变革，更重要的是个人的权利和尊严。他本人其实是欧洲人道主义传统的一个忠实信徒。1793 年 1 月 21 日，路易十六被雅各宾人处死。此后他拒绝再读任何法国报纸："这些卑劣的暴徒让我感到厌恶。"这是他于 1793 年 2 月 8 日给挚友科尔纳信中的原话。这同他在名诗《大钟歌》里的诗句相当吻合："可是最恐怖的恐怖，乃是精神错乱的狂人。"就在这首《大钟歌》里，另有更明显的诗句，影射和批评以暴力争取自由的法国大革命：

> 自由和平等！一片喧腾；
> 沉静的市民也拿起武器，
> 大街和广厦挤满了人，
> 聚众行凶者横行无忌。
> 妇女们也干起恐怖的把戏，
> 全都变得相鬣狗一样；

用她们豹子一般的牙齿，

咬碎敌人的跳动的心脏。

　　实际上，换个视角观察，受法国革命大众青睐的《强盗》一剧，在某种意义上是一部探索犯罪心理学的剧作。其表现方式，则同席勒学术的思维方式紧密相关。这始于席勒正式步入文坛前完成的医学博士论文《论人的动物本性与精神本性之间的关系》（1779）。从题目上看，这是一篇医学哲学论文，同他日后作为军医的诊疗实践关系不大，但恰恰预示了他作为"灵魂工程师"的发展态势。文章把人视为感性和理性、肉体和灵魂、自然和文化、意志和表象的统一体，视人为"集牲畜和天使于一身的不幸的中间物"，遵循的是一种肉体和精神之联系的二元论。席勒感兴趣的是艰难的时代中那成问题的个体的命运，即由这种二元论统摄的、行动和失败中的个人命运。

　　从母题上讲，《强盗》一剧的基本框架是兄弟阋墙的故事。但人物斗争的心理动因是处于社会躁动之中人性那原始的、向往自由的冲动，剧本演示的是这种自然本性与社会约束之间的矛盾冲突。卡尔在收到父亲的绝交信和"造反"之前，业已激昂地道出："他们是叫我把我的身体放进妇女束胸的紧身衣里，叫我把我的意志放在法律里去。法律只会把老鹰的飞翔变成蜗牛的缓步。法律永远不能产生伟大的人物，只有自由才能造成巨人和英雄。"（第一幕第二场）很明显，外部情况的变化只是这个年轻人反抗社会约束的导火索，追求绝对自由的天性搏动才是他揭竿而起的根本原因。可是，自由的冲动最终还是无法挣破由亲情、友谊和契约等环境因素织成的社会之网，终究不得不屈服于法纪的尊严，

「我们一直还是野蛮人，原因何在？」

接受律令的惩治。年轻的席勒，业已在铺陈这个争取自由的故事中，承认了个体自由和社会法律双方的权利，成了对立双方的同盟者和代言人。

至于弗朗茨，表面上看，他不顾父子秩序和兄弟情谊，施行陷害计划，想独吞家产和霸占卡尔的未婚妻，但心底蛰伏的同样是挣脱羁绊、争取自由的冲动。席勒安排他在剧本中这样呼唤出自己的心声："干吧，加油吧！凡是限制我不能做主人的束缚，我都要连根拔去。我一定要做主人，要是感情不能胜利，我就用武力去争夺。"（第二幕第一场）在设计如何迫害老迈的父亲时，席勒甚至让他从医生的角度出发进行思考，不经意地透露出作家本人当时的职业："我要像一个高明的医生一样，不过和医生的企图相反。我不是要阻挡自然的进程，我是要顺着自然的进程，再加一把劲罢了。人们既然可以把生命延长，我们为什么不可以把生命缩短呢？"（第二幕第一场）最后阴谋败露，天良未尽的弗朗茨无法面对卡尔，畏罪自杀。他那违抗社会准则的、对于绝对自由的追求，同样以悲剧告终。

席勒就这样以医生那手术刀似的洞穿心理隐秘的透视法，把善恶有别的兄弟俩那同样的心理基点解剖得纤毫毕现，末了让他们殊途同归，显示出渗透其整个创作的对于"生灵的伟大锁链"的哲理思考。一部讲述争取自由的剧作，同时揭示出争取自身自由和践踏别人自由的辩证关系，及其毁灭性后果，明白地告诉世人，挣脱束缚之行动最终有变为暴虐的可能。这种对于自由的悲观主义看法，在他以后的剧作《唐·卡洛斯》和《华伦斯坦》（1799）中都有不同程度的表现，显露出曾是耶拿大学历史学教授（1789—1791）的席勒的历史睿智和人生体悟。

让我们再谈谈席勒一生的压轴之作《威廉·退尔》。因为其中的民族主义因素，那是1933年到1941年间在德国上演最频繁的剧本之一。故事讲神箭手退尔，由于未对代表异族统治的州官帽子鞠躬，被迫箭射儿子头上的苹果。但事后州官没有履行诺言饶恕他，相反将他逮捕。逃脱后的退尔射死州官，引发了瑞士各邦人民的起义。个人的抗暴行为，最后演变成民族的解放运动。起义的民众宣誓：

> 我们要形成一个兄弟的民族，
> 在任何患难中决不分离。
> …………
> 我们要自由，和祖先一样，
> 宁愿死，也决不偷生做奴隶！

经历了以古希腊社会文化为典范的古典主义洗礼，《威廉·退尔》中对于自由的呼声同《强盗》一剧迥然有异。剧中人物追求的是旧有秩序的重建与恢复，而不是革命的新自由。

> 我们要保持从我们的祖宗
> 承袭得来的旧有权利，
> 并不是放肆地追求新异。
> 凡是皇帝的，还是属于皇帝；
> 谁有一个主，还得对他的主履行义务！

无怪乎侵略成性的希特勒看出此剧的奥秘后，下令把"瑞士的弓箭手退尔"赶下舞台。联想到当今世界强权政治泛滥，自由民主由大炮坦克推行，经历了两次世界大战后对暴力灾难有切肤之痛的德国学人，有充分理由，对以这种方式肯定自由的席勒进行重估。

其实，在写《威廉·退尔》之前，席勒在政治上已有一次巨大转变。在奥古斯特公爵资助下，他写成《论人的审美教育书简》（1793—1795），明确提出自己基于康德的美学纲领：即倡导通过审美教育，来解决个人和社会的自由问题，以避免重蹈暴力的覆辙。就在这样一部理想主义的美学著作中，席勒丝毫未失自己的济世之志，忧国之怀，对近代文明所造成的人格分裂和社会动荡展开抨击，发人深省地提问："我们一直还是野蛮人，原因何在？"（第八封信）弹指间两百多年流逝，世上战乱未休，兵燹不断；自然资源濒临枯竭，生存环境日益恶化；有人继续擎着自由解放的大旗杀戮生灵。今天，在纪念席勒两百周年忌辰之际，倘若我们伴着贝多芬第九交响曲，昂首高歌席勒《欢乐颂》中那"大家拥抱吧，千万生民"，是否也该低头寻思，"我们一直还是野蛮人，原因何在？"《明镜》周刊上的席勒像，侧首忖量的，也许就是这个问题。

（2004 年 11 月草拟于德国海德堡，

原载《文景》2005 年 6 月号）

决断主义视阈下的德国三哲

德人克里斯蒂安·格拉夫·封·克罗科夫（Christian Graf von Krockow）著述不多，但《决定——论恩斯特·荣格尔、卡尔·施米特和马丁·海德格尔》（1958）一书，足以让他青史留名。那时，书名所及三人尚在人世，大名未成。时至今日，所论之人，虽均已作古，但留下众多争议。此书作为一份宝贵的历史文献，1990年在德再版，足证其学术价值不菲。

克罗科夫本书书名由数个关键词组成。"决定"是本书中心概念，荣格尔（Ernst Jünger）、施米特和海德格尔是这个概念下的关照对象。就这三人在中国的声名而言，顺序恰好相反。毋庸置疑，海德格尔最为显赫。撇开学界大量汉译及评论不谈，他在大众媒体中也堪称宠儿，甚至上海的《新民晚报·夜光杯》（2013 年 1 月 20 日）也曾刊文"诗意地栖居"，介绍海德格尔如何演绎出以上"哲学命题"。施米特的影响力稍逊，但同样了得。不说坊间早有其文集多卷问世，还有后续，偶见书肆展放于畅销书行列、隶属"文化随笔系列"的《观念的水位》[1]一书，收有文章题为《今天您施米特了吗》，并称这个德国法学家，是"中国思想界的新款 LV 包"！受这两位的盛誉所掩，荣格尔在中国只能叨陪末座。恕笔

---

[1] 刘瑜著，浙江大学出版社，2013。

者孤陋，仅见"同济·德意志文化丛书"第三辑目录[1]，列有荣格尔的《论痛苦·关于线》。但译本似乎至今未出，遑论其他有关评著。但笔者有意，移译此书，却主要因为与荣格尔的缘分。这里不嫌辞费，赘述如下。

事情要回溯到 1995 年 3 月 30 日在德国海德堡的一次亲历。那天，大学广场上忽然人声鼎沸，红旗晃动，警察集结。德人动辄游行示威，不足为怪。这次为何？大学生们当时在抗议大学及市政府联合庆祝一位作家的百年大寿。寿星即恩斯特·荣格尔。他 1895 年 3 月 29 日生于海德堡，"一战"中负伤十四次后，胸挂普鲁士政府颁发的金质战争功勋章，荣归故里。"二战"中再次入伍，任德军巴黎指挥部上尉。但行伍非其一生主线，他从 1920 年起发表作品，以后著述不断，是德国文苑中握笔最久之人。有人对这样一位饱经沧桑、著作等身的老人如此不敬，乃至扰其百岁生日，是为何故？

荣格尔早年代表作是《在钢铁暴风雨中》（1920），紧接着的《作为内心经历的战斗》（1922）、《小森林一百二十五号》《火与血》（1925）和《冒险的心》（1929）等，均为作家"一战"经历的纪实。其主要特征是：面对战后初年战与不战的讨论，他对战争投下赞成票。他视战争为"万物之父"及生命轴心，在枪炮轰鸣中认定历史原则，尤其在冲锋陷阵的士兵身上，看到一代新的社会精华，进而发出对魏玛共和国进行军事化革新的要求，以便为新的统治制度扫清"生存空间"。荣格尔的早期作品由此被打上美化战争的标记，他本人则被斥言为替法西斯主义"总动员"的

---

1 载《德意志思想评论》，第三卷，同济大学出版社，2007。

先锋。其结果是，早在"二战"后初年，就有人以"荣格尔事件"为题，清理他同纳粹思想的关系。

所谓"荣格尔事件"中另一部作品是他的文化理论性论著《工人》（1932）。书中的工人与社会阶层无关，是荣格尔继士兵后推出的又一改变社会的人物形象。此书的宗旨是，用具有"英雄现实主义"精神的工人，取代受缚于道德主义的市民，用工作计划替下市民宪法，用集权代替民主，以适应工业时代的历史要求。正是这部作品使同样成为"事件"的海德格尔，有英雄所见略同之感，以后多次把它选为自己讲课论题。因为荣格尔以现象学的辨识力，阐明了现代工业社会所展现的"权力意志"这一他也留心的问题。他们的学术及私人联系持续到"二战"后。1949年，荣格尔以论虚无主义的《越线》（„Über die Linie"，次年发表）一文祝贺已陷四面楚歌的海德格尔花甲大庆。海德格尔投桃报李，1955 年以《论线》（„Über, die Linie 'oder zur Seinfrage"）一文，恭喜同样腹背受敌的荣格尔六十生辰。两人的这种唱和之所以特别惹眼，是因为他们都涉嫌为法西斯张目而成为"事件"。

海德格尔起先对此拒绝解释。而他死后刊出的、1966 年与《明镜》周刊有关于此的谈话（载 1976 年第 23 期），被人斥责为"极其狡猾和支吾其词"，不但未能取得谅解、获得解脱的初衷，相反愈加引起世人对其人品的怀疑，让他死后也不得安宁。荣格尔也曾在与《明镜》周刊（载 1982 年第 33 期）的谈话中回顾过去。但他没像海德格尔那样，从个人遭遇出发为自己辩白，而是超脱政治和民族的界线，从人性的角度，对法西斯的罪行表示震惊，刚直磊落，令人信服。不过面对记者的提问，"您究竟指责希特勒什么？"他居然回答："他 1938 年后完全的不公正。对希特勒的苏德台政策及合并奥地利，我今天还完全赞同。"荣格尔的坦率让人吃惊，因为他在半个多世纪后，依然不愿正视那段法西斯霸权主义的扩张史。当采访触及犹太人问题时，他还出人意外地强调，由于动用大量运输工具和部队，迫害犹太人行动在国家经济和战略方面，给第三帝国造成了巨大损失！联系到"二战"结束后，荣格尔拒填同盟国占领军发放的非纳粹化调查表（由此足以让人觇其性格），在不少人眼里，他简直就是个铁杆儿纳粹。这也难怪，在他百岁寿诞之际，海德堡"反法西斯行动"等组织四处张榜，要求公众，"别对荣格尔表示敬意！别对这个战争贩子和法西斯主义的铺路人及保守主义革命的代表表示敬意！请参加反法西斯的反集会！"引出前述的示威游行。

又是"战争贩子"，又是"法西斯主义的铺路人"，帽子够大。可事情远非如此简单。否则德国联邦总统及总理一行，哪会在3月29日顶风冒雪，上门向他道喜；法国总统密特朗，怎愿同一天在《法兰克福汇报》上亲自撰文，替他祝寿；而次日包括伽达默尔在内的学者教授，又怎敢在海德堡济济一堂，为他庆寿。

"一战"爆发时，荣格尔只是个十九岁的中学生。同那个时代不少表现主义作家一样，他向往社会变革，以打破沉闷的市民生活，哪怕对此需要付出战争及生命的代价。这同以后的法西斯主义并无多大关系。况且，就是他那本富有争议的代表作《在钢铁暴风雨中》，既渲染了前线士兵的无畏勇敢，又暴露了战争的野蛮无情，其对战争的立场，很难用"赞成"两字概括。要不然，法国作家纪德想必不会称赞，这是他读过的最杰出的战争小说。另外，至少从他1941年到1943年写下、1945年发表的《和平》一书起，指责他美化战争也已根据不足。而随着《林间行走》

（1951）一书的出版，他笔下那咄咄逼人的"士兵"及"工人"，即被孤独的"林间行走者"代替；他本人则蛰居乡间，除了继续写他那些语言难解的日记散文、哲学散论外，收藏沙漏，整理甲虫。至于同纳粹的关系，当海德格尔向希特勒表示效忠之时，他却公开拒绝参加纳粹艺术科学院；在法国当占领军军官时，他还帮助法国犹太人，并在检查邮政时，压下了诸如有"领袖（希特勒）该上吊"之类词句的信件，使一些人免遭迫害。最后于1944年，他在一次暗杀希特勒事件（实际与他无关）后，被纳粹以"不配当兵"为由，赶出军队。由此可见，荣格尔的反对者与赞同者均可列举一大堆理由。鉴于这种毁誉参半的局面，在那天的庆祝活动中，海德堡大学文学教授基泽尔（Helmut Kiesel）给自己的祝寿报告起了一个不偏不倚的题目："寻找意义时的道路与歧途"，并以"人们可以小心地向荣格尔学习"为结。或许他发言时也已顾及自己同事哈特（Dietrich Harth）教授的立场？他在一封公开信中要求以赞成或反对荣格尔的辩论取代这次庆典。

记得那天会尽人散，我漫步走出大学广场，警车依在。警察们需要照看的仅剩下广场边书店橱窗中荣格尔的书。因为激进的新斯大林主义大学生组织"拳头"扬言，荣格尔本人及其"罪恶"的著作统统该被大火烧掉；书店也受到警告，要为胆敢陈列荣格尔的书承担后果。

弹指间，几近二十年光阴转瞬而去。忽见克罗科夫此书，将之前在我眼中主打文学的荣格尔，与哲学家海德格尔和法学家施米特并列一处，讨论法哲学或历史哲学问题，用作者自己的话说，讨论"是什么东西形成'姿态'和德国的素质"。这出人意外，又合乎情理。

就克罗科夫所见，联系他们的分别是决断主义统筹下的"战斗"（Kampf）、"决定"（Entscheidung）和"断然"（Entschlossenheit）这三个概念。而这三位思想家与此有关的著述和思想，又被放在20世纪初德国"反市民性"的氛围中进行论述。荣格尔通过其创作，高扬英雄主义的"战斗"精神，并在其中认定生命的原则，具有显豁的涉世倾向；海德格尔的著述虽然尽可能地与现实拉开距离，但在对个人与社会之关系的分析中，比如通过"常人"对个体之约束力的掘发，从哲理上推出进行"自我筹划"的"断然"的概念，以阻止个体在现实中的沉沦；而施米特似乎不偏不倚地将政治的本质定义为友敌之分，而这种区分依赖于自主的、破除规范的"决定"，并且导出专政才能胜任政治之本质的结论。克罗科夫由此以主题研究的方式，让施米特"居中斡旋"，串联起荣格尔和海德格尔，揭示出他们思想的共同特征。其主要论点是，这些概念，尤其在这三位思想家的早期阶段，"与一切实质内容的联系恰恰又被切断"，被绝对化后形成决断主义的思维结构，从而"蕴含历史的祸患"。

另外，本书虽然具有清理德国第三帝国之罪恶产生的背景，但对纳粹主义思想本身未过多置喙，相反从"自然法"和"历史主义"的两极出发，对人类社会发展史、主体性的各种形态展开讨论，勾勒出19世纪末20世纪初西方政治思想史的丰富内容，极富思辨挑战性。

具有挑战性的不仅是内容本身。对译者来说，同样令人费神的是单词或概念的翻译。以上附有原文的三个概念，"Kampf"一词的翻译应无争议。而"Entscheidung"的翻译可能不尽然。译者所见，除了"决定"，起码还有"决断"和"抉择"的译法。本书的主要概念为决断主义（Dezisionismus），不断出现的"Dezision"，在本书中已译为"决断"，就排除了对不同原文使用同一译文的可能。"抉择"似乎雅驯些，但它的释义是"挑选；选择"，与原文相比出入明显。最后还是选用更合本书议题的、意为"对如何行动做出主张"的"决定"，来翻译"Entscheidung"一词。"Entschlossenheit"其实完全可以译为"果断"。只是因为海德格尔曾将此词拆成"Ent-schlossenheit"使用，强调了"Ent-"（去除）的含义。为了更近汉语的缘故，这里用了"果断"的同义词"断然"。

再谈一下书中出现频率较高的"Ordnung"一词。汉译对此主要有两个选项："秩序"或者"制度"。由于"秩序"的释义是"有条理，不混乱"，而"制度"是"要求大家共同遵守的办事规程或行动准则"以及"在一定历史条件下形成的政治、经济、文化等方面的体系"（以上均参见《现代汉语词典》，第5版），"制度"似乎更合本书使用的原意。但"Ordnung"一词在德语中颇具德意志民族强调"秩序"的谨严特点，被大量使用在日常生活的各个方面，而不局限于汉语中"制度"的含义。最后还是选择"秩序"作为译文。但由此也损失了此词同样具有的"制度"的内涵。这是翻译的无奈。此类例子在译文中可说比比皆是，敬请读者留意。

按西方《圣经》故事所言，人的"堕落"或者"罪恶"，源于他获得决定的自由。由于决定吃智慧果，他被赶出伊甸园，开始"赎罪"之旅。这虽是一个致命的决定，但就现代主体性思想看，拥有决定的自由，恰恰又是人类体现其尊严的最宝贵财富，象征着人类历史的开始。用克罗科夫"前言"中的话说，"因为人之尊严所在，正是他能做决定；通过自我决定——或者躲避决定——他承担起责任"。就西方历史而言，尤其从文艺复兴和启蒙运动以降，人的这种理性及主体性意识不断增强。人越来越被视为历史的产物。"人无自然，而有历史"，就成了历史主义的基本论点。

但是，人果真能背离其"自然"或者"本质"的要求，随时做出"自己的"决定并创造其历史吗？记得德国文学史上稳坐二把交椅的席勒，曾有剧本《强盗》（1781），讲一贵族之家兄弟阋墙的故事。次子弗朗茨为夺取家产，陷害长子卡尔。其发动恶行的理由是，大自然对他不公：他在毫不知情，即缺少决定权的情况下，由于父母的性欲冲动，作为没有财产继承权的次子来到世界。善借文学作哲论的席勒，难道通过剧本人物的这样一种控诉，旨在揭示自然法的一个隐秘，即个体其实天生就无决定的自由？"难道他不总是完全听命于那些他对此一无所知、又永远无法改变的因素？"克罗科夫在本书"前言"中作如此修辞反问。他的结论颇为悲观："这个让人敬畏的哲学问题，恐怕永远无法真正解决；即使最深刻、最有艺术性的分析，也结束于一个终极问题的形而上学的 X，而这个终极问题看来取笑任何干预行动。"

尽管对于社会历史以及人之存在的探究，往往终结于不可回避的虚无，本书还是以其独特方式，录下几位德国哲人各自规划人类社会发展路径的思辨过程，为淬炼我们对于生命本质的思考，提供了又一个杰出读本。

（原载《读书》2013 年 10 月号，发表时有删减，现补上）

中德文化

布莱希特与墨子

布莱希特1933年起流亡国外，1948年返回故土。伴随着他度过这一段艰难岁月的有一幅孔子画像。接连不断的辗转迁移，画像严重破损，但他不忍弃之，让人修复，存至逝世。除了这幅孔子画，他在多年流亡途中还随身携有一本墨子书。此书由他的朋友、汉学家福克（A. Forke）译出，名为《社会批评家墨子及其门生的哲学著述》（1922）。受此启发，他为后世留下了在其全集中占有一百八十多页的、假托墨子所写的《成语录》（*Buch der Wendungen*）。这是一部大多以对话形式写成的哲理性论著。布莱希特本人这样介绍：

> 《成语录》是利用了查尔斯·斯特凡（Charles Stephan）译自中文的英译本转译成德语的。它不属于中国古代经典著作，尽管其核心来自墨子。墨子的理论曾被儒家学说几乎完全排除，于上世纪重新出现。它的某些观点使人想起某些西方哲学思潮，并感到几乎是现代的。[1]

---

1 Bertolt Brecht, „Gesammelte Werke ", Bd. 12, Suhrkamp Verlag, S. 419. 以下对出自本书的引文，仅在文后括号内标注页码。

实际上，根本不存在查尔斯·斯特凡这个人，所谓的英译也属子虚乌有。布莱希特用了托名藏真的手法。究其原委，似有让自己这本书混迹于当时层出不穷的德译中国典籍行列之意。不过，开卷细读，即可发现，上引开场白中有关原著的话仅是戏言而已。因为书中所载并非墨子成语，而多系布莱希特本人借墨子之名对西方时事政治的思考与评论。出场人物除墨子外，还有马克思、恩格斯、列宁、斯大林、黑格尔、罗莎·卢森堡（Róza Luksemburg）、托洛茨基（Leon Trotsky）、孚希特万格（Lion Feuchtanger）甚至希特勒等。他们都分别有自己的中国名字。

　　尽管如此，书中人物的有些观点，时有同墨子相似之处。比如，在《卡·梅关于意识依赖性的话》中有："墨子教导，卡·梅大师说，意识受制于人类生产必需品的那种方式。他对人类在自己头脑中，而不是在经济中，继续把自己从经济立场上解放出来表示拒绝。"（434页）

　　卡·梅在《成语录》中是马克思的中文名字。布莱希特在这里借墨子转述的是马克思关于物质决定精神，或经济基础决定上层建筑的思想。墨子本人没有在这种现代意义中讨论过存在与意识的关系。不过，他曾以相似的辩证思路论述过道德准则与社会现实的联系。《墨子·七患》中有："故时年岁善，则民仁且良；时年岁凶，则民吝且恶。"布莱希特看来颇有同感。他在《三角钱歌剧》（1928）中的一则名言是："先要吃饱，才有道德。"[1] 就布莱希特来看，"马克思和恩格斯虽然建立了伟大的理论，但似乎忽视了人际关系和日常生活的行为方式，而这正是中国哲学家们几乎唯

---

1 高士彦等译，《布莱希特戏剧选》（上），人民文学出版社，1980，第69页。

一探讨的东西。"[1] 这就不难理解，为何布莱希特在《成语录》中多处谈论功利及个人利益与集体利益的关系问题。在《糟糕的年代》中，他让墨子表达了这样的愿望："但愿许多人赞同公共团体的这样一种状况，在这种状况中，关心自己的人同时也关心公共团体。"（433 页）在《油漆匠的格言》中有："个人利益越多，共同利益也就越多。"（442 页）另外在《关于利己主义》中又有："在一个有秩序的国家中，利己主义有益大众。"（492 页）

孔子认为，"利"同"义"是水火不容的两样东西，所以有"君子喻于义，小人喻于利"（《论语·里仁》）之说。墨子则相反，他公开倡"利"："利人乎，即为；不利人乎，即止。"（《墨子·非乐（上）》）并且，他很重视"利人"："利人多，功故又大。是以天赏之。"（《墨子·非攻（下）》）但同时，他未忘"自利"。这尤其表现在他对两者关系的理解上。他说："与人谋事，先人得之；与人举事，先人成之。"（《墨子·尚同（下）》）他还说："利人者，人亦从而利之。"（《墨子·兼爱（中）》）《墨子》中的这些话，同上引布莱希特《成语录》中的有些话意思的确很近。

不过，在读布莱希特的这些"墨子语录"时，我们必须十分小心。就在上提《油漆匠的格言》中，还有一句话："共同利益高于个人利益。"（441 页）这看似符合墨子思想。但从《秩序与混乱》一文中可以看到，这句话原来出自胡一，即希特勒之口。布莱希特接着借墨子之口批评道："根据胡一的观点，他就是国家。所以，他的意思就是：胡一的利益高于每个公民的利益。"（492 页）布莱希特曾在《写真理的五种困难》（1934）一文中，以孔子

1　Adrian Hsia，„Bertolt Brechts Rezeption des Konfuzianismus, Taoismus und Mohismus im Spiegel seiner Werke ", in: „Zeitschrift für Kulturaustausch ", 1986/3, S.354.

的"正名"手段，抨击法西斯滥用语言。（231 页）在这里，他又让墨子以其"自利"原则，揭露希特勒国家社会主义的本质，令人叫绝。

此外，墨子在《成语录》中承担的政治任务要比孔子大得多。在《关于不受欢迎的外人》中，布莱希特让他借明朝皇帝"让"清入主中原的"宽宏大量"，批判法西斯的排犹运动（444 页）；在《人的全面教育》中，借墨子之口，批评纳粹利用广播这个现代传播手段愚弄群众（491 页）；在《土地》中，则让墨子继承孔子传统，对那些被法西斯滥用的词汇，如"土地"和"血"等进行正名（517 页）；在《生存空间》中，又让墨子怒斥希特勒的"生存空间"为"死亡空间"（535 页）；而在《苏国中的矛盾》和《尼恩的法律》中，甚至让墨子对苏联的政体和斯大林（即尼恩）的政策提出某些置疑。（524—525，535 页）

墨子学说相当丰富，除了从社会存在看人的意识及讲"交相利"等内容外，他还提出了一系列有关兼爱、非攻、尚贤、贵义、天志和非乐等思想。对于这些，《成语录》大多未加涉及。相反，此书还牵扯到其他一些中国哲人及其思想，比如，评论孔子的《教师的成功》，旁及庄子哲学的《关于哲学思考的不同方式》以及提到杨朱哲学的《论利己主义》。特别是老子关于道德仁义纯属病态社会反常现象的理论，在《成语录》中多次出现。《一个不需要特别道德的国家》一文中有："在那个特别需要道德的国家中，管理太糟。"（456 页）接着在《正义的道德》中还有："在管理良好的国家中，不需要特别的正义。"（456 页）较完整地体现老子这一思想的是《一个不需要特别道德的国家》一文。其中写道：

一个人民自己能管理的国家，不需要特别杰出的领导。一个在那里不会受到压迫的国家，不需要特别的对自由的热爱。不感到非正义，人们不会去发展特别的正义感。不需要战争，也就不需要勇敢。机构完善，人不用特别完善。（520 页）

而老子则说："大道废，有仁义。智慧出，有大伪。六亲不和，有孝慈。国家昏乱，有忠臣。"（《老子·十八章》）老子这段话，既有对儒家空谈仁义道德的讥讽，也有对当时社会日趋没落的批评，联系到布莱希特竭力抗争的第三帝国，不也同样具有批判现实的意义吗？

布莱希特《一个不需要特别道德的国家》一文，对《老子·十八章》的借鉴是十分明显的。这也表明了他在《成语录》一书中接受中国思想的一种典型方式，即不作直接引述，代之以溶化再创。但有人却在《成语录》中发现了几段《墨子》语录，这是令人惊讶的。[1]事实上，研究者们至今费力找到的布莱希特援引《墨子》一书的唯一证据在《四川好人》中。此剧第八幕"崔达的烟厂"中，杨太太说："古人道，君子若钟，击之则鸣，弗击不鸣。"[2]此语出自《墨子·非儒（下）》，而布莱希特的德语抄自福克的德译。

批评界对布莱希特与中国这个题目已有众多论述，并形成一种较普遍的看法，即以为给予布莱希特最大影响的中国哲人是墨

---

1 参见吕龙霈，《布莱希特与中国古典哲学》，载《读书》1983 年第 8 期。此文可能把 Yun-Yeop Song 1978 在德国波恩大学的博士论文《布莱希特与中国哲学》中所引福克译墨子语录误读为《成语录》中的有关章节。
2 目前此处流行的汉译为，"贵人若巨钟，不鸣则已，一鸣惊人"。见黄永凡译《四川好人》，中国戏剧出版社，1985，第 122 页。此译与德语原文出入较大。

子。其主要依据恐怕就是这里讨论的《成语录》。这种观点高估了墨子在布莱希特创作中的地位。因为，《成语录》事实上并非人们想象的那样受到墨子思想的浸润。书中除了有老子、庄子和孔子等人的思想痕迹外，作者在更多情况下只是假墨子之名，述本人之思。就是有人费力组织起来的个别材料，以说明墨子对布莱希特的感染，也很难归诸墨子。比如《大胆妈妈和她的孩子们》以及《四川好人》中"好人受难"的母题，与其说源自《墨子·亲士》中的一段话（其原文为："今有五锥，此其铦，铦者必先挫。有五刀，此其错，错者必先靡。是以甘井近竭，招木近伐，灵龟近灼，神蛇近暴。"），不如说来自他本人在《四川好人》中亲自引用的、《庄子·人间世》中的那个寓言更合适。所以，若谈布莱希特最关注的中国哲人，就其包括《成语录》在内的整个创作而论，老庄而已，实非墨子。

（原载《读书》1994 年第 3 期）

冯塔纳书中的中国人

德国 19 世纪现实主义文学最杰出的代表要数冯塔纳。他生于诺伊鲁平一药商家庭，职业学校毕业后，一度在一家药房当学徒。但他志不在此，开始文学创作，逐渐成名，1894 年获柏林大学名誉博士称号，四年后去世。《艾菲·布里斯特》是其晚年名著，1890 年完成，1895 年正式出版。

小说讲贵族小姐艾菲，遵父母之命，嫁给母亲旧日情人、男爵殷士台顿。丈夫热心功名，而艾菲不耐寂寞，最后受丈夫之友、善于拈花惹草的少校克拉姆巴斯勾引。六年后往事败露，殷士台顿决斗中打死情敌，然后休妻。艾菲众叛亲离，独居异地，身患重病后才获准返回娘家，不久去世。

小说塑造的众多人物中有一个中国人。这是个虚构、没有真正露面的中国人。他第一次出现在殷士台顿与艾菲的闲聊中。度完蜜月回家途中，殷士台顿为了激起年轻妻子对新生活的热望，不无夸张地对自己的家乡作了介绍。艾菲兴趣盎然，接口说道："我说，这是一个完全崭新的世界。这儿也许可以找到一个黑人，或者一个土耳其人，也许甚至可以找到一个中国人。"[1] 艾菲不经意的话引起丈夫热情的反应："也可以找到一个中国人，你猜得真对

---

[1] 韩世钟译，《艾菲·布里斯特》，上海译文出版社，1980，第 52 页。以下对出自本书的引文，仅在文后括号内标注页码。

呀。我们完全有可能真的找到一个。不过，我们那儿从前有过一个；现在他已经死了，人们把他埋在公墓旁的一小块用栅栏围起来的土地里。"（52—53页）

艾菲万没想到，自己的趣话竟成了显示，而且，这还是个死人的灵魂，不禁心生怯意："我不想在睡梦中看见一个中国人走到我的床前来"，因为，"什么一个中国人，我认为，这总有点儿叫人害怕"。（53页）

如果这个中国人随着这次旅行而消失，尚可视为纯属聊天而搁置一旁。但这个早已身埋黄土的中国人却跟着艾菲来到了她的新居，这显然是作者为小说情节发展所做的刻意安排了。

艾菲在新居的一间空房中发现："一张椅子的靠背上贴着一张只有半个手指长的图片。图片上有个中国人，蓝上装，黄色灯笼裤，头上戴个平顶帽。"她问道："这个中国人贴在这儿干什么？"殷士台顿解释说，可能是女仆闹着玩贴的，"这是从译本启蒙读物上剪下来的图片"。（72页）

这张从尺寸大小到粘贴位置都显得不伦不类的图片，似乎就是墓地中那个中国人的化身，他使艾菲心神不宁。她梳妆完后想着他（73页），晚上做梦见到他（91页）。17岁的艾菲求丈夫搬家，以避鬼魅。但丈夫以这会影响他的仕途，一口回绝："我不能让这儿城里的人说长道短：什么县长殷士台顿所以要把房子让掉，是因为他的太太看见贴在椅子靠背上的小个子中国人像鬼魂那样在她床边磨磨蹭蹭。如果人们这样议论纷纷，那我的名声也就完了，艾菲。"（97页）

一个偶然的机会，使艾菲同丈夫真的路过那个中国人的墓地。她催促丈夫对她讲这个中国人的故事，她说："只要我一天不知道

冯塔纳书中的中国人 一

121

底细，尽管你好话连篇，可我总是胡思乱想，不得安宁。请你把实情告诉我。实情不会像胡思乱想那么折磨我。"（102 页）

艾菲的理由不可谓不充足。殷士台顿只好将自己所知和盘托出。原来，他们现住那栋房子的原主人是一位叫托姆森的船长。他年轻时航行于上海和新加坡之间，晚年来到凯辛安度余年。同行中有一个年约二十的女子，名叫尼娜，还有一个中国仆人，他后来成了船长的朋友。数年后的一个晚上，老船长为尼娜和另一位年轻船长举行婚礼，新娘当晚失踪。十四天后，那个中国人殉情而死。

艾菲听后深为所动，在给父母的信中，详细复述了这个故事。此后一段时间中，似乎真像对丈夫说的那样，实情代替了胡思乱想，她心境渐趋平静。可惜好景不长。一天，与克拉姆巴斯一同出游，她又一次经过中国人的坟墓，这引起了心底中国鬼的复活。狡黠的少校说这是殷士台顿为了整治艾菲而故意弄出来的鬼，动摇了艾菲对丈夫的信任，扫除了他得到艾菲的障碍。直到最后，艾菲独居柏林，与忠实的女仆罗丝维塔见面时，话题还是"中国人显灵的情景"。（336 页）

总起来看，这个中国人出现在整部小说三十六章的二十四章中，犹如一个引导母题，贯串全书。冯塔纳本人也早在小说发表的当年，在给瑞士诗人维特曼（Joseph Viktor Widmann）的信中写道："您是第一位注意到这栋闹鬼房子和中国人的人：我不懂，怎么可以对此视而不见。至少我认为，这个幽灵首先就其本身而言是有趣的。其次，如您所强调的，事情并非为打趣存在，而是整个故事的转折点。" [1]

---

[1] 引 自 Ulrike Rainer, „Effi Briest und das Motiv des Chinesen: Rolle und Darstellung in Fontanes Ro-man ", in: „Zeitschrift für deutsche Philologie ", 101, (1982), S. 546.

冯塔纳在这里强调了这个中国人在小说中的作用，但没有进一步说明这个人物形象的具体含义。这在研究者中引起多方猜测与讨论。有人说，这个中国人是殷士台顿企图控制艾菲的工具[1]；有人说，这是"对主要情节悲剧性结尾富有命运的预示"[2]；另有人认为，这是"性"或"爱"的象征，因为他作为幽灵第一次出现，是在殷士台顿由于公务在外过夜，而艾菲婚后第一次独守空房的夜晚[3]；也有人感到这象征着艾菲本人，因为她最后同这个中国人一样被埋在教区公墓之外。[4]众说纷纭，莫衷一是。所以有人索性认为，对于这个中国人的合适解释倾向于没有穷尽。[5]

不言而喻，鬼的故事天生语意含糊，包容力极强，具有丰富的符号和象征意义。文学作品中一旦引入鬼的母题，不免会暗含象征、影射、讽喻等各种意味，并由此引起阐释的困难与歧义。参与这种讨论尽管趣味无穷，但显然会超出本文题目，只能留待另论。这里的任务是，从历史时代的角度出发，看冯塔纳是如何塑造并评价中国人形象的。

对19世纪德国文学的中国观作一概括，可以发现，人们持批评与否定中国的态度居多。但社会历史发展所带来的时空缩小，使越来越多的人感到，在遥远的东方有一个中国存在。赞扬也好，批评也罢，置之不理已不可能。黑头发、黄皮肤的中国人越来越多地渗入德国人的意识。冯塔纳书中的中国人，正是由一个远洋

1　参见 Peter Utz, „Effi Briest, der Chinese und der Imperialismus: eine 'Geschichte' im geschicht-lichen Kontext", in: „Zeitschrift für deutsche Philologie", 103 (1984), S. 219。

2　Rainer, S. 548.

3　参见 Ingrid Schuster, Exotik als Chiffre: Zum Chinesen in „Effi Briest", in: „Wirkendes Wort", 33, (1983), S. 118。

4　参见 Rainer, S. 550。

5　参见 Peter Demetz, „Formen des Realismus, Theodor Fontane", München 1964, S. 205。

船长带回德国的，颇具一种现代意义。

对这位见多识广的老船长来说，中国人大概已不算新奇。但对普通老百姓呢？我们回忆一下小说中那个中国人被提及时的情形。殷士台顿与艾菲度完蜜月返家途中的对话中就此作了描绘。中国人是被与黑人、土耳其人放在一起，作为一种"异国人"出现的。这体现了艾菲对异国情调及新环境的追求。但这位贵族小姐患了"叶公好龙"的毛病，当她听丈夫说，真有那么一个中国人存在，而且业已作古时，心生惧意。而惧怕的原因是偏见："作为一个中国人，我认为，这总有点儿叫人害怕。"

这不是艾菲个人的偏见，而是一种社会偏见。小说另一情节说明了这一点。那个被老船长从海外带来的中国人死后，人们拒绝把他埋在教区墓地。牧师特里佩尔为他打抱不平，却由此遭世人白眼。殷士台顿就此对艾菲说道："幸而牧师不久就死了，不然的话，恐怕他连牧师的职位也要丢掉。"（104页）

冯塔纳不仅让艾菲住进了那栋中国人住过的房子，还让女仆有意无意地在椅背，而不是正大光明地在墙上，贴上一张来历不明的中国人画片，让它扰乱艾菲的心境。由人变鬼已是不善，缠住一个新婚少妇更属不端。特别是随后的情节。当艾菲来到柏林，深为自己能够摆脱克拉姆巴斯而感到庆幸时，突然得知，女仆约翰娜鬼使神差般地把椅背上的"中国人"放在钱包里，从凯辛带到了柏林。知道"烧了也没用"，她几乎绝望了。还是丈夫道出了她的心思："你要罗丝维塔去买一幅圣像也放在钱包里，是不是这样？"（264页）

以正压邪，以圣像治中国人画像，确是作者独出心裁的安排。叙述至此，一种对中国人的否定立场已十分清楚。这客观地反映了那个时代德国社会及德国文坛的中国气候，不能说是作者的偏见。事实上，在那种不敢大胆地爱，不敢随情人私奔，而是独自殉情而死的中国人举动中，也透露出人们的某种中国观。

但冯塔纳不愧是具有社会批判倾向的作家。针对这类种族偏见，他让牧师特里佩尔郑重声明："这个中国人是个非常好的人，跟别人一样好。"（104页）而作者对中国，乃至对人类其他民族的基本看法，则似乎是通过女仆罗丝维塔道出的："中国人也是人嘛，可能他们那儿的一切跟咱们的全一样。"（220页）

罗丝维塔是艾菲一朝失足、遭人遗弃后唯一对她忠贞不贰的仆人和女友。当她们在柏林重逢时，艾菲最后一次提到了那个中国人："你还记得当时中国人显灵的情景吗？那真是幸福的时刻呀。我当时以为是不幸的时刻，因为我那时还不懂得人生的艰辛呀。从这以后，我才认识到了。啊，鬼魂还远不是最坏的东西！"（336页）

艾菲这里所说的时刻，是她尚未认识克拉姆巴斯，还相信鬼魂的时刻。是克拉姆巴斯让她一时不再敬畏鬼魂、信服丈夫，成了一个"有罪"的妇人，并由此饱尝人世的艰辛。这远比幻想的恐怖来得可怕。中国人经过这一番变故后，显然由陌生骇人变得可亲可近，最后竟成了一种往日未被理解的幸福的标志。

细读《艾菲·布里斯特》，还会注意到书中另一与中国有关的母题，中国龙。它首先出现在殷士台顿对凯辛的介绍中，同是为了引起艾菲对新家乡的兴趣。他说："如果早上的太阳特别明亮，那么你在那样的日子里可以看到欧洲各国的旗帜在屋顶上空迎风飘扬，此外，还有美国的星条旗和中国的龙旗。"（68页）

接着，在艾菲女儿受洗仪式上，一个叫博尔克的老先生吹捧了普鲁士国家后说："嗯，我的朋友们，咱们依靠波美拉尼亚和勃兰登堡，就能镇压和踩烂毒汁四溅的革命巨龙的首级。"（144 页）

数页后，殷士台顿与克拉姆巴斯谈到死亡。殷士台顿再次说道："如果您不想在大土耳其那儿或者在中国巨龙的旗帜下干差使，那要喋血沙场会有它的困难。"（154 页）

以上第二段引文中的"革命巨龙的首级"，单独看有些费解，但把它与前后两段引文放在一起，就一目了然了。它指的还是"中国的龙旗"。

冯塔纳在这里反映了中德关系史上的一个横剖面。19 世纪下半叶起，德国迎头赶上英、法等工业大国，并同样致力于海外扩张。先在非洲，然后又在亚洲和拉丁美洲建立殖民地。1861 年中德贸易协定签署，1868 年，清政府也向包括德国在内的欧洲诸国派出了第一个外交使团。使团专列上扬起了黄底、蓝边，带有一条飞腾巨龙的中国国旗，穿越欧洲大陆。正如《尼伯龙根之歌》中战胜巨龙被视为一种英雄行为，战胜中国这条巨龙无疑也被德国殖民主义者视为一种天职。冯塔纳小说成于 1890 年，那时，还未到德帝国主义侵占胶州湾、镇压义和团及进军北京的时刻，而以上博尔克的话，则预示了这一时代的到来。

（原载《中国比较文学》1994 年 1 月号，原题为
《冯塔纳〈艾菲·布里斯特中的中国人形象及中国龙〉》）

《魔山》中的中西文化碰撞

一

1929 年，德国作家托马斯·曼主要由于《布登勃洛克一家》（1901）荣获诺贝尔文学奖。《魔山》是他继这部杰作之后的又一部长篇巨著。小说开始写于 1912 年。这年春夏之际，托马斯·曼偕同患病的妻子，在瑞士一疗养院住了一段时期。对那里各种人物的体察，使他文思涌动，即伏案疾书。由于社会变动、思绪纷繁，再加上小说篇幅不断扩大，写作时断时续，全书十二年后方告杀青。

我们知道，1912 年到 1924 年，正是欧洲思想界迎接东方哲学，尤其是老子哲学挑战的年代。《魔山》既是一部洋洋七十多万字、充满人生哲理探讨、思辨色彩极为强烈的巨著，难道能对此了无反应？

小说讲一位名叫汉斯·卡斯托尔普的德国富家子弟，在大学毕业、踏上社会前夕，稍感不适，去"魔山"小作休整，并顺便探望在那里养病的表兄。不料假日未满，发现自己早已身患肺疾，小憩成了长住，而且一晃在山上住了七年。

所谓"魔山"，乃是瑞士一国际山庄疗养院，里面住着来自世界各地的消闲阶层人物。他们或沉湎于声色犬马，或醉心于夸夸

其谈，演出了一场死亡前歇斯底里的闹剧。这些人物中，不仅有
"用火钳把自己的小胡子弯弯曲曲地卷向下方，与中国人简直惟妙
惟肖"[1]的狂欢者，还有一位真正的"年轻中国人"。他不懂德语，
但会"高声地说一句'very well'的赞语来表达自己喜悦的心情，
甚至拍起手来"（781页）。不过，小说主人公汉斯与这两位没有纠
葛，他迷上了一位漂亮的肖夏太太，因为她同自己的一位少年朋
友从容貌到举止非常相像。

肖夏太太是一位来自俄国，"有一双鞑靼人细眼睛的富有魅
力的女病人"（825页），"她的眼睛，不论在大小位置方面，都略
略带有亚洲人的风采"（316页）。她注意到了汉斯的痴情，并报以
赞许之意，更使汉斯神魂颠倒，几乎不能自持。这引起病友、意
大利作家塞塔姆布里尼的不满，他告诫汉斯："哦，您总爱和东方
相比，这也很容易理解。亚洲就在我们的四面八方。不论往何处
看，总能见到鞑靼人的脸。"他还说："咱们应当在门廊里为智慧
女神雅典娜树立一个祭坛，以便祛邪。"（331页）塞塔姆布里尼俨
然是位欧洲文化的卫道士及汉斯个人的保护人。作为东方的象征，
肖夏太太清楚地表明了自己相应的立场："啊，塞塔姆布里尼，我
知道。就是那个意大利人……我不喜欢这个人。他不近人情。"
（791页）

夹在他们中间的汉斯，无视塞塔姆布里尼的冷嘲热讽，明显
地倾向于肖夏太太，倾向于"亚洲"和"情"。他承认道："我深
深地爱上了她，这个我从来也不否认——您要懂得，我是晕头转
向地迷恋上她了。鉴于对她的爱和对塞塔姆布里尼先生的反抗，

---

1 （德）托马斯·曼，钱鸿嘉译，《魔山》，上海译文出版社，1991，第447页。以下对出自本
书的引文，仅在文后括号内标注页码。

我屈服于非理性的原理和疾病的天才的原理。"（869页）

托马斯·曼在这里有意无意地道出了对立双方斗争的实质：这是一场"理性"与"非理性"、"健康"与"疾病"之间的冲突。而"非理性"也正是20世纪初中西文化碰撞中，人们批评东方，尤其是老庄神秘与虚无的着眼点。

"理性"与"非理性"是分析东西方文化的总体观念，其中包含着许多具体内容。对此，塞塔姆布里尼这位西方理性主义的代表作了详尽分析。书中写道：

> 根据塞塔姆布里尼的观点，世界上有两种原则经常处于抗衡状态。这就是权力和正义，暴虐和自由，迷信和智慧，因循守旧的原则和不断变动的原则，也就是进步的原则。人们称前者为亚洲人的原则，后者为欧洲人的原则，因为欧洲是反叛、批判和实现变革的国土，而东方大陆则体现出清净无为和一成不变的精神。两种力量究竟何者得胜，这是毫无疑问的，惟有凭借启迪的力量，才能合乎理性地取得胜利。（211页）

塞塔姆布里尼毫不留情地把权力、暴虐、迷信、因循守旧等归于亚洲，又把正义、自由、智慧、进步等归于欧洲，把世界发展的进程视为这两种力量斗争的进程，并预告了"进步的原则"即理性的胜利。他还补充道："不过在达到这一目的之前，那种亚洲式的奴颜婢膝、墨守成规的原则必须正中要害地彻底打垮……"（212页）以上观点虽然不无偏激之处，因为欧洲历史本身也并非光明无瑕，但对亚洲对中国的批评也颇中要害。其中"清净无为"，显然指老庄哲学。

在小说另一处，塞塔姆布里尼重复了自己的批评观点，并对老子直呼其名：

> 哎，不，我可是欧洲人，西方人，而您的程序却纯粹是东方式的，东方人害怕活动。老子有这么一句教导的话：清净无为比天地间任何事都有益。如果世上的人都无所作为，地球上就会呈现一片升平气象，其乐无穷。那时您就得到所谓的神交了。（529页）

如果说，在这之前对亚洲和欧洲、东方与西方的品评比较中，中国形象稍嫌模糊的话，那么，这段引文中所说的"东方人"和"老子"的这种联系，已十分清楚地告诉我们，托马斯·曼书中的亚洲和东方，在很大程度上实指中国。

作者在小说中关于中西文化的评论，大都通过塞塔姆布里尼之口道出。而塞塔姆布里尼的种种意见，又大都出现在对汉斯的"教导"中。他试图把汉斯从那位"亚洲人"肖夏太太身边拉过来：

> 小伙子，说话时别学您周围那些人的腔儿吧，而应当使用那些适合您欧洲生活方式的语言！我们四周亚洲人太多了，莫斯科式的蒙古人满眼都是……您应当有自己的主见，发扬您那优于他们的本性，别受他们的影响吧。您是西方的子孙，是超凡入圣的西方的子孙，也是文明的子孙，凡是您在本性和血统方面认为是神圣的东西，您就得牢牢地抱住它，把它看作神

圣不可侵犯的！（334 页）

接着，塞塔姆布里尼举了一个具体的例子，说明欧亚谁优谁劣，事关对时间的态度：

> 光阴就是其中一例。这种任意浪费光阴的野蛮行
> 为，乃是亚洲人的风气，疗养院里那些东方的子孙对
> 此泰然置之，不以为意，原因也许就在这里吧……我
> 们欧洲人哪，我们可办不到。我们时间这么少，我们
> 那高贵而秀丽的大陆上，地盘又那么少，因此我们这
> 两方面都应该严格履行节约……（334 页）

托马斯·曼借小说人物之口对"亚洲人"的批评，不无盛气凌人的气焰，也不乏思想火花。以上关于欧亚对时空利用的不同态度的比较，即是一例。"地方大，时间多——于是他们就会俨然说，他们这个民族有的是时间，什么都可以等待嘛。"（334 页）这种从占有空间大小不同引申到对时间利用的差异的思路，不乏新鲜之处。但同时，作者在书中的某些批评也夹杂着不少流行的成见与夸张。例如："您像一个走入歧途的人，十分苦闷，这点谁看不出来呢？可是您对苦闷的态度也应当是欧洲式的，不要像东方人那样，因为东方人弱不禁风，容易生病……"（335 页）

这还是塞塔姆布里尼对汉斯讲的话。再看他的一个辩论对手纳夫塔关于中国的一段话："在中国，对文字崇拜已达到空前绝后、滑稽可笑的程度，认得了四万个汉字就能当上元帅，这种标准肯定能称一个人文主义者的心。"（743 页）

尽管对西方文明有着诸多自信自豪，塞塔姆布里尼这个欧洲的代表，并未敢对亚洲掉以轻心。他感慨地说道："重心可怕地偏向东方，而西方的要素不但直到今天仍无法与之抗衡，而且还有烟消云散之虞……"（732页）这是在悲叹自己与肖夏太太争夺汉斯的失败，还是在对当时许多人眼中没落的西方高唱挽歌？由于小说极富象征意义，不易判定。当他以保护人的身份，督促汉斯所代表的德国作出抉择时，又一次使用了相似的语言："在东方与西方之间，它必须作出抉择，它必须最终地、有意识地在各自争夺自己立足点的两个世界之间作出决定。"（733页）

小说主人公汉斯对肖夏夫人的一腔热情并未得到应有的回报。他报名上了前线。就在战死之前，他似乎还未明确自己的真正选择："这里有一个路标……是东方还是西方？"（1013页）

《魔山》一书动笔于第一次世界大战爆发前夕，那是欧洲思想界危机四伏、人心慌乱的年代。人们一般以为，这部小说通过疗养院中各色人物的不同表演，"象征性地表现了现代资本主义世界没落阶级的各种特点"[1]，但对小说中所反映的那个时代的中西文化之争，未予以充分注意。

如上所述，小说中这方面的言论大都出自塞塔姆布里尼之口，而这正是作者本人倾注感情较多的一个人物。托马斯·曼说过，塞塔姆布里尼"有时甚至是作者的传声筒，但是，绝对不是作者本人"[2]。由此可见，面对东方文化的大举侵入，托马斯·曼采取的似乎是一种抵制、批评态度。这同歌德早年对中国文化艺术的态度

1　苏联科学院编，福建师范大学外语系编译室译，《德国近代文学史》，人民文学出版社，1984，第783页。

2　同上书，第790页。

很相似。我们不能说跟随潮流便是趋炎附势，没有主见，但不赶浪头确实需要更多的勇气。话说回来，《魔山》一书具有现代派文学的虚幻及象征的特点，况且，作者几乎自始至终采用了一种讥诮挪揄的口吻。这些因素犹如一层薄雾，把作者本人同小说人物阻隔开，所以小说人物的评论不完全等于作者本人的意见，这是必须补充说明的。

二

托马斯·曼在其创作生涯中，曾予中国以极大关注，这在《魔山》一书中已有表现。当他 1933 年 2 月 11 日迫于法西斯的压力，离开自己在慕尼黑的住所时，床头放着的是库恩（Franz Kuhn）译的《红楼梦》。[1]1936 年 5 月 14 日，他在从维也纳到苏黎世的火车卧铺车厢中，读的则是德译《钟馗》一书。[2] 正是在这年 11 月，他在瑞士流亡期间，写下了《绿蒂在魏玛》的第一页。

小说以歌德晚年与其青年时代热恋过的女友绿蒂重逢为背景，展示了对德国文化的尊重、对人道主义传统的褒扬及对法西斯黩武主义的憎恶。在小说第八章中，歌德提到了大公国图书馆里一架有对各国的简短评语的地球仪，他写道：

> 关于德国是这样说的："德国人表明，他们是一个
> 与中国人极其相似的民族。"当人们想到德国人喜爱头

---

1 参见 Günther Debon, „Thomas Mann und China, Entwurf für einen Beitrag zum, Euro-Sinica-Symposion III ' " in Heidelberg 1988, S. 4。

2 同上。

街以及他们天性尊崇学术成就时，不是觉得挺有趣，而且说得也很确切。当然，有关民族心理的说法总是有它的不足之处，这样的对比也适用于法国人，甚至更合适，他们在文化方面的自我满足以及对官员的严格考试制度，与中国的情况非常相似。此外，他们也和中国人相似，是些民族主义者，虽然他们的民主信念也不是那么极端。的确，孔夫子的同胞有一句格言："伟大人物是一种公害。"[1]

以上引文中关于中国人和德国人相似的话，十分醒目。值得一提的是，青年毛泽东在1917—1918年间也曾说过这样的话："吾国宋儒之说与康德同。"[2] 不过，小说中的歌德在这里讲的是"喜爱头衔"与"尊崇学术"，接着又扯到法国人，把话题延伸到中国的科举制度。事实上，就考试制度而言，德国人毫不逊色。冯塔纳早在1878年给妻子的一封信中就已写道："知道最近才有一位严肃的人物说，我们是先中国人（Vorchinesen）。不错，这是对的。一个人一生要通过三四次考试，然后他不仅知道一切，而且会做一切。"[3]

歌德以上的话在听众中引起一阵大笑。这不是由于上述关于中国人和德国人的比较，而是由于他最后"伟大人物是一种公害"这句话。

1　（德）托马斯·曼，侯浚吉译，《绿蒂在魏玛》，上海译文出版社，1989，第365页。以下对出自本书的引文，仅在文后括号内标注页码。

2　引自李泽厚，《中国古代思想史论》，人民出版社，1985，第220页。

3　引自 Karl Christoffel (Hrsg.), „Lerne denken mit dem Herzen ", Heidelberg 1977, S. 138。

综观歌德一生，他在"伟大人物"庇护下生活优裕，文名远扬。他本人对"伟大人物"一直怀有敬畏感。托马斯·曼当然了解这点。他在小说中让歌德故意讲反话，有取乐的用意。再看绿蒂，有关中国人的话在她心头激起一阵不舒服的恐惧感：

> 的确，她的脸色变得苍白，她的嘴角痛苦地抽动着，这是她对这哄堂大笑做出的唯一表示。一个幽灵般的幻影飘浮在她的眼前：有着很多层顶盖、悬着很多小铃的宝塔下面，蹦跳着一些老迈古怪的、聪明得令人讨厌的人，他们拖着辫子，戴着漏斗形的帽子，穿着五颜六色的马甲，先是一只脚跳，然后换另一只脚跳，然后举起干瘪的留着长指甲的食指，用唧唧啾啾的语言叙说着一个透彻的、致命的、可怕的真理。（366页）

看来绿蒂对中国人印象不佳。以后在回家的路上，她这样想道："因为只有好人才懂得尊重伟大的人物。那些中国人在他们的宝塔下面跳跳蹦蹦，唧唧啾啾，真是些蠢人。"（378页）同样，小说中的歌德在讲了上述话后，也马上收回了他关于中德民族相像的说法：

> 的确，这样的格言对我们地球上盛行的那种智慧来说，不是一个好证据，它供认是彻头彻尾的反对个人主义，这就足够把中国人和德国人相似的种种说法一笔勾销。对我们德国人来说，个人是很宝贵的——这

很有道理，因为在个人之中我们才是伟大的。（367 页）

托马斯·曼在这里借歌德之口，进行了中西民族文化比较。他在那句所谓的中国格言中，发现了暗含的反个人主义思想，并由此得出了中德两个民族实际上并非相似的结论。

对于习惯追根寻源的研究者来说，一个重要的问题尚未解决，即"伟大人物是一种公害"这句"中国格言"出自何处？根据托马斯·曼研究者考证，它来自尼采为其《快乐的知识》所写的一段补遗。托马斯·曼读过这段文字，并做了勾画。[1] 尼采写道：

> 从根本上说，一切文明都深惧"伟大人物"，惟有中国人以谚语"伟大人物是一种公害"对此承认。从根本上讲，一切机构的任务都是，使这种人物尽可能少地产生，尽可能在不利条件下成长，真是奇事！小人物为自己，为小人物操心！[2]

尼采曾在多种场合重复过诸如伟大人物是罪犯之类的论点，表明他反对英雄崇拜和理想主义的立场。他认为，一切形式的崇拜都是自我贬值的软弱行为。他提倡个人的独立与创见。但是，在众多中国格言中，却似乎找不到哪怕只是相近的话语。只有孔子说过："君子有三畏：畏天命，畏大人，畏圣人之言。"（《论语·季氏》）不过这里的大人或指王公贵族，或是"圣人"的同义词。整个句子有"敬畏大人物"之意，与尼采不符。这显然是一段中

---

1 参见 H. Siefken, „Thomas Mann. *Goethes–* ‚Ideal der Deutschheit ' ", München 1981, S. 31, 89, 240。

2 引自 Günther Debon, S. 12。

国和尼采之间尚需明断的官司，与托马斯·曼无涉。且看托马斯·曼摘引这句话的用意。

小说《绿蒂在魏玛》如前所述写于流亡时期，而包括上面引文的第八章成于第二次世界大战爆发前后。那时，作者从瑞士经英国流亡美国，躲避希特勒法西斯的迫害。从这个背景看，"伟大人物是一种公害"是在影射希特勒法西斯及其造成的"公害"。托马斯·曼 1939 年 12 月 26 日给儿子戈罗的一封信可以为此作注：

> 害怕的是，德国由此要失去它的"伟大人物"，俾斯麦和弗里德里希，和平将不得不建立在一个主要民族的精神迷乱和无家可归上，这是危险和可悲的。但是，一个像德国人那样陷入迷误、如此笨拙地误解政策并最后随同它的"伟大人物"追随希特勒的民族，还能期待其他什么呢？[1]

这段话不仅证实了我们以上对"伟大人物"含义的猜测，而且显示出，托马斯·曼在第三帝国处在不可一世的登峰造极时期，已预见了它的灭亡。

同尼采一样，托马斯·曼对"伟大人物"的批判，看来主要是从群众对他们的盲从与轻信这一角度出发的。对此，他 1947 年 11 月 26 日给友人的一封信可资参考：

> "伟大人物是一种公害"，中国人说。德国伟大人

---

1 引自 Günther Debon, S. 16, 17。

物尤其如此。路德难道不是公害？歌德难道不是？请您仔细观察他，在他那自然真诚的反道德主义中有多少尼采的无道德主义！当时，一切都是美丽、明朗、古典式的。然后变得荒谬、迷醉、苦难——悲伤和罪恶。[1]

　　第二次世界大战结束后，德国人民痛定思痛，众多知识分子在德国的历史文化传统中寻找这场悲剧的渊源。托马斯·曼有着强烈的忧患意识，更不例外。他重又记起了尼采著作中的这句"中国格言"，不仅在希特勒法西斯及其追随者身上，而且还在被极端民族主义者所利用的路德（Martin Luther）、歌德等民族精英那里搜寻"恶魔"。对他来讲，问题的关键似乎在于对大众的呼吁：不要追随"伟大人物"，以防止产生"公害"。——一句所谓的中国格言，就这样被赋予了反法西斯主义的新意。

　　与另外两位德语作家黑塞或卡内蒂相比，托马斯·曼对中国的研究没有那么专注与投入，但也为后世留下不少有趣的课题。本文所论未及全部，容有机会另作续说。

（原载《中国比较文学》1994 年 2 月号，原题为
《托马斯·曼〈魔山〉中的中西文化评论及
〈绿蒂在魏玛〉中的"中国格言"》）

---

1 引自 Günther Debon, S. 16, 17。

辜鸿铭：拯救欧洲文明于崩溃

说来惭愧，我生得迟，且寡闻，初识晚清名人辜鸿铭，竟是通过一篇外国人的文章。那是德国作家艾希（Günter Eich）的《欧洲反中国》（1927）。此文劈头便道："几年前出版了中国人 Ku Hung Ming 的一本书，名为《中国对欧洲思想的反抗》。但很久以来就有一些糟糕的欧洲人，试图把自己连同我们大家都变成中国人。欧洲也应奋起反抗中国思想。这难道不重要？"

游学异域，弄清 Ku Hung Ming 是为何人，费力不小。接着找到这本辜氏英文著述的德语译文集，依次辑有《文化与无政府主义》、《扩大眼界》、《中国牛津运动的故事》、《致华北日报编辑的一封公开信》四篇。书中有辜氏一惊世骇俗的论点：中世纪基督教十字军东征曾使欧洲教会文化崩溃，而以殖民政策为内容的欧洲现代十字军东征，将使欧洲被东方彻底征服。物换星移，历史显然走向了辜氏预言的反面。但究竟是谁真的想把欧洲变为中国，我一直不甚了了。近读辜氏《春秋大义》，才略有所悟，想把欧洲人变为中国人的，该是辜鸿铭。

《春秋大义》是辜氏英文著作《中国人的精神》（*The Spirit of the Chinese People*）的中文书名。辜氏开卷即说："此书旨在阐释中国文明的精神并展示其价值。"但事实并非完全如此。书中不仅论及"拯救欧洲文明于崩溃"，而且还谈到"把欧美人改变成真正的中国人"。为此,他对西方疾呼:"不要唤回牧师,更不要去叫小民,请把中国人找来,有着良民宗教、二千五百年经验和懂得怎样没有牧师和士兵的和平生活的中国人。"

此书第一章是"中国人的精神"。辜氏以柔顺的毛笔比粗硬的钢笔更能优美地写字作画为例,为中西民族定下优劣。他承认中国的自然科学不及欧洲,但辩解道,这并非无能,是因为有赤子之心的中国人厌恶肢解生灵以取得科学结论的野蛮行径。他也承认,大多数中国人没有欧洲意义上的宗教信仰,因为道教或佛教更多地服务于审美体验而不具宗教目的。但这也不是落后,因为中国人在儒学中拥有对应的哲学或伦理系统,其受到大众认可的基质与基督教相同。差别在于,基督教让人做"好人",儒教则教人做"好公民"。所以,它们"一种是个人的教会宗教,一种是社会的或称国家的宗教"。那时中西文化比较尚未发达,这些论点不乏新意。

第二章是"中国妇女"。辜氏以比较东西方不同的理想妇女形象入题。东方妇女勤劳持家,西方妇女优雅漂亮。辜氏的价值取向一目了然:西方妇女的偶像圣母玛利亚和缪斯,她们"只配作为画像挂在屋中。倘若你塞给缪斯一把扫帚或把圣母玛利亚支入厨房,那么你所看到的只是乱成一片的屋子,清晨也许根本吃不上早餐"。对辜氏的诙谐犀利已有耳闻,但他竟把玩笑开到圣母和艺术女神身上,今日才算折服。作为现代欧洲妇女典型,辜氏提到小仲马笔下的茶花女。在他眼中,这个"不做家务、穿着华丽、胸前配一朵茶花让人照相"的女子,正是西方虚浮文明的象征;而他指斥正是这样一个人物甚至被搬上中国舞台,也蕴含着对当时中国世风的愤懑。面对西方妇女解放呼声高涨,辜氏详述中国妇女的三从四德；针对有人质问，为什么偏要妇女做出牺牲，他辩解说："难道男人不也做出了牺牲？他受苦受难，赡养家庭……而且还要为他的皇帝、他的祖国履行自己的义务，必要时甚至献出生命。"辜氏是主张娶妻纳妾的，因而屡遭西人责难。但这反而引出他诸如一个茶壶配几个茶杯、一只打气筒配几只轮胎之类的巧辩，让人听了张口结舌。在这里，他则正言正色地写道："对我来说，纳妾的中国达官，不比在大街上把一个无助的女子拉入汽车，同她欢度良宵后又把她扔到街上的欧洲人不道德。"因为纳妾的中国人毕竟有勇气对自己女人的生活负责。他愤然怒斥："事实上，如果说中国达官自私，那么汽车内的欧洲人不仅自私，而且是胆小鬼！"言辞之间，显示出道义操守上的自信。此外辜氏还细述了中国婚姻风俗的大礼，以示这种传统婚姻制的庄重与严肃；揣其用意，是对西方男女关系随意性的另一批评。

第三章讲"中国语言"。他先把汉语分为书面语和口语，它们分属知识阶层和非知识阶层。此说不陌生。但其结论是，所以中国没有半文化人。这有些令人不服。但他意不在此，而是在为向西方发难作铺垫。他接着说，在欧洲随着拉丁语失去日常生活的功能，出现了大批"半文化人"。他们同真正的文化人使用同一种语言，谈论文明、自由和平等，但对其含意一窍不通。而欧洲的危险即出于此。然后他又把笔锋指向那些西方所谓的中国通，说："现代欧洲的教育注重数量而非质量，容易使人肤浅。"而肤浅的欧洲人学不好深奥的汉语。显然，就是在这篇中国语言的专论中，辜氏同样打破了此书论题的框架，借阐述中国精神之名，行撞击西方文明之实。

美国公理会教士阿瑟·史密斯（A. H. Smith）写有《中国人的

性格》（1892）一书，名噪一时，鲁迅也为之瞩目，希望有人将它译成汉语，以供国人自省。但辜氏对此不以为然。第四章"约翰·史密斯在中国"就是拿这本书开刀的。他假为一问一答，以谴责西方殖民政策及物欲文明。共计十三条（这个数字显然是辜氏故意送给史密斯之流的），文云："1. 人生主要目的是什么？人生主要目的是美化大不列颠帝国。2. 你信上帝吗？是的，如果我进教堂。3. 如果不在教堂，你信什么？我信利息及能获取报酬的东西。4. 什么是正确的信仰？相信每个人自己才是自己最亲近的人。5. 什么是正确的工作？把钱塞入自己的钱包。6. 什么是天堂？天堂意味着能住在百老汇大街和坐维多利亚马车。7. 什么是地狱？地狱意味着一事无成。8. 什么是人的完美境界？罗伯特·哈特在中国的税务司职务。9. 什么是亵渎神明？说罗伯特·哈特不是伟大的天才。10. 什么是最令人厌恶的罪孽？妨碍大英帝国的贸易。11. 上帝为什么创造了四千万中国人？以便英国人能同他们做生意。12. 倘若做祷告，你的祷词是什么？主啊，我们感谢您，我们不像那些不信神的俄国人及粗鲁的德国人想瓜分中国。13. 谁是盎格鲁—撒克逊在中国最伟大的基督徒？《泰晤士报》在北京的记者莫里森。"虽同取问答体，辜鸿铭自无屈原喝问天地的气势，但也再次让人领略了他高超的讥讽揶揄本领。

第五章论"一个伟大的汉学家"。辜氏继嘲弄美国传教士后，又挖苦英国汉学家贾尔斯（H. A. Giles，一译翟理斯）。他欲抑先扬，赞美贾尔斯关于中国的著述汗牛充栋，结论却是："他能译中国文学，但缺乏阐释和理解中国思想的能力。"由此，在辜氏看来，贾尔斯的《华英字典》和《古今姓氏族谱》，或是乱无章法的语句汇释，或是缺少判断力的姓氏杂编，而那本著名的《翟山笔记》，仅向世人炫耀了作者浅薄的汉学知识。第六和第七章是"中国学者"的上下篇，它们在批判西方的东方学上，与第五章取意相同。辜氏只是把对贾尔斯的挑剔扩展到整个西方汉学界，对英、法、德、美等国约二十位汉学家极尽嘲讽讥弹，却对德国人法贝尔（E.Faber，一译花之安）情有独钟。他说："我们发现，他所写的每个句子几乎都显示出对文学和哲学原理的一种悟性。这点我们在同时代的其他学者身上是看不到的。"这是孤傲不羁的辜鸿铭对一位外国汉学家难得的首肯，但恭维中凸出对旁人的又一次贬抑。

《春秋大义》正文就此收束。综上所述，辜氏与其说是在介绍中国精神，不如说是在驳斥西方文明，对西方学界玩了一场"挂羊头卖狗肉"的把戏。不仅如此，此书还有一篇与书名更不相干的附录："小民崇拜的宗教或战争和战争的出路"。标题后半段出自英国剑桥大学教授迪金森（L. Dickinson）的"战争和战争的出路"一文。迪金森在此文中把结束欧洲战乱的希望寄予人民大众的团结奋起。辜氏则对他当头棒喝，不！正是众生的鼓噪把当权者和士兵推入战争！辜氏认为，欧洲祸乱之本是存在小民崇拜，政府成了被宪法捆住手脚的摆设，士兵成了没有思想的机器。而小民的心理特征是相信"人之初性本恶"，其结果是轻则彼此提防，重则互相残杀。辜氏开出这么一个药方替西方祛病除害，"重新拟订一个我们中国人在中国、在良民宗教中所拥有的那样一个忠义大宪章"。毫无疑问，辜氏在此涉及现代民主制的弊端。但他并未像柏拉图那样要求施行领袖统治，而主张以中国儒学去改善西方人性。至此，全书题旨前后共鸣，即要"拯救欧洲文明于崩溃"，必须"把欧美人改变成真正的中国人"。这是许多西方学人不愿听的。无怪乎艾希要振臂呐喊"奋起反抗中国思想"。

说实话，辜氏此书结构稍嫌松散，思路也欠缜密。尤其是他对中国传统礼俗的叨叨絮语，有时让人起疑，这位秉性傲岸的名士，是否也在迎合洋人的猎奇口味？然而他在这本英语著作中不时用德语征引歌德的箴言警句，放在书前篇首，并学卡莱尔风格，引文通常不注出处，引起我卒读全书，特别是钩稽考索的好奇。以下仅举一例。

打开《春秋大义》扉页，赫然入目的除有中英文书名以及辜氏学生梁敦彦毛笔手书"原华"二字，还有两行德语诗句，汉译是："世上有两种和平力量：/公理和礼义。"它们出自歌德的《格言与反省》。辜氏以歌德诗句作为全书题词，既表达出他关于正义和礼教的信念，也显示出他对德国文化的显扬。联系到辜氏著述对德国学术的偏爱（多部论著与此有涉），以及对德国学界的影响（以上艾希对他的评论就是一例），可说辜鸿铭与德国，乃是蕴涵丰富的另一课题。

（1995 年 2 月 15 日寄自德国海德堡大学，原载《书城》

1995 年 3 月号，刊登稿结尾部分经编辑改动，

今大体恢复原状）

海德格尔的翻译思想

有关翻译问题的学术讨论持久不衰。出人意外的是，翻译问题还受到海德格尔这位本体论大师的特别留意。这大概由两点促成：一是他本人的翻译实践；二是他对陌生文化的浓厚兴趣。本文拟从较能表现海德格尔翻译观的《阿那克西曼德之箴言》一文入手，旁及其他文章，对海氏的翻译思想粗陈管窥之见。

一、字面翻译、意义转渡、跳跃鸿沟

到目前为止，翻译理论界的主流问题乃是直译与意译的优劣之争。海氏在《阿那克西曼德之箴言》中，开篇即直面此题，品评尼采和第尔斯（H. Piels）阿那克西曼德箴言的译文，说："第尔斯的译文有几处在字面上更严格些。但只要一个译文仅仅只是按字面直译的，那么它就未必是忠实的。只有当译文的词语是话语，是从事情本身的语言而来说话的，译文才是忠实的。"[1]海氏在这里明显喜前恶后，反对一字一译、对号入座的译法。

海氏对第尔斯译文的批评是其翻译观的产物。他以为翻译并非如打开词典、找出对应词那么简单，"因为一本词典既不能把握

---

1 孙周兴主编，《海德格尔选集》（上），上海三联书店，1996，第532页。

也不能保持使诸多词语达乎词语而表达出来的那个词语"[1]。翻译的关键在于表达词语后的"道说"（Sagen），而"道说"是无法通过字面的直译传达的。依靠词典按部就班的译法他不仅不喜欢，而且深恶痛绝。在《艺术作品的本源》一文中他也谈及这点："从希腊名称向拉丁语的翻译绝不是一件毫无后果的事……在似乎是字面上的、因而具有保存作用的翻译背后，隐藏着希腊经验向另一种思维方式的转渡。罗马思想接受了希腊的词语，却没有继承相应的同样原始的由这些词语所道出的经验，即没有继承希腊人的话。"[2]更严重的是，"西方思想的无根基状态即始于这种转渡"[3]。海氏在此把西方的所谓"无根基状态"归咎于翻译，以此赋予翻译一个在文化史上举足轻重的地位，并且由翻译批评转入文化批评。

海氏在以上引文中所用的"转渡"（Übersetzen）一词，用他自己的话来讲，与翻译一词是"同一者"（das Selbe），但不是"相同者"（das Gleiche）。区别在于后者是不可分动词，前者是可分动词，有从一岸到另一岸的"摆渡"、"渡河"之意。海氏用前者，在此突出的正是该词的原始意义，用以区别"意义的转渡"与"字面的翻译"的差别。让我们再回到《阿那克西曼德之箴言》上。海氏说："我们必须转渡到箴言之所说由之达乎语言的那个东西上去……"而这个东西"指的是箴言之所云，而不只是箴言所表达出来的东西"[4]。海氏推崇的以"意义转渡"代替"字面翻译"

---

1 《语言的本质》，《海德格尔选集》（下），第 1095 页。

2 《海德格尔选集》（上），第 243 页。

3 《海德格尔选集》（下），第 1244 页。

4 《海德格尔选集》（上），第 551 页。

的主张明白无疑。

不过，实现这个意义转渡并非如同渡河那么简单。横亘在主客语之间的鸿沟往往难以逾越。海氏对此了然于胸，所以提出，通过跳跃克服这个鸿沟，"运思着转渡到那个在箴言中达乎其语言的东西那里，这乃是跳跃一个鸿沟"，而且"此鸿沟不仅仅是二千五百年之久的年代学——历史学的距离"[1]。海氏在此明确指出了翻译的困难，尤其是翻译诸如《阿那克西曼德之箴言》那类典籍的困难——时间的迁移、语言的畸变、理解的误差以及原意的消隐。翻译绝非仅靠字面到字面的转换而能成功。

海氏在此以形象的语言，描述了转渡及跳跃的困难，但根据其建议本身所包含的可能性，我们也许可以设问，倘若有人经过"长时间的和慢慢的准备"[2]，越过鸿沟，能否瞥见那个"道说"？海氏的回答是否定的，实在令人惊讶。在《什么召唤思？》中，在讨论跳跃时他讲："这一跳把我们带向的地方并不只是对岸，而是一个全然不同的境地。"因为，"应被思的东西从人那里扭身而去。它避人远去，留滞于自身"。也就是说，被寻找的东西"拒斥抵达它的企求"[3]。其中原因何在？海氏在《走向语言之途》中援引洪堡特的一段话可为此注："就其现实的本质来看，语言是某种持续地每时每刻消逝着的东西。"[4]也就是说，语言的实质先人而在，先人而去，"道说"无法真正把握。这正应了汉语中道隐无名，不

---

1 《海德格尔选集》（上），第 539 页。

2 出自 „Was heißt Denken ? ", 译引自 Hans-Dieter Gondek: „Logos und Übersetzung Heraklits-Lacan als Übersetzer Heideggers". 载：Alfred Hirsch: „Übersetzung und Dekonskruktion ", Suhrkamp 1997, S. 323.《什么召唤思？》一文有一繁一简两个版本。孙周兴主编《海德格尔选集》中的汉译依简本，由此失去海德格尔论翻译的一些段落。

3 《海德格尔选集》（下），第 1210—1211 页。

4 《走向语言之途》，《海德格尔选集》（下），第 1127 页。

可致诘的话。但这也形成了召唤译者的魅力。"那关照人的东西由于抽身而去,所以总是以一种颇为神秘的方式来关照人。抽身,这应被思的东西抽身而去,在今天成了一个事件,它比一切现实的东西都更具当前性。"[1] 换言之,语言的本质不是"在场",而在于"缺席"。由于"缺席"产生"召唤"。产生了让人眷顾的魅力。这是海氏哲学诗意的一面。

二、阐释的循环及突破的方法

既然语言本质的缺席是现实,受召唤是命运,译者又该如何去促成这可译与不可译之间的生成转换? 海氏的建议极富启示。他的名句之一是"每种翻译都是解释,而所有的解释是翻译"[2]。把"解释"(Auslegung)与"翻译"等同起来,其道理不言自明。因为就他看来,翻译绝非字面的转换,而是意义的过渡。此处有必要提一下海氏对此作出不小贡献的"阐释学"(Hermeneutil)。最初,它泛指对《圣经》记载的神谕及古代文献的诠释。近代以后,经过施莱尔马赫(Friedrich Schleiermacher)和狄尔泰(Wilhelm Dilthey)等人的工作,它被赋予了一种对人类历史文化活动的各类文本进行理解和阐释的意义。但是,一切阐释都以一种在先的理解为前提,而这种在先的理解又往往牵制甚至规定阐释,因而阐释会陷入循环,所谓最终的阐释也就成为一种空想。与阐释一样,解释也躲不开不断解释的怪圈。两个难题海氏都未彻底解决。

---

1 《什么召唤思? 》,《海德格尔选集》(下),1211 页。

2 译引自 Gondek, „Übersetzung und Dekonskruktion ", S. 269。

或许有鉴于此，海氏诉求于一种独特的解蔽方法——倾听语言。"为清除偏见，我们必须下决心去倾听"[1]，亦即"不顾及以后的哲学和由它对这个思想家所作的解释，如同从语言的清新中倾听这个箴言"[2]。而这个"清新"（die Frische）又被他称为"寂静之音"，因为"语言作为寂静之音说话"[3]。这个方法的好处是："如果我们一旦能够倾听这个箴言，它就不再作为一个在历史学意义上早已过去了的意见向我们说话了。这样，它也就不能把我们引诱到一个徒劳无功的意图中去……"[4]这种以凝神静听捕捉语言真谛的建议，是海氏力求摆脱阐释循环，避免任何遮蔽的尝试，凸显了他突破前理解先验图式的努力。

三、语言的本质及其对翻译的制约

但是，就算译者摆脱繁复解释文本的纠缠，听见那个原始的、代表真理的声音，他能否或者如何译出它？海氏没有回避这个棘手的问题。他说："但假如我们一旦倾听到这个箴言之所说，那么，是什么东西驱使我们力图去翻译此箴言呢？我们如何通过箴言之所说，以使我们的翻译免去任意之虞？"他自问自答："我们束缚于箴言的语言。我们束缚于我们自己的母语。就此两者而言，我们根本上乃是束缚于语言和对语言之本质的经验。"结论是："只消我们没有经验到这种约束力，那么，任何一种对箴言的翻译

---

1 《什么召唤思？》，《海德格尔选集》（下），第 1215 页。

2 出自 „Was heißt Denken？" " 译引自 Ludger Heidbrink: „Das Eigene im Fremden. Martin Heideggers Begriff der Übersetzung ", 载：„Übersetzung und Dekonskruktion ", S. 354。

3 《语言》，《海德格尔选集》（下），第 1001 页。笔者对译文稍有改动。

4 《阿那克西曼德之箴言》，《海德格尔选集》（上），第 538 页。

都必然表现为纯粹的任意独断。"[1]

海氏以"我们束缚于我们自己的母语"这一论断,展现出其翻译理论的又一层面。他曾在另一场合这么说:"人们以为,翻译是一种语言进入另一种语言、外语进入母语或相反的转换(Übertragung)。但是我们没看到,我们也不断地把我们自己的语言、母语译入它本身的词语。说和道自身是一种翻译,其本质无论如何不可能在译语和被译语属于不同的语言这种情况中化解。在每种交谈和自我交谈中存有一种原始的翻译。"[2] 也就是说,翻译是语言固有的本质,它不仅存在于从一种语言到另一种语言的转换中,而且涉及母语内的传承。翻译不仅是人类某种有意识的语言活动,而且是人类存在的一种方式。历史的变迁和语言的畸变不仅干扰通常的主客体之间的翻译,而且还是母语内部的固有问题。海氏的论点无疑给本已困难重重的翻译雪上加霜。因为准确的翻译除了受制于对原文的理解和阐释,还受缚于母语的前结构。

海氏对翻译的这种理解与他对语言本质的看法一脉相承。就他看来,说话者之所以能说话,归根到底是因为他原属语言。这在其"语言的本质"一文中有清楚的表达。文中,海氏以德语作家斯蒂芬·格奥尔格的诗《词语》为例,反复阐释其中的最后两句诗:"词语破碎处,无物存在",并总结其意为:"任何存在者的存在居住于词语之中",而"人之为人,只是由于人接受语言之允诺,只是由于人为语言所用而去说语言"[3]。这也就是说,语言并非

---

1 《阿那克西曼德之箴言》,《海德格尔选集》(上),第 538—539 页。

2 译引自 Gondek, „Übersetzung und Dekonskruktion", S. 270。

3 《海德格尔选集》(下),第 1068、1099 页。

人的工具，语言的出现在先，人的出现在后。人言只是对语言之言的附和。以此推论，翻译者当然也居住在语言之中，受外语干扰，也为母语左右。

四、解蔽举例和结语

说了半天译事之难，海氏本人是否放弃了自己的尝试，否定了解蔽的可能？不。他知难而进，尤其在追寻语言的早先（die Frühe）方面做出了令人耳目一新的努力。此处拈出两例。其一来自母语，其二出自外语。先看前者。在《什么召唤思？》一文中，"召唤"一词原文为 heißen。此字今天的习惯意义是"取名"、"称呼"。倘若按此意，《什么召唤思？》就成了"什么是思？"。但是海氏没有在习惯意义上使用该词，而是从《新约·马太福音》第八章第十八节中引例，谈这个词与拉丁文 iubere 的关系，找出这个词的原始意义"呼唤"。他指出："为什么我们偏爱（哪怕是无意识地偏爱）这习惯的意义呢？……heißen 这个词不顺眼的意思……恰好是这个词的真正含义，这一含义孕生于这个词中，并且唯一居留于其中，而其他含义则不过是从这一居留含义中引发出来的。"针对"heißen"一词的习惯意义，海氏批评道："语言玩弄我们的言谈，以至于它使我们的言谈飘移到词语的更为表面肤浅的意义上去了。"[1]

另一例是汉语"道"的翻译。在海氏生活的年代，老子学说已流行德国。海氏本人也曾与中国学者萧师毅合作，打算将《老

---

1 《海德格尔选集》（下），第 1225—1226 页。

子》一书译成德文。在海氏那个时代，人们大多从概念化、抽象
化的衍生意义上来理解并翻译"道"字。海氏自己提出的就有
"理性"、"精神"、"理由"、"意义"、"逻各斯"等各种译名。他批
评说："人们太容易仅仅从表面上把道路设想为连接两个位置的
路段，所以人们就仓促地认为我们的'道路'一词，是不适合于
命名'道'所道说的东西的。"而事实上，他说："也许'道路'
（Weg）一词是语言的原始词语，它向沉思的人道出自身。老子诗
意运用的引导词就是'道'（Tao），根本上意味着道路。"紧接着
他总结说："但'道'或许就是产生一切道路的道路，我们由之而
来才能去思考理性、精神、意义、逻各斯等根本上也即凭它们的
本质所要道说的东西。"[1]

以上两例各牵涉到对母语和外语的理解或翻译，但海氏所用
方法一致，即抛开以往思维定式，进行词语溯源，实践他在《阿
那克西曼德之箴言》中提出的方法，"我们的思想在翻译之前就
必须转渡到那个希腊文道出来的东西那里"[2]，从而显露为人荒疏
了的语言本意。时至今日，尤其随着现代语言哲学的勃兴，人们
越来越热衷于以哲学、逻辑学，乃至心理学等学科的方法，以各
类主义学说、概念框架来解剖语言，指导翻译。语言本意的确有
日见萎缩、得到遮蔽的趋势。海德格尔以孩童般未受历史环境干
扰的惊奇姿态，引导人们换一副眼光审视语言，解构传统的翻
译思想，对被现代文明污染的语言本质表现出忧虑，对过度科
学化分析的倾向给予反拨。诚然，理想的翻译可能需要各种方
法的多元互动，但是海德格尔倡导在翻译中以本意为先、审视词

---

1 《语言的本质》，《海德格尔选集》（下），第1101页。

2 《海德格尔选集》（上），第539页。

语源流，重视被遮蔽的思想，这一点无疑给翻译界带入一股启人心智的清风。

（原载《外国语》1999年5月号，
原题为《海德格尔翻译思想试论》）

歌德译介在中国

——为纪念歌德二百五十年诞辰而作

在德国求学的那些年中，去过几次名人博物馆，也见过几幅名人画像。其中一幅令人难忘。那是蒂施拜因（J. H. W. Tischbein）作于1787年的《歌德在坎帕尼亚》。画像真人般大小。歌德坐靠大石，背衬古罗马废墟，现沉思状。画面静穆。

重见此画，是今年上半年。德国国际文化交流中心为纪念歌德二百五十周年诞辰，到处分发一本小书，题为《歌德——诗人，自然研究者，国务活动家》。封面上即是此画。德国产生过众多文化伟人，但歌德显然是德国面对世界的第一骄傲。有这次如此规模的纪念举措为证。他在本土受到厚待，在中国亦同。撇开李凤苞（1834—1887）《使德日记》中提及"果次"（歌德）不论，在文字上对他最早表示出无比热情的，可能不是学术界一般以为的、鲁迅1907年的《人之历史》一文，而是晚清名人辜鸿铭。其1898年在上海出版的《论语》英译，副标题即是"引用歌德和其他西方作家的话注释的一种新的特别翻译"，颇有以德人歌德注中国孔子之势。另外，他在1901年的《尊王篇》和1905年的《春秋大义》中也几度引述歌德。而马君武在其《马君武诗稿》（1914），周瘦鹃在其《欧美名家短篇小说》（1917）中，分别收入了歌德诗歌和小说的汉译。影响更大的是郭沫若的译本《少年维特之烦恼》（1922）。此书首版后不仅重印数十次，而且引出众多重译。接踵而至的是歌德的剧作《浮士德》第一部（1928），同由郭沫若译。它又带出周学普的全译本，1935年初版。总之，从20世纪初至1949年的五十年间，歌德的主要作品不少被译成汉语。据我个人粗略统计，其中至少有中长篇小说及自传四部，剧本七部，诗歌上百首，诗集三部，另有一些短篇故事和童话。新中国成立之后，尤其是20世纪80年代初以来，对歌德作品的译介如日中天，很难在这篇短文中一一细述。以《浮士德》为例。这部艰深之作的重译在过去的二十年中至少有五部，它们分别是钱春绮（上海译文）、董问樵（复旦）、樊修章（译林）、绿原（人民文学）和杨武能（安徽文艺）的译本。而《少年维特之（的）烦恼》，仅我本人收集的就有十个译本，分别为侯浚吉（上海译文）、杨武能（人民文学）、胡其鼎（湖南文艺）、黄甲年（长江文艺）、马惠建（长江文艺）、劳人（远方）、丁锡鹏（花山文艺）、韩耀成（译林）、仲健（漓江）、郑信（漓江）、江雄（甘肃教育）的译本和拙译《青年维特之烦恼》（北岳文艺）。但热闹之下掩盖着一个令人沮丧的现实。这些译本多为新中国成立之前已有译本的重译，少有新译。1920年，田汉、宗白华、郭沫若三人合著《三叶集》，书中建议："我们似乎可以多于纠集些同志来，组织个歌德研究会，先把他所有的一切名著杰作……和盘翻译介绍出来……"期许至今没有实现。此次为纪念歌德诞辰二百五十周年，上海译文出版社赶出了六卷本《歌德文集》，装帧精美，让人不忍释手，只可惜它们仍旧为旧译新版。就是对河北教育出版社预告的（也许已出而我尚无缘见到）《歌德文集》，恐怕也不能寄予太高的希望，鉴于目前的学术氛围。而旁观近邻日本，至少已有两种《歌德全集》在案。我们何时能够克服商业主义带来的浮躁，走出浪费人力物力的反复重译的怪圈，向中国读书界奉上一部中国的"歌德全集"，让读者一窥歌德作品的全貌，并了却八十年前文坛巨擘们的夙愿？

收束这篇短文前，再看一下德国国际文化交流中心的那本小书《歌德》。书中辟有"论歌德"一章，集中了德、法、西、英等国八名著名作家、学者对歌德的评语，其中有一位亚洲代表。猜猜是谁？别奢望是中国人。他是日本日耳曼学家木村直司。顺提一句，约三个星期前在日本见过他。别人介绍，他就是一部日本《歌德全集》的主编。

（1999 年 9 月 12 日于上海，

原载《文汇读书周报》1999 年 10 月 2 号）

《祖国歌》的原作者是谁?

王韬在《普法战纪》(首序1871)中译出的《祖国歌》,今天被学术界视为汉译德诗之嚆矢,地位显赫。此诗蔡锷读过,阿英录过,近年来马祖毅先生在《中国翻译简史——五四以前部分》(1984),郭延礼先生在《中国近代翻译文学概论》(1998)中或是重录,或是点评。岁月递嬗,复制不断,名更显扬。但他们都没道出作者为谁。这给德语文学汉译史留下一桩疑案,叫人煞费猜详。吴晓樵先生作"王韬译《祖国歌》的原作者恩斯特·阿恩特"(《中华读书报》2001年1月3日)一文,其标题赫然点出此诗作者,值得格外关注。吴先生此文介绍阿恩特(Ernst Arndt)在中国的译介,史料运用之裕如,令人感佩。其文眼应为这段文字:"实际上,经笔者调查,《祖国歌》的原作者为德国反拿破仑解放战争时期的杰出诗人恩斯特·莫里茨·阿恩特。"其实,这首译诗至迟约六年前已为中国学人考出所本。来自北京的Na Ding在其1995年慕尼黑大学的博士论文(„Die Rezeption deutschsprachiger Literatur in der Volksrepublik China 1949—1990")中,已经澄清《祖国歌》为德国诗人阿恩特作,并在论文中晓示发现过程:起先想依靠汉译中附有的德国地名,但徒劳无功;后听说此诗曾被谱曲,才在巴伐利亚国家图书馆的音乐作品馆找到原文;因文本古旧不能复印而手抄,又因原文系花体字而求他助。沿波讨澜,委实不易。

不过手抄似可不必，在一般德国大学图书馆，不难借到阿恩特作品较新的版本来影印。这是另话。相比之下，吴先生文章公布结果，未及过程，亦即未谈如何考出来源。从旁推测，也有一段曲折经历。毕竟仅靠中译和几个地名，要在浩瀚的德诗典籍中甄别作者，殊非易事。

如吴先生文章所述，在晚清和民国时期推许阿恩特的尚有鲁迅和侯佩尹等人。此处补充一人：我国著名日耳曼学家商章孙（商承祖）。他在《英法美德军歌选》（商务印书馆 1939 年版）一书中，曾对阿恩特盛赞如下："扬恩德是自由战争时代内最慷慨激昂的一个作家。他本人游历过德国同欧洲其他国家许多地方，所以非常熟悉人民的心理。他不喜欢拿词藻来修饰他的诗歌，天真、朴实、活泼、热烈、雄壮——这几点是他作品的特色。每一个字，每一个句子，没有不颤动人的心弦，而发出一种壮烈的情绪。他喜善用问话或问答体裁，运用一切韵文的技术，写出心中的感触，要把一腔热血灌注于复仇雪耻这个惟一的目标，并且要把这种精神灌注到每个人的心灵中。他的诗歌不尚文饰，容易歌唱，因此是当时最受人民欢迎的一个爱国诗人。"紧随这篇《德国战歌概论》，是商章孙译六首德国战歌，领衔的即是"气势雄伟，充满战斗意识，很能够代表扬恩德的全部精神"（商章孙语）的"战歌"。兹引首段，权当尝鼎之助：

> 从军去！从军去！／天生吾侪大丈夫，／从军去，大丈夫，向前冲！／号角喇叭齐声鸣，／确堡狂飙涌汹汹，／杀声惟有争自由！

译诗无疑配合了中国人民当时同仇敌忾，反抗侵略的呼声。阿恩特那时的中译名，除吴先生文章以及"爱伦德"（鲁迅）、"昂德"（侯佩尹）、本文上提"扬恩特"（商章孙）外，另有"亚伦特"（郑振铎）、"亚尔德"（仲云）等多种。民国时期中国学者的几部德国文学史著作中不时也有他的大名泛现。

（原载《中华读书报》2001 年 3 月 21 日，
原题为《王韬译〈祖国歌〉原作者的发现及其他》）

民国时期凯泽剧作的译介

　　凯泽（Georg Kaiser）是德国著名剧作家。日本山岸光宣作，程裕青译《德国表现主义戏曲》（载《小说月报》12卷8号，1921年8月10日）是我国较早介绍德国表现主义的译文。此文第五节专述凯泽，称其《卡兰之市民》（今一译《加来市的居民》）为"表现主义中最优美的剧本"，并详述此剧内容。三年后，沈雁冰（茅盾）在其长文《欧洲大战与文学》（载《小说月报》15卷8号，1924年8月10日）中也谈及凯泽，称赞的同是这部剧作，但说它"是大战的疯狂的废墟里所产生的第一朵美丽的新希望之花"。此言费解。因为《加来市的居民》完成于1912年至1913年间，1914年首版，与"大战"即"一战"了无干系。细读上下文才豁然开朗，原来沈雁冰这里把作品的产生年份定于1920年，从而想当然地把"一战"作为比衬此剧的剧情背景。且看上述引文的上下文："一九一九年停战了，德国作家发表剧本更加自由了，于是就有最著名的……表现主义戏剧《海战》出世……翌年又有凯萨的《卡兰的市民》出世。这一篇剧本写创造的事业之新英雄精神与破坏的战争之旧英雄精神奋斗，而终之以新精神的胜利，可说是大战的疯狂的废墟里所产生的第一朵美丽的新希望之花。"《加来市的居民》原本宣扬的是为拯救家乡的自戕式牺牲精神，鼓吹的是非暴力观点，在这段文字中，成了一部反战之作。沈雁冰这里的误读，关键是弄错了作品产生的年份。而其根柢并非他本人的舛误，而由以上山岸光宣文章所致。此文就把《卡兰之市民》的出版日期注为"1920"。

稍后三年不到，郑振铎在其《文学大纲——新世纪的文学》第五节（载《小说月报》18卷1号，1927年1月10日）中也瞩目凯泽，赞赏的同是这部《加列的市民》，说它"不仅为表现主义的名作，也是新世纪德国戏曲中不常有的剧作"，并概括剧情：

> 凯撒在这剧里，写出新旧英雄之精神的争斗。英法交战，法军失败。被英军包围着的加列市忽然来了一个英使，说，如果加列能够牺牲市民六人，在明天送到英王那里，便赦免全市的人民。加列人民为了这事召集市参议会。一个代表军国主义的军官，力斥英王的提议是不名誉，情愿大家战死。一个代表人道主义的参事会员爱斯泰修却从更高尚的立足点，主张接受英军的条件，且自愿为这六人中的一个。旁的人为他所感动，也都要为市民而牺牲，这样的自愿牺牲者共有七人。爱斯泰修提议，第二天早晨在某处集合，来得最后的一个牺牲者，便留在市中，不必去。第二天，六个都来了，只有爱斯泰修不来。大家都疑惑着。不久，代替爱斯泰修而来的却是他的尸体。这六人十分感动的向牺牲之路走去。但英军却因英王诞生王子，表示祝意把六个市民赦了。

这段话从故事梗概到遣词用句，都十分眼熟。这里不惮辞费，

民国时期凯泽剧作的译介 —

161

把上提山岸光宣的文章撮抄如下，以供对勘。请看程裕青译文：

> 这一本戏曲……写出创造的事业之新英雄精神与破坏的战争之旧英雄精神奋斗。英法两国的战争，法军败了，被英军包围着卡兰市，忽然来了个英军遣来的媾和使节，说：卡兰市能够牺牲市民六人，在明天送到英王那里，便赦免全市的市民……卡兰市为了这事，召集市参事会。会议的时候，一个代表军国主义的军官，力斥英王的提议是不名誉的条件，情愿大家拼个洁净的战死。对这个议论，有个代表人道主义的参事会员爱斯泰修从较高尚的站脚点，怂恿容纳英国的条件……他自愿为牺牲的一人。当时，旁的参事会员，也被他高尚的决心所感动，愿去牺牲，一时报告共有七人……爱斯泰修便提议翌日早晨，在预定的市场上齐集，谁来得最后，便不认他有担负牺牲名誉的资格，留在市中。到了明天一定的时刻，自愿牺牲的人，多在一个寺院前的市场上集合，却只有爱斯泰修一人不来。这时候大家不免疑惑他的心事，那知不到一刻，爱斯泰修竟与尸而至……其他六人，因着爱斯泰修的激励，便从容而上牺牲的路……因英军阵中，恰于昨夜诞生了一个王子，英国因要表示祝意的缘故，特地把六个市民赦了。

两相对比，可知始末。郑振铎的文字，除了少许变动，大体囿于山岸光宣的文章。再回顾前引沈雁冰品评此剧时"创造的事业之新英雄精神与破坏的战争之旧英雄精神的奋斗"的句子，可见它也撷拾此文。继续推论，沈雁冰和郑振铎在谈凯泽时，不约而同地仅欣赏《加来市的居民》，而对凯泽其他作品未置一词，也非偶然。因为山岸光宣这篇文章在讨论凯泽时，也仅涉及这一部作品。与此文刊于同期《小说月报》的尚有山岸光宣另一论文《近代德国文学的主潮》，曾被郑振铎列入他《文学大纲——新世纪的文学》的参考书目。此文也谈起"凯撒"，至于其剧作，同样仅提及《加列的市民》（这应是郑振铎此剧译名的来源）。

其实，在前引《欧洲大战与文学》和《文学大纲——新世纪的文学》发表之前，凯泽的另一部名剧《从早晨到夜半》已由陈小航据英语译成汉语，而且正是发表在沈雁冰和郑振铎当主编（从12卷起）的《小说月报》14卷1号（1923年1月10日）上。尽管如此，他们仍满足于复述他者归纳，而不读已有译文，另作评述，使人费解。《从早晨到夜半》未受沈雁冰和郑振铎所重，却为张传普（即张威廉先生）注意。他在其《德国文学史大纲》（中华书局1926年版）中就提及"《自晨至夜半》""以富于感情胜"，但也说"论结构以《卡兰司之居民》……一剧最慎密完美，有轶出其他表现派戏剧之概"。不过张先生此书"系参考德国有名文学史多种编辑"，评语似不属编者判词。郁达夫则不同。他先在《文学上的阶级斗争》（《敝帚集》，上海现代书局，1928）中说："葛奥尔格·喀衣直尔……的戏剧《喀来的市民》……是表现正义和残虐的斗争"，然后在其《歌德以后的德国文学举目》（载《现代文学评论》2卷3期，1931年10月2日）中再谈"客衣裁"的《喀来的市民》，但未漏《从早晨到夜半》，说："这一位表现主义作家的这两篇戏剧，原也很好，不过若想把表现主义的戏剧几种合起来出一册的时候，则《喀来的市民》可以不要。"取舍之间，他偏爱《从清晨到夜半》，耐人寻味。

陈小航译本发表约十年后，梁镇从德语原文重译此剧。译名改一个字，为《从清晨到夜半》。此书由中华书局1934年出版，附有一篇颇有分量的"译者序"。梁镇对凯泽此剧褒奖道："他把时代推进得更远，在戏剧史上画出一个新纪元。"具体分析是："恺撒运用着朴素的线条，连续不断的富有生力动作，经济到不能再经济的语句，抓住全部人生，表现给我们看。"关于他和表现主义的关系，这次也有了明确的说法："他创立了表现派，同时又站在表现派圈子以外"，因为，"和别的表现派一些断续的呐喊比较，你那里能找出一种技巧像恺撒那样把'他'和'他的意愿'表现得更自然更明爽的呢？"说凯泽"创立了表现派"，有过誉之嫌，但对他与表现派主流创作之区别的明示，甚堪称道。《从清晨到夜半》讲一个银行小职员力图追求爱情，摆脱被金钱势力笼罩的庸俗世界，最后又被所谓的爱情背叛，被金钱势力吞没的故事。译序没有用这种主题概括引导阅读，而是以问代述："它是描写现代都市的腐蚀生活的文学吗？它是在抨击社会，在嘲弄拜金主义吗？恺撒在这里是不是写成功了一个人的灵魂的展开？你是不是在这一群纷扰着的人物的动作中，见到这位诗人对于大自然的一种浑然的醒觉？假如你说这剧里的语调滑稽，觉得真好笑，那是不是你自己也给取笑了在里面？"提问叩击题旨，开人思路。

检视手头资料，二三十年代，关注凯泽其人其书的中国作家，除上提沈雁冰、郑振铎和郁达夫等人，还有郭沫若。他在《创造十年》（上海现代书局，1932）中甚至说："凯惹尔的《加勒市民》，是我最欣赏的作品。"无汉译的《加来市的居民》，而非有汉译的《从清晨到夜半》，成为这几位文坛名家共同的聚焦点，揆情度理，当与他们接触到的，尤其是来自日本的参考文献有关。19 世纪末 20 世纪初，西学蜂拥而至，德国文学夹杂其间，而日本是中转站。它对西学能在中国成为主潮，作用非常。且不说郭沫若上海泰东图书局 1922 年版的《少年维特之烦恼》译自日本，就是刘大杰上海北新书局 1928 年版的《德国文学概论》也写自东瀛（两书的"序引"和"序"均作于日本）。再有，《小说月报》12 卷 8 号中曾设"德国文学研究"专栏，收文四篇，令人惊讶的是全部译自日文。足见当时日本德国文学研究对中国德国文学研究的导引力（其中两篇即上提对沈雁冰和郑振铎影响明显的《德国表现主义戏曲》和《近代德国文学的主潮》）。这个中转站弥补了中国德语人才的不足，加速了德国文学在中国的译介，往往也限定中国文坛认识德国文学的视野，甚至造成谬误流传。凯泽在中国的遭遇，仅是一例。

那个时期中国学人的几部德国文学史著作中不时也能见到对凯泽的提及，比如上引张威廉先生的《德国文学史大纲》，刘大杰的《德国文学概论》。较详细的是余祥森《二十年来的德意志文学》（载《小说月报》20 卷 8 号，1929 年 8 月 10 日）一文。他既称《卡来的市民》"尤其精到"，"作者于此盖表现德意志具有实行的精神最后转到士特麟柏喜剧式的戏剧"，也说"最成功的是《从早晨到夜半》，是写近世大都市扰扰攘攘的情景"，所言剀切。此文还简述或提及包括《瓦斯》在内的十多部凯泽剧作，实为民国时期对凯泽作品一次较完整的检阅。

（原载《中国比较文学》2001 年 3 月号，

原题为《民国时期凯泽的译介及引出的问题》）

诗意的《茵梦湖》

一、《隐媚湖》作为《茵梦湖》的前生

始料未及，谈德国作家施托姆（Theodor Storm，1817—1888）要摘引鲁迅。周瘦鹃译、上海中华书局1917年版《欧美名家短篇小说》，是民国时期外国小说苑囿中夺目一卉。

鲁迅当年曾偕周作人在《教育公报》第4号第15期（1917年11月30日）上撰文品评：

> 然当此淫佚文字充塞坊肆时，得此一书，俾读者知所谓哀情惨情之外，尚有更纯洁之作，则固亦昏夜之微光，鸡群之鸣鹤矣。[1]

"淫佚文字"、"哀情惨情"、"昏夜"、"鸡群"等皆为贬词，锋芒所指当为那时大批言情滥情之译作。

不知此前上海《留美学生季刊》3卷3期（1916年9月）载、之盎译、德国斯托蒙作《隐媚湖》是否也被鲁迅视为同类？称这篇讲痴男怨女的小说为"淫佚文字"可能太过，但若把它归入

---

1 转引自周瘦鹃译，《欧美名家短篇小说》，载《鲁迅、周作人对本书的评语》，长沙岳麓书社，1987。

"哀情惨情"类，似未尝不可。之盎译本实际上是仅包括原作十节中前三节的未完残篇[1]，当时仅仅含苞，并未怒放。直到1921年创造社异军突起，郭沫若和郁达夫等人欲以欧洲浪漫主义文学改造和刺激中国文坛的时候，才正式绽出绚丽花朵。

二、呈才示气的品评和显露性情的论争

不过，这篇《隐媚湖》还不是施托姆此书的首次汉译。《世界观杂志》1期1至5卷（1915年8月28日—12月28日）上已有司它尔牟著，端书译的《蜜蜂湖》；但它也非全译。

施托姆此书全译本1921年由上海泰东图书局出版，取名《茵梦湖》，译者郭沫若、钱君胥。到1931年的十年间，仅在泰东图书局此译再版已达十四次之多，可见卖点极佳。但数年后围绕着此书的译评或重译，一批中国文坛名家被牵扯其中。有逞示才情的评论，有争先恐后的重译，也有互相攻讦的笔伐，更有中外文学的比较等，最终留下一段色彩斑斓的施托姆在中国的接受史。

郭译《茵梦湖》的序言出自郁达夫之手。其《茵梦湖的序引》先刊于《文学旬刊》15号（1921年10月1日），后收入此译12到14版中。序言以交代写序缘起开头，即转入对施托姆的生平介

---

1 施蛰存先生为《中国近代文学大系·翻译文学集》（上海书店1990年版）所作《导言》中有："德国作家史笃姆的中篇小说《茵梦湖》，近年出版的全译本有五万字，而1916年发表在《留美学生季刊》上的译文《隐媚湖》，只有四千字。我们能说它是一个译本吗？"诘问突兀。其实，之盎译文相当严格。试以小说开头为例说明。之盎译："暮秋傍晚，有老者服饰都雅，蹀躞于途，其古式之鞋，为尘垢所蔽，若自散步归者。"上海译文出版社1987年版《茵梦湖》叶文译文："一个衣冠楚楚的老翁在一个深秋的下午，慢慢地沿着大街走来。他仿佛是在散步后回家走的，因为他的旧式扣鞋上已经盖满灰尘。"之盎以约三十字忠实地再现了叶文约五十字中的内容。简言之，之盎译文不是节译或编译，仅仅未登（译）完。

绍，插入序作者自己两段施托姆诗歌汉译后，又续介其生平与创作，并极有见地地指出：

> 我们把他短篇小说来一读，无论如何，总不能不被他引诱到一个悲哀的境界里去。我们若在晚春初秋的薄暮，拿他的《茵梦湖》来夕阳的残照里读一次，读完之后就不得不惘然自失，好像是一层一层的沉到黑暗无光的海底里去的样子。

施托姆以其体察入微、凄婉清丽的笔触，触动了那时敏感热情，又甘心甚至着意品尝孤寂和忧郁的一代青年知识分子。

郭译甫出，尚未完全铺开之际，上海商务印书馆已在1922年推出唐性天译本《意门湖》，有与泰东版一争天下之势。《文学旬刊》未左袒任何一方，既已为《茵梦湖》鸣锣，现又为《意门湖》开道。其36期（1922年5月1日）的《新刊介绍》中说："意门湖，这是唐性天君所译，研究会丛书之一。与郭沫若钱君胥二君的译本（即名为《茵梦湖》者）略有不同，而后附有斯託（托）尔姆（此书作者）的传记一篇，极为详细。商务印书馆出版。"

介绍颇为平实。但此译遭到郭沫若在《创造季刊》1卷2期中以《批评〈意门湖〉译本及其它》一文的讥评。此举引起西滢的注意，认为有所不公，因为"批评《意门湖》的作者便是《茵梦湖》的译者，旁观者或者疑心为吹毛求疵，有为而作"，所以自告奋勇，在《太平洋》4卷2号（1923年9月5日）上著文《译本的比较》，详列十九条，对郭、唐译本比照德语原文进行校勘。其结论是："草草校对的结果我们可以说唐译的文笔大不及郭译，唐本译者的德文知识不如郭本的译者，但是郭本也有错误，有时反不及唐本。"西滢扮作判官，对受审者各打五十大板，但对唐译下板更重。

而沈雁冰和郑振铎此前对郭沫若的文章反应激烈，几乎是"拍案而起"。两人联袂在《文学旬刊》45期（1922年9月1日）上撰文，打抱不平。沈雁冰以公开的化名"损"作文《半斤VS八两》，对用了"党同伐异的劣等精神和卑陋的政客者流不相上下"之语的郭沫若进行"礼尚往来"。郑振铎则以《通讯》形式写出短文，语句稍见平和，但也对郭沫若文章引有"胆大妄为，不复知人间有羞耻事"这样的话深感不悦，说："但批评自批评，于批评中而夹以辱没人格的谩骂，似乎非正当的批评态度，想亦非向不主张谩骂的沫若兄所忍出诸口的。"压抑的还是激烈。

如郑振铎上文所说，唐译《意门湖》实际上完成于郭译《茵梦湖》出版之前，并非参考郭译而作，只是出版慢了一拍。真正的重译是朱偰译《漪溟湖》，上海开明书局1927年版。《文学周报》4卷24期（1928年1月15日）曾刊此书广告。标题《漪溟湖》下"有意的重译"几字赫然在目。广告正文为：

> 施笃谟这本恋爱小说，坊间已有《茵梦湖》和《意门湖》两种翻译。但《意门湖》文句生涩，《茵梦湖》很多错误。……所以朱偰先生要做"有意的重译"。定价极廉，已买过的不妨买一本回去对照，看究竟谁译得忠实。

最后一句当为书店口吻，有让读者掏钱当法官，裁定三个译本孰优孰劣之意。

《漪溟湖》新书广告中对唐译和郭译发难的话，实际出自朱偰本人，而非书店为排除异己、抢占市场而嵌入。朱偰在自己的译序中，指责唐译："语句滞重，而错误之处复多"，也说郭译"有几十处失了真"。举出郭译错误计十五条后，他补充道，这"还不足以尽其错误三分之一"，以说明重译理由。[1] 同样，当时北大德语教授杨丙辰也对郭译颇有微词。他曾在《释滔穆的几首抒情诗》（载《莽原》12卷8期，1927年4月25日）的"译者附记"中交代诗的出处及译介缘由。出人意料，译诗出自《茵梦湖》一书，而重译的原因是由于他不满郭沫若书中的译文。兹抄如下：

> 释滔穆是德国近代短篇小说的模范作家，所著短篇小说极多，但是他的抒情诗亦是非常富有精彩趣味的；上边所译的四首本来是散见于他所著的 *Immensee*（即郭沫若所译出的《茵梦湖》）一篇短篇小说里面的，我因为不满意郭译，所以现在把它们再来重译一遍。

看来，谙熟德语的译家，常常不满郭译。这里又是一例。

撇开个别出格用词不论，间于郭沫若、西滢、沈雁冰、郑振铎和朱偰等人之间，由于《茵梦湖》译本引发的论争，反映出当时译坛批评之风相当盛行、意见交换乃为常事之风气。文坛大家由此营造出一片互不护短、直言相对、勇于争胜的活泼泼的学术氛围，使人赞叹不已。

---

1 唐弢在其书话《茵梦湖》（载《晦庵书话》，生活·读书·新知三联书店，1980）中，亦及这段译坛公案，还提到北新书局罗枚的英汉对照本。此译序文也对郭译"施以攻击"。

三、《茵梦湖》的译名和浪漫主义的胜出

郭译《茵梦湖》虽然曾是众矢之的，但仍然得到普遍认同。仅从书名翻译，即可证此不谬。继上述几个译本后，施托姆此书仅在20世纪30年代至少还有张友松、孙锡鸿、王翔和施瑛等四部重译，分别由北新书局（1930）、寒微社（1932）、世界书局（1933）和启明书局（1936）出版，却不约而同地取郭沫若书名《茵梦湖》。[1] 郭译书名就这样被不断复制，成为不争事实。当然也有过另辟蹊径的尝试。比如梁遇春上海北新书局1940年版的译名为《青春》，巴金桂林文化出版社1943年版《迟开的蔷薇》中收此书，取名《蜂湖》。这还不是巴金首用。比如陈林率、罗念生译，上海中华书局1930年版《傀儡师保尔》的"编者序"中已有这个译名。但这一切都已无法动摇《茵梦湖》这一译名的霸主地位。

探讨这个译名如何在上提六种译名中脱颖而出，知其然，并知其所以然，也颇有兴味。

德语 Immensee 是个复合词。Immen 用于地名，应无具体含义，但也会让人注意其可能的词源 Imme。它来自古德语 imbi，指蜂群或蜜蜂。See 是湖的意思。端书用《蜜蜂湖》，巴金用《蜂湖》，均为直译的典范。干净利落，原本不错。只可惜此种译法除"蜂鸣于湖"类的意象外，缺乏其他美学上的魅力。

梁遇春的《青春》纯粹是意译，应指作品男女主人公的往日韶华。但由于和原书书名彻底脱节，不具根基。况且"青春"两字也过于平实，略显乏味。

---

1 这四部译本中前三部笔者未见原书。书目摘自 Wolfgang Bauer, „German impact on modern Chinese intellectual history: a bibliogr. of Chinese publ.", Steiner 1982, S. 163-165。

其余译名均取音义兼顾手法。就音节的和谐来讲，都无可挑剔，语义上则各有不同。

《隐媚湖》中的"隐"为"隐藏"，"媚"即"美好"，但也暗含"讨好"和"巴结"义。即使取其本义，这个动宾结构的译名多少沾有几分俗气。

《意门湖》中的"意门"完全是音译。由于"意"和"门"的抽象和具体间不存在任何亲和关系，显得枯涩，整个译名缺乏艺术感染力。

《茵梦湖》中的"茵"原义为垫褥。李贺《苏小小墓》中就有"草如茵"句。也许从"绿草如茵"中以后又生发出嫩草的含义。比如段成式《和徐商贺卢员外赐绯》中有"看欲东山又吐茵"句。在汉语中，"茵"字还常被用作女子姓名。"梦"即"梦幻"。把"茵梦"视为主谓结构，倩女梦湖，奇效即现。把"茵梦"和"湖"之间的关系看作偏正结构，"茵"和"梦"这两个笔致绮丽、蕴含丰富的词也会给湖景平添几分诗意。

《漪溟湖》中的"漪溟"两字都带水气。"漪"为水波，"溟"为大海，但今天多取其"溟濛"义。与"湖"字放在一起，整个译名选字巧妙，轻雾氤氲，顿生美感。无论从语音还是语义上讲，不妨说这是恰到好处的上佳译法。

但最终《茵梦湖》胜出，实与两种译名所追求或体现的艺术风格有关。"漪溟湖"纯然写景，着眼的是音义形式上的和谐完整，所含的仅是一个偏正结构，虽不乏诗意，但更具古典主义尊重理性、祈求静穆和严谨的品格。而"茵梦湖"译名有人的介入之嫌，而且词与词之间的关系若即若离，结构滑动，显示出浪漫主义挣脱束缚、渴望自由和扬情抑理的特点。尤其是"茵梦"两字透射出女性魅力和梦幻色彩，准确地捕捉到了中国新文学运动后一代青年感伤型浪漫主义追求。[1]

四、浪漫与言情——施托姆作品常销不衰的原因

施托姆是最早介绍到中国，又最具影响力的德语作家之一。尤其是他饱含至情的小说《茵梦湖》曾倾倒无数中国文人，其魅力何在？他在中国大受宠爱的原因何在？郑振铎在《文学大纲——十九世纪的德国文学》（载《小说月报》17卷9号，1926年9月11日）中以为："他的小说大都是洽于罗曼主义的柔光中的。"郁达夫的眼光相似，他在其上及《茵梦湖序引》中说："施笃谟的艺术，是带写实风的浪漫主义艺术"，随后又补充："施笃谟所描写的，都是优美可爱的女人。"分属文学研究会和创造社两个阵营的这两位大师，在对施托姆艺术风格的判断上倒意见一致。

施托姆本人并非严格意义上的浪漫主义作家，他是一个所谓诗意现实主义的代表。但在中国的传播史上，他又的确被视为一个浪漫派大家。"罗曼主义的柔光"、"浪漫派的艺术"、"优美可爱的女人"，这些既是施托姆作品的艺术特征，也是中国五四以后一代作家和青年摹写和寻找的浪漫主义氛围，以从兵燹不断、动荡不安的社会中暂且抽身而出，在艺术中让情感张扬，求得慰藉，安抚心灵。

更重要的也许是其作品寓于诗意、长于言情的特点，又同中

---

1 赵景深谈及新文学及性的描写时，对郭沫若的创作特点恰恰用了"性的梦"这类词。此处参见李欧梵《浪漫主义思潮对中国现代作家的影响》，载贾植芳编，《中国近代文学的主潮》，复旦大学出版社，1990，第77、101页。

国诗歌小说中的这一传统有一脉相通处。避开中国文学中一大批如《茵梦湖》般感伤悲怆、讲怨女痴男的作品，且看《漪溟湖》译者朱偰当时在其译本"序"中作的一项比较：

> 《漪溟湖》本是一部言情小说，与中文小说《红楼梦》不相上下。所异者，不过《红楼梦》结构庞大，《漪溟湖》篇幅小点罢了。中文小说类多偏于"内"的描写，长于描写人的心情，尤其于表现个性方面，其方法是由内及外；《漪溟湖》则由外而内，长于"外"的描写，于自然方面，风景方面，可谓补前者之所不逮；而感情的深挚，思想的高超，尤可与《红楼梦》并驾齐驱，有过之无不及。

一为德国文学短小篇什，一为中国文学鸿篇巨制，其创作门径不同，格局大异，情调有别，朱偰的比较不可谓不大胆。置其比较的合理性、对"内"与"外"的分析不论，用"言情"二字把两书连在一起，也不可谓毫无道理。只不过"言"法不一。正如王先献当时接着朱偰的话题，撰文《〈漪溟湖〉与〈红楼梦〉》（载《开明》2卷7号，1930年1月1日）往下发挥的那样：

> 若要谈两书的区别，可说《漪溟湖》是德国式的言情，《红楼梦》是中国式的言情。中国人好矫揉造作，所以黛玉仅是中国美人的代表；德国人喜雄勇不屈，所以莱茵哈德便是德国男子的模范；《漪溟湖》用笔含蓄，有言外之意；《红楼梦》用笔冷削，富文中之

情；这是两书差异之点，也就是中德文学的特色。

有同，才能满足阅读期许，有异，才能产生独特魅力。施托姆作品在中国盛行不衰，在言情中又饱含异国情调，当为其原因之一。

（原载《中国比较文学》2002 年 2 月号，
原题为《〈茵梦湖〉在中国的译介及浪漫主义的胜利》）

少年维特还是青年维特？

"五四"新文学运动中著名文学团体创造社，享有中国浪漫主义文学代表之誉。其在中国文坛的崛起，曾被人称之为"异军突起"。但也有学者从中国古典文学中的浪漫主义传统出发，认为它既非"异军"，也非"突起"。[1] 套用这一思辨方式，可以说欧洲的浪漫主义文学，其实也非横空出世。刘大杰于 20 世纪 20 年代、在创造社发起的"革命文学"运动还如火如荼地进行时，已有言在案：

> 浪漫主义在欧洲各国的兴盛，虽说在十九世纪初期，但在十八世纪后期的德国，狂飙突起（Sturm und Drang）的运动，确实是全欧洲浪漫派的先声。哥德的《少年维特之烦恼》……已是浪漫主义的作品。[2]

严格地说，狂飙突进运动与文学史意义上的浪漫主义不能混为一谈，欧洲浪漫主义代表作中也无《维特》的位置。但是，德国的狂飙突进运动也好，歌德的《维特》也罢，确实在欧洲文学浪漫主义风格的发展史上，有过传承之功。尤其是《维特》一书，

---

1 参见刘增杰等著，《中国现代文学思潮研究》，河南大学出版社，1996，第 74 页。
2 刘大杰编，《德国文学概论》，上海北新书局，1928，第 79 页。

至少在中国的流传史上，就带有以情为主的浪漫主义特征。

李凤苞曾留下一部《使德日记》，其中记述了他1878年11月29日在德参加美国公使美耶·台勒（Bayard Taylor）的葬礼。悼词中，有人提及这位公使曾"笺注果次（歌德）诗集，尤脍炙人口"。李凤苞还进一步解释：

> 按果次为德国学士巨擘，生于乾隆十四年。十五岁入来伯希书院，未能卒业往他拉白希习律，兼习化学，骨骼学。越三年，考充律师，著《完舍》书。二十二岁萨孙外末公聘之掌政府，编纂昔勒（席勒）诗以为传奇，又自撰诗词，并传于世。二十七岁，游罗马昔西里，而学益粹。乾隆五十七年，与于湘滨之战，旋相外末公，功业颇著，俄王赠以爱力山得宝星，法王赠以大十字宝星，卒于道光十二年。[1]

这部《使德日记》记述歌德的《完舍》，该是中国人对《维特》一书的首及。此后一段时间，从辜鸿铭、王国维到鲁迅，他们都谈论过歌德，也曾提及他的《浮士德》，但均未涉《维特》。也许是气质性情所致，不怎么为浪漫恋情所动。对此书的详述，可能首先出现在1902年上海作新社译印的《德意志文豪六大家列传》的《可特传》里，书名译为："乌陆特陆之不幸"，文章从歌德创作此书的缘起开讲，复述故事内容，再谈此书影响，几已勾

少年维特还是青年维特？

1　引自曾纪泽，《使西日记》（外一种），湖南人民出版社，1981，第45—46页。

出以后中国介绍此书的模式。[1] 尔后《马君武诗稿》中《阿明临海岸哭女诗》译序中再次提到《威特之怨》。陈子展在其《中国近代文学之变迁》中，对"首先介绍西洋诗歌的马君武"赞赏有加，以着重号推举这首译自《维特》一书的诗，说它"如他的创作一样，具有一种深挚感人的力量"[2]。

到了 1920 年，在《三叶集》中，主情主义浓厚的郭沫若明确表示："《维特之烦恼》一书，我狠有心译成中文。"[3] 此非心血来潮，说说而已。1922 年 4 月，上海泰东图书局果真出版他的译本《少年维特之烦恼》。郭沫若在"序引"中概括出此书以下五个特点，凸显出诗人特有的悟性。它们是："主情主义"、"泛神主义"、"对于自然的赞美"、"对于原始生活的景仰"和"对于小儿的尊崇"。以后，熊裕芳在其作于 1928 年的书评《读了〈少年维特之烦恼〉之后》也归纳出《维特》一书的六个特点，即"爱情奔放"、"羡慕小孩"、"反对人们怪僻性情"、"带宗教色彩"、"赞美自然"和"打破阶级制度和法律"[4]，显然与郭序大致契合。

郭译 1922 年 4 月由上海泰东图书局出版后，到 1924 年 8 月，已印至第 8 版，可见销路颇佳。但今读梁俊青载《文学》121 期（1924 年 5 月 21 日）上《评郭沫若译的〈少年维特之烦恼〉》一文，情况似非如此。文中写道：

1 未见原书。参见阿英《关于歌德作品初期的中译》，《阿英文集》，生活·读书·新知三联书店，1981。

2 上海中华书局 1929 年，第 147 页。上海书店，1982 年影印。

3 田汉、宗白华、郭沫若著，《三叶集》，上海亚东图书馆，1920，第 136 页。上海书店，1982 年影印。

4 参见黄人影编，《郭沫若论》，上海光华书局，1931，第 178—186 页。上海书店，1988 年影印。

现在有人把这本《少年维特之烦恼》书译成中文了，我想中国的青年们总会受这本译文的影响而激起热烈的情感。但是这本译文已经出版了两年多，而中国的文坛却杳无声息，好像是对于这本书没有什么感想的样子。

　　梁文接着谈这"杳无声息"的原因，说："这实在令我不能无疑于译文的了。"批评郭译，正是他的意图。而且他对这位文坛名家毫不留情，对照德语原文后，硬是指出郭译中十一处错误，结论是："总之，这本书实在不能说是在水平线以上。"言辞有过头之处，但有些评价，今天来看也属公允。比如"他［郭沫若］的译法，有时不但好而且妙，简直能够传神，但是累赘的句话实在太多，不但不能引人阅读，而且使人看了头痛。"不过，轩然大波由这篇书评而起。《文学》125 期（1924 年 6 月 9 日）上刊出的《通信：一、郭沫若与梁俊青，二、成仿吾与郑振铎》，便是回应。在给梁俊青的回复中，郭沫若对梁的批评逐条反驳（除了梁自己已在《文学》122 期中自行纠正的第一条外）：有的是表达方式或自由度不同，有的是出版社的排印错误，更有的是双方所据版本不一所致，并以"以上逐条答完了，此外没有什么话说"收束，盛凌之气，不难读出。而成仿吾的信是为郭沫若抱打不平。紧接着简短的开场白，他劈头就说："梁君这次的批评真是荒谬之极。"最后的结论又是："综观梁君这次的行事，只是证明了他的外文的不高明，他的轻薄，他的卑怯，最后，艺术的良心的死灭。"言辞的激烈与感情化，让人惊愕。郑振铎作为编者，所写按语语气平和，但"其实梁君的批评，较之近来流行的刻薄谩骂的批评已高出百倍"的话，已大致表明了立场。面对郭、成的驳辩，梁俊青"觉得沫若的答复有点牵强，而仿吾的通信则又近于感情用事"，在《文学周报》126 期（1926 年 6 月 16 日）上对郭沫若的辩解又逐条再驳，同时又公布与成仿吾的私人信件往来，以说明成的为人虚伪。由《维特》一书译文而起的学术争论，终于越出了学术的范围。[1]

这场笔战从《文学》121 期起，时断时续，一直到《文学》133 期（1924 年 8 月 4 日）上，梁俊青《我对于郭沫若致〈文学〉编辑一封信的意见》的文章止，三个月后才偃旗息鼓。梁俊青的最后声明是："郭译《少年维特之烦恼》既译错了许多，所以我决计重译。"据现有资料看，梁氏宿诺似未兑现。但郭译校正本 1926 年由创造社出版部出版，纠正了首版中众多不堪卒读的错误，应该说有梁俊青挑刺的功劳。郭沫若在新版后序中大声欢呼，"死了四年的维特于今又复活了起来"[2]，可见他本人对首版《维特》确有太多的遗憾。

《维特》的重译出现在郭译校正本出版之后。据《民国时期总书目·外国文学》卷转录，先有黄鲁不译、上海创造社 1928 年的版本。但重译的高潮出现在歌德逝世一百周年纪念前后。罗牧译的《少年维特之烦恼》是个英汉对照的节译本。译者在"译者琐言"中首先声明，此译据英译，而且参考了日译，并补充道：

---

1 笔战尚未结束。《文学》131 期（1924 年 7 月 21 日）的"通信"栏中，郭沫若撰文指责此报编辑，文章分别用了"滥招党羽"、"徒广销路"、"敷衍情面"、"借刀杀人"的小标题，并且质问，《文学》125 期上的编者按语是谁写的。郭沫若这封信后，《文学》正言回答："我们敬言郭君，就是《文学》编者全体十二人负责写的。"有关《维特》译文的争论，显然已发展成文学研究社和创造社两大阵营的冲突。

2 郭沫若，《少年维特之烦恼增定本后序》，载《洪水》2 卷 20 期（1926 年 7 月 1 日）。

起初我也参考过郭译的，及至发现了……长的一
个有十五岁，与年龄相应地很文雅地亲了她……那段
译文时，我赶快把那本书放开去。夏绿蒂只有六个弟
妹，从二岁起到十二岁止。郭先生忽然替她母亲生了
一个十五岁的孩子来，真是可贺之至。[1]

可见当时对郭译不满的非止梁俊青一人。

不服的还有达观生。他在其重译《少年维特之烦恼》的"自
序"中也说及，郭译"《少年维特之烦恼》这种译著，比起他的
《浮士德》，觉逊一筹——尤其是关于哥德抒发胸襟发挥议论的地
方，都有未能尽善尽美之处……"[2]，所以决计重译，也据英文译
本。看来，郭译曾为众矢之的。这一则的确与郭译的粗疏或翻译
方法有关，二则重译常常也需要有重译的理由。对首译挑鼻子挑
眼，也是情理中事。

百年祭奠热潮过后，1934年，上海中学生书局又推出陈弢编
译的《少年维特之烦恼》。与达观生的译序相比，此译的译者前言
寥寥数语，十分简洁，大概是"通俗本文学名著丛刊"一种的缘
故。他提到歌德此书的主情主义、泛神论思想、以自然为母和对
儿童的尊崇等，与郭沫若的解读大致吻合。此后，还有钱天佑译、
上海启明书局1936年版的《少年维特的烦恼》等。到1949年为
止，《维特》一书的重译大致告一段落。

---

1 罗牧译，《少年维特之烦恼》，上海北新书局，1931。此译到1934年已印四版，可见销路同
样不错，同是1931年，另有上海世界书局傅绍光的译本。未见原书，此据 Wolfgang Bauer:
„German impact on modern Chinese intellectual history: a bibliogr. of Chinese publ ". Steiner 1982,
S. 136。
2 达观生译，《少年维特的烦恼》，上海世界书局，1932，第2页。

不过，此书给传统上重名教而轻自然、重理性而轻感情的中国文坛产生了巨大影响，引出了包括郭沫若的《落叶》（1926）、庐隐的《或人的悲哀》（1926）等一批中国渲染至情至性的"西洋式的书信体小说"[1]，并且渗入茅盾的《子夜》这样的中国现代文学代表作中。曹雪松甚至还"不惮失败，不惧一班吹毛求疵的批评家的指摘"[2]，改编出一本《少年维特之烦恼》的剧本，由上海泰东图书局 1928 年出版。庐剑波在关于此剧的一篇书评中，回顾自己初读歌德《维特》的情境：

> 在那时，我初初读到创造社的著作与译述，在其中，有一本便是《少年维特之烦恼》。可是我正因为那时的热情，并且脑中存着浪漫的传奇思想，所以竟至洒了不少的眼泪，而且不忍卒读地中途抛下了。……
>
> 随后，我得以顺江东下，在南京住了学校……热情与幻想是绝不会被长江冲淡的，反之，因为和外面的风景人物接触，心中更觉有不可遏抑的情怀，大自然和一切外来的诱惑，更炽热着爱恋的焰火。所谓"青年男女谁个不善钟情，妙龄女人谁个不善怀春"，而在那个烦闷的期间，又才读完了《少年维特之烦恼》。[3]

上引《维特》中的两句诗出自郭译《维特》首版的"序引"。

---

1 参见范伯群、朱栋霖，《1898—1949 中外文学比较史》（上卷），江苏教育出版社，1993，第 317—318 页。

2 庐剑波，《关于维特剧本》，载《文学周刊》328 期（1928 年 8 月 5 日）。

3 同上。

正是这两句看似肯定男女性爱自由的诗，随着郭译不胫而走，并在很大程度上造就了一代人对《维特》的一种"浪漫"读法。因为它们恰好迎合了那时青年一代争取个性解放、恋爱自由和冲破礼教罗网的强烈愿望。前引庐剑波文中"浪漫的传奇思想"可以为证。

甚至看似与德国文学无关的学者吴宓，那时也译出了英国诗人沙克雷的《少年维特之烦恼》诗，前两行曰："维特苦爱露洛脱，此爱深极难言说"，并在"附注"中说："词虽诙谐，实为真心多情之少年悲悼，而刺讥彼冷呆无情假托礼防以自固自饰之女子。"[1]可见《维特》这部小说的感染力。

颇具典型意义的还有钱天佑译《少年维特之烦恼》的"小引"。文曰：

> 哥德的本身，是一位风流多情的公子，他一生的遭遇，简直可以说完全是罗曼史，……就是他年迈致仕，退休林泉，以七十多岁的高龄，还和一个乡下小姑娘恋爱。在他著作《少年维特之烦恼》时，他所要好的女性，据说已有以下八个……

"罗曼"与"浪漫"为同一西文的两种汉译。此处透露出的，同样是中国读者对《维特》一书的着眼点。风流偶傥，艳史不断。这应该也是那一代读者对浪漫的、"风流多情的"歌德的印象。而这所谓的"以下八个"，据钱天佑依次为：

---

1 吴宓译，《少年维特之烦恼》，载《人间世》1934 年 11 月 5 日。

（1）他的姐姐郭娜莉；（2）初恋的格丽倩；（3）在
莱比锡大学时所恋的安妮；（4）在施脱拉司堡大学时
所结识的法国歌舞师的两个女儿；（5）牧师的女儿佛
丽特立克；（6）夏绿蒂；（7）霍尔德夫人；（8）嫁给
糖商的玛克茜米玲。

结论是："那末他的一生，自然不用说在情网里度日了。"这
显然是索隐法的突出案例。实际上，数年之前，达观生在他译本
《少年维特之烦恼》的"自序"中，已历数过所谓歌德《维特》一
书中包含的八位女性：

（1）他的姐姐郭奈里；（2）初恋的格丽倩；
（3）在莱比锡大学时所恋的安妮；（4）在斯特拉斯堡
大学时所结识的法国歌舞师的二女黎珊与耶美丽；
（5）谢仁海牟牧师的女儿佛丽特立克；（6）夏绿蒂；
（7）耶鲁塞冷失恋的霍尔德夫人；（8）嫁给糖商白伦
太诺的玛克西米灵。

这似乎是钱天佑那歌德八位恋人的出处。由《维特》引发的
关于歌德的风流韵事，看来着实让中国文坛热闹了一番。借纪念
歌德逝世一百年之机，《新时代》3 卷 5/6 期合刊（1933 年 1 月 1
日）甚至刊出陈普扬写的专题论文《歌德及其恋人》。这篇六千
余字的文章对歌德一生中与各个女友的关系——道来，以说明恋
爱是他的"创作原动力"。中国的歌德研究，不免沾上一阵俗气。
1943 年，商章孙另有长文《少年维特之烦恼考》，发表在《时与

潮文艺》创刊号（1943 年 3 月 15 日）。文章谋篇布局，相当工整，当属严肃认真之作，但探讨的依旧主要是《维特》一书中歌德的"实际生活之体验"，也就是他与"长得艳丽，碧眼金发，性情活泼的女子"夏绿蒂"这一番极缠绵，凄楚动人的恋爱"，在《维特》一书中的反映。作者甚至提出："我们把《少年维特之烦恼》未尝不可以改称为《少年歌德的烦恼》。"这种把文学创作导回生平事实的实证方法，在一定程度上阻碍了对作品的艺术性和思想性的探讨，使《维特》研究在中国一度浮于肤浅的表层，缺乏新锐之气。

或许正是出于对这种多愁善感、顾影自怜氛围中的"维特热"的反感，也有一些作家或读者对此书表示厌弃。比如何其芳和他的同学们，就"不喜欢什么维特，什么夏绿蒂"[1]。

在郭译《少年维特之烦恼》问世之前，有关此书的译名，已有李凤苞的《完舍》《德意志文豪六大家列传》中的《乌陆特陆之不幸》、马君武的《威特之怨》、赵光荣译《近代文学》（《文学周报》30 期，1922 年 3 月 1 日）中的《幼年桓尔丹儿底悲哀》等。郭译既出，以后重译不断，但译名似被固定[2]，除了"之"和"的"的变化，译本不同，但《少年维特》的书名照旧。何为少年？按现代汉语，这指的是"人十岁左右到十五六岁的阶段"。而事实上我们知道，维特是一个受过高等教育、离家独立谋生并雇有童仆的青年人或成年人，不是现代汉语中的"少年"。以此作为准绳，

---

[1] 何其芳，《刻意集》，上海文化生活出版社，1948 年 5 版，第 85 页。
[2] 实际上此后也还有个别与郭译完全不同的译名。伍光健在其为《维廉·迈斯特》（商务印书馆，1936）所写的《作者传略》中把此书名译成《威尔特的愁怀》。张竞生在其译著《歌德自传》（世界书局，1930）的《译者导言》中把此书译为《卫德》。

少年维特还是青年维特？

185

"少年"可以说是译者臆造出来的一个人物。

把德语的"Jung"译为"少年",不仅与小说主人公的生理年龄不符,而且同小说不少重要情节及描述相悖。比如可见小说第一编 5 月 17 日信中的一例。我们手头的一个译本为:"可叹呵,我青年时代的女友已经死了!"[1]另一个译本为:"唷,我青年时代的女友已离开人间!"[2]这两种译文本身都无可挑剔。可联系书名来看就不同了。"少年"维特难道可以回忆"青年"维特的往事?这不符合逻辑。

诚然,"少年"一词在五四时期尚有"年轻"的意思。鲁迅《集外集·序言》中就有"将少年时代的作品尽力删除"的说法。这里的"少年"显然同现代汉语中的"少年"语义頗頗。但是,不仅在"少年"的这种用法逐渐成为过去的二三十年代,岁月荏苒,直到今天,各种重译还书名依旧,就不能不让人感到"少年"二字的巨大魔力了。[3]原因显然是,"少年"一词因含注天真无邪、情窦初开等意象,比起"青年"一词,更能拨动追求个性解放和恋爱自由的青年人的心弦,更具温情和浪漫色彩。

需要指出的是,正是受郭沫若浪漫主义文学思想润泽的这种译法,容易让人把目光锁定在书中那个纯洁感人的恋爱故事以及主人公率真性情的涌动上,陶醉在梦幻般的情感天堂里,从而在不经意中忽略书中许多深刻的哲理思考及人生见解,最后使阅读流于肤廓,失之偏蔽。对于"少年"《维特》,我们就往往只能望

---

1 杨武能译,《少年维特的烦恼》,人民文学出版社,1981,第 7 页。

2 侯浚吉译,《少年维特的烦恼》,上海译文出版社,1982,第 6 页。

3 有关"少年"的政治历史含义,可参见梅家玲,《梁启超〈少年中国〉与晚清"少年论述"的形成》,载陈平原、王德威编,《晚清与晚明:历史传承与文化创新》,湖北教育出版社,2002。

其庭泽，不能窥其堂奥。前述中国译者和评家对《维特》研究的索隐的莫大兴趣，颇能说明问题。

事实上，当时也有学者不愿阿附乡曲，或许已看出郭译问题。早在20世纪20年代至少就有以下三例。如郑振铎在其《文学大纲——十八世纪的德国文学》（《小说月报》16卷12号，1925年12月10日）中就把此书译成《青年维特的烦恼》。随后，张传普在其《德国文学大纲》（中华书局，1926年）里的译名是《青年维特之痛苦》。而李金发在他《德国文学ABC》（世界书局，1928年）一书中译出《维特》的片断，书名翻译为《青年维特之烦闷》。可惜大多译本苟同时尚，浪漫的"少年"终究战胜了写实的"青年"。译者或出版社过于流俗，市场也太商业化。否则，《维特》一书在中国的接受，也许是另一番景象。

而这种情况眼下大体依旧。约二十年来，多达十多种的重译基本还是打着"少年"的幢幡，引动读者。不过，今日中国文坛所处的时代，毕竟不同于浪漫主义横决天下的二三十年代。理性主义的熏陶，使越来越多的译者认识到，实事求是当为翻译的生命所系。把翻译当作改编，以迎合口味作为翻译准则，无异于混淆翻译与创作的界限，从而断送翻译。就《维特》一书而言，实际上也已有学者试图纠偏。比如胡其鼎曾为其《维特》重译写下"译本前言"《青年歌德和青年维特》。他在文中颇有说服力地写道：

> 这部小说过去被译作"少年维特之烦恼"或"少年维特的烦恼"是不够准确的。Der junge Werther自应译作"青年维特"或"年轻的维特"。在现代汉语里，"少年"和"青年"分别指人的两个不同的年龄段。

"少年"指十至十五六岁这一年龄段（见《现代汉语词典》、《辞海》等）。如果说小说主人公维特是个少年，是个十至十五六岁的男孩子，因爱上一个已婚女子最后开枪自杀，那么，这部小说的故事也就不是现在这个样子的了。[1]

看来，对"少年"或"青年"译名的挑选，一方面同译名的准确与否有关；另一方面却牵涉作品的内容和主题。

可惜，此译出版时书名仍然未改。为了对译者有个交代，编辑为这个"译本前言"添上一个不同寻常的脚注。兹录如下：

> 胡其鼎先生的学养与水平素为译界同仁所敬佩。他对本书书名的理解，言之成理，我们表示同意。只是在辗转收到胡先生的译稿之前，已用原名进行了征订。倘若改名，好不容易争取来的印数便要作废。再则，原名在图书市场流行了几十年，早已家喻户晓，改用新名能否得到读者认可，编者尚无把握。在当前的出版困境中，一名之立，关系到出版社百十口人生存，编者不能不慎思慎行，此种苦衷，唯愿得到译者与读者谅解。

明知"青年"更准确和更科学，对于排闼而来的商业大潮的屈服和对通俗读法的迎合，出版社再次用"少年"挤走"青年"。在

---

1 胡其鼎译，《少年维特之烦恼》，湖南文艺出版社，1993，第 1 页。

郭沫若译名问世的七十多年后，"少年"再次显露自己那超强绝伦的活力，浪漫主义也得以再次欢庆胜利，昭示自己那经久不衰的魅力。

　　结束本文前，另附本人与此有关的一段经历。1993 年，笔者也曾受北岳文艺出版社之邀，重译《维特》。面对市场已有的多部优秀译作，起先怕贻献芹之讥，犹豫再三。但抵挡不住诱惑，怀着借此了结多年来萦绕于怀的本书译名问题之心愿，还是签下翻译合同。但说明，将把书名改译为《青年维特之烦恼》，想以此在感性和理性、媚雅和求实之间表明自己的立场。意图得到出版社首肯。可是，1994 年译本出版，"少年"维特依旧未长成"青年"维特。说明改译书名的"译后记"也被撤走。[1] 沮丧之情，实难述说。责编仅在电话中作抱歉说明，理由与上引湖南文艺出版社编辑的注解大致无二，但许诺说，译本再版时会实行约言。1996 年译本有幸再版，出版社顶着"生存"的压力，未食前言，真的推出这第一部《青年维特之烦恼》，书尾也印出我落笔于 1993 年 7 月的"译后记"。[2] 欢欣之情，难以言表。写实的、理性的"青年"终于在浪漫的、感性的"少年"的阴影下，踯躅而出。这或许对我们更全面地理解《维特》，甚至重估《维特》，有所助益。

（原载《四川外语学院学报》2004 年 2 月号，
原题为《歌德〈维特〉民国时期汉译考——兼论
其书名汉译同浪漫主义的关系》）

1　卫茂平译，《少年维特之烦恼》，北岳文艺出版社，1994。
2　卫茂平译，《青年维特之烦恼》（第 2 版），北岳文艺出版社，1996。

一部 "年逾古稀" 的中德比较文学著作

　　陈铨（1905—1969）[1]，字涛西，著名作家、翻译家、德语教授。1924 年就读于北京清华学校，1928 年毕业。同年起在美国奥柏林大学学习德语语言文学、英语语言文学，1930 年获学士和硕士学位。同年冬季学期起在德国基尔大学注册，主科德语语言文学，副科英语语言文学和哲学（其间，1931 年冬季学期注册柏林大学）[2]，1933 年 5 月 27 日在德国基尔（Kiel）大学哲学系通过博士毕业口试，论文获准付印。同年启程回国。自 1934 年起先后任教于武汉大学、清华大学、西南联大、同济大学，1952 年起至逝世为南京大学德语教授。他是中国现代文学史上 "战国策派" 的主要代表之一，创作丰盛，在民国时期主要的理论著作有：《从叔本华到尼采》（1936）、《文学批评的新动向》（1943）、《戏剧与人

1　万明坤、汤卫城主编，《旅德追忆——二十世纪几代中国留德学者回忆录》，商务印书馆，2000，第 84 页，陈光琴《中国思想文化交流中的快乐架桥工程师陈铨——追忆父亲对德国的热情》的文后，编辑附言中有 "陈铨（1903—1969）"。季进、曾一果著《陈铨——异邦的借镜》，北京出版社，2005，第 4 页，陈铨的出生日期为 1903 年 9 月 25 日。陈铨本人在他 1933 年德国基尔大学的博士论文 „Die chinesische schöne Literatur im deutschen Schrifttum"（德国文献中的中国纯文学）的末尾有一篇作者自传，其中有："Ich, Quan Chen, wurde am 5.August 1905 in Fu Chün geboren"（我，陈铨，1905 年 8 月 5 日出生于富顺）。此处出生年份取陈铨自己的陈述。

2　参见上提陈铨博士论文第 114 页上的作者自传，以及 Thomas Harnisch, „Chinesische Studenten in Deutschlang——Geschichte und Wirkung ihrer Studienaufenthalte in den Jahren von 1860-1945 ", Hamburg 1999, S.467（托马斯·哈尼施，《中国大学生在德国——1860 至 1945 年他们学习生活的历史和作用》，第 467 页，汉堡，1999。）

生》（1947）等；译作众多，其中有德国著名文学理论著作，沃尔夫冈·凯塞尔的《语言的艺术作品——文艺学引论》。他也是中国比较文学研究的先驱者之一，20世纪30年代已在《大公报·文学副刊》（1932年8月22日）上，发表论文《歌德与中国小说》，探讨歌德同中国文学的关系。其1933年在德国基尔大学的德文博士论文《德国文献中的中国纯文学》，后由作者本人译成汉语，取名《中德文学研究》，1936年由商务印书馆出版，是我国比较文学，尤其是中德文学关系研究领域的名著。

陈铨的家乡是四川沱江下游的富顺，在钟灵毓秀的巴山蜀水之间度过童年时代，受到中国传统的私塾教育和古典知识训练，进入清华留美预备学校后，又接触现代西方思想和文化，这为他以后的中西文化比较研究奠定了良好基础。早在清华学习期间，他已有多种外国文学译作发表，其中包括歌德诗的汉译。颇值一提的是其老师吴宓，曾是中国中西文化比较或比较文学研究的一代宗师，陈铨与他过从甚密。在语言训练方面，陈铨先后学过英文、德文和希腊文。就其博士论文之参考资料看，他应该还粗通法文。另外，德国具有悠久的比较文学研究传统与风气，其《比较文学史杂志》1886年已经创刊。陈铨在自己博士论文所附的作者自传中一一列举自己的德国师长，以示不数典忘祖，其中有德国文学史名家彼得森（J. Petersen），为当时德国比较文学的领军人物之一，擅长以历史和考证的方法，探讨各种文学现象。德国的学术研究，不喜夸张虚饰，推崇缜密细致，关注各类史实的考辨。陈铨的《中德文学研究》，明显具有这样的学术品格。陈铨留学德国的年代，就中德文学关系研究而言，已有不少论著在案。比如他在《中德文学研究》参考书目中收录的查尔纳的《德语中的中国诗歌，翻译艺术的问题》（1932），又如他几次摘引、彼得曼谈及中国文学对歌德影响的《歌德研究》（1886，1899）。尤其是利奇温的《中国与欧洲——18世纪精神和艺术的关系》（1923），不仅着力讨论欧洲学界对老子哲学的接受，而且把歌德与中国文学关系这一题目，推到一个极其显豁的位置。更系统地梳理中德两国文化与文学关系的专著，业已蓄势待发，但需要一个精通两国语言、熟谙两国文学的英才，担此重任。陈铨以中国作家和日耳曼学家的双重身份，义不容辞地接受了这个挑战。

陈铨在书中明确指出，一种外来文学要在别国发生影响，通常要经过三个时期。第一是翻译时期，第二是仿效时期，第三是创造时期。但这三个时期，往往互相交叉，不易清楚分开。虽然德国与中国文学的接触当时已近二百年，但就陈铨看来，还尚未超过翻译时期。不过他未对这一现象有所苛责，而指出其原因是，中国文学材料丰富，内容复杂，就是本国学者也不易找到清楚的源流线索，而欧洲学者更难对此有完整和准确的把握。尤其是德文里的大部分翻译，都经过英文或法文的转译，可靠性就更差。所以，陈铨此书的重点，是从中国文学史的立场出发，判断德国翻译及仿效作品的价值。

《中德文学研究》共分五章，第一章"绪论"，第二章"小说"，第三章"戏剧"，第四章"诗歌"，第五章"总论"。全书结构沉稳清晰，以"序"、"跋"两章，统括西方文学三分法下的三个门类；并以比较之法，借中西学术的现代眼光，探究从18世纪下半叶至20世纪初中国文学在德国的译介和接受情况。

第一章分两节，第一节"范围与性质"交代本书的主要观点，即上提对文学影响三个阶段的划分，并点出本书的重点是"判断德国翻译和仿效作品的价值"。第二节"中国同欧洲到 18 世纪末叶的关系",简述欧洲和德国结识中国,从公元前到 18 世纪欧洲启蒙运动时期(陈铨用的是"光明时期")的历史大概。关键人物,既有意大利人马可·波罗,也有耶稣会士郭实腊(Karl Friedrich Gtzlaff);重要著作,既有德国哲学家莱布尼茨的《中国新事》,又有法国人杜哈尔德(Jean-Baptiste Du Halde)的《中国详志》。就文学翻译而言,陈铨详细评论了白尔塞(Thomas Percy)的英译中国小说《好逑传》及其翻译理论,而他的结论是,白尔塞"……看得见中国的精神,而没有看见中国精神的内容……只有歌德才能够成功,因为他能够超出一切国家政治种族的界限,直接去达到世界人类共同的基础"。这一方面透露出陈铨英语和德语语言文学的学术根底,也明显续上了德国学人业已开创的、歌德与中国文学关系研究的传统。需要注意的是,在这第一章里,陈铨未像一般德人学术专著中常见的、对已有研究成果进行叙述与归纳,代之以散论的方式,直奔此书主题。而这一方法在下面的论述中得到继续。

第二章含五节:一、歌德与中国小说;二、对于歌德所读小说译本和原文的评价;三、中国历史小说对于德国文学的影响;四、中国神怪小说的翻译;五、《金瓶梅》《红楼梦》的介绍。在第一节中,作者列出歌德曾接触的几部中国小说,它们是《好逑传》《花笺记》《玉娇梨》,包含十篇《今古奇观》故事的《中国短篇小说集》等,并把歌德的评论,同白尔塞的评论相比,结论是,"白尔塞懂得原书的技术;歌德懂得原书的精神"。但陈铨也感叹道:"如果歌德曾经读过《红楼梦》《三国志》《水浒传》《西游记》《封神演义》一类的作品,也许他的看法又不一样。"

第二节同德国文学本身关系不大，陈铨主要（向德国人）叙述了上提中国小说的具体内容和文学价值，同时也作翻译史上的梳理工作。第三节中所谓的"中国历史小说"，主要指的是《三国志通俗演义》、《东周列国演义》和《水浒传》。它们的一些段落，那时已有西文翻译。陈铨重点讨论的是德国印象主义作家比尔鲍姆（Bierbaum）就"褒姒的故事"改编的《褒国的美女》（1922）。这个起源于《东周列国演义》中《幽王烽火戏诸侯》的故事，起先见载于英人托姆斯的英译《花笺记》。早于1833年，德国诗人海涅，已经在其论著《论浪漫派》中，戏谑地转述了这个故事。就陈铨看来，比尔鲍姆的改编，"不能表现中国的小说，只能算欧洲印象主义的代表"，因为"他把悲惨的事情，变成他滑稽的工具，严重的问题，变成调笑的文章"。陈铨在此重点讨论的，还有表现主义作家埃伦施泰因（Ehrenstein）按《水浒传》中一些故事改编的《强盗与士兵》（1927）。经过对原作和改编的比照，他发现中德两国小说创作有重大差别，即为了获得"统一的结构"，改编"生拉活扯地把六七个强盗的故事，强派在武松一人身上"。尽管陈铨早在20世纪30年代已指出《强盗与士兵》究竟属何种类型之书，但以后在我国学术界，还是有人把它称作《水浒传》的德译。[1] 此节末尾，陈铨提到罕为人知的、讲明朝历史的《正德游江南全传》和唐朝爱情故事《二度梅》，以及与中国近代史有关的《上海繁华梦》。第四节先介绍《封神演义》、《西游记》的西文节译，陈铨把它们分别定位在"道家神话的总汇"和"佛家神话的总汇"上，让人印象深刻。而他给予更多关注的，是具有"精当

---

1 参见《中国古典小说戏曲名著在国外》，学林出版社，1988，第67页，《中国古典文学在国外》，北京语言学院出版社，1994，第405页。

美丽的文章"和"奇怪有趣的故事"的《聊斋志异》,可惜德文的翻译"遗漏得利害"。第五节则是对《金瓶梅》和《红楼梦》的内容介绍。陈铨称前者是"自然主义的代表",后者的中心题目"是人类向绝对自由的奋斗",再次显出使用西方术语和分析方法评判中国文学的痕迹。

第三章有九节:一、改变中国戏剧的困难;二、歌德与中国戏剧;三、席勒《图郎多》(另译《图兰朵》)里的中国成分;四、龚彭柏《神笔》与江淹故事;五、克拉朋的《灰阑记》;六、洪德生的《西厢记》《琵琶记》;七、卫礼贤的翻译;八、德国学者对于中国灯影戏的研究;九、结论。此章开宗明义,"要讨论中国戏剧对于德国文学的影响",就把至此的重点,即翻译,暂且后置。陈铨以为,中国的戏剧,一方面有一种特别的人生观;另一方面其生命力表现在舞台上。由此带来的结果,是差不多所有把中国戏剧搬上德国舞台的尝试,都归于失败。表现之一,是歌德对《赵氏孤儿》改编的放弃。[1] 即使对席勒的剧本《图郎多——中国的公主》,陈铨也举证说明,"除了题名而外,同中国戏剧,实在没有什么关系"。同样,龚彭柏《神笔》对中国"江郎才尽"故事的改编,也"同中国戏剧的精神形式都不相合"。而这里最为陈铨看重的是克拉朋的《灰阑记》,他"要算第一个最能够把中国人的感情生活,中国戏剧的特点,介绍给德国的人"。陈铨的论述中,处处体现出中西文化的比较精神。在本章的第六节里,通过汉语原文与德语译文的比较,他再次掘发出中西戏剧思想的分野:"拿《西厢记》同《琵琶记》两本戏同欧洲著名的戏剧比较,我们可以

1　关于歌德《埃尔佩诺》是否真的与《赵氏孤儿》有关,学术界有不同看法。可参见卫茂平,《中国对德国文学影响史述》,上海外语教育出版社,1996,第92页。

看出，中国世界同欧洲的分别。中国不要志愿的提高，不要英雄的道德，不要牺牲个人来降入自然，乃是化除人我来融合自然。"

歌德始终是此书讨论的重点。即便在以抒情诗为中心词的第四章，陈铨首先谈的还是歌德对来自《百美新咏》的几首中国诗的"翻译"，然后述及歌德的《中德四季晨昏杂咏》。他注重的依旧不是"外形相互的影响"，而是"精神一贯的关系"，并且在孔子和老子的话语中，看到与歌德的相似。在下面第二节中，陈铨大力推崇雷克特（Rückert）的《诗经》德译。同样以汉德对照的方式，陈铨比较分析德译本的成败，说译者的贡献是，"第一次才把中国真正第一流的作品，介绍到德国"。本章第三节有一个微观向宏观的转向，以一定的篇幅论述了 20 世纪初经启蒙运动"中国热"，狂飙突进和浪漫主义运动时期的"中国冷"之后，欧洲思想界的又一次"反动"："老子哲学，刚好切合欧洲现代人类的向心运动，所以东方和西方，现在又有第二次会面携手了。"其思路同利奇温的《中国与欧洲》颇有会合。随同对于老子哲学的兴趣，中国古典诗歌的德译，迎来一个高潮。陈铨列数了李白、白居易、陶渊明等人在德国的译介，并把中国抒情诗的翻译分成三种，即"学者式的翻译"、"就其他欧洲语言的改译"和"自由的改译"，并以德汉对照的方式，论述它们的成败优劣。

本书的第五章归纳了全书的内容。接着对欧洲老子热的叙述，陈铨表示，"这样一种兴趣，到底能维持多久，当然看德国的精神生活以后向什么方向活动。无论如何，我们相信，这样一种浓厚的兴趣，可以使翻译时期，快一点完成……中国同德国的关系，可以更加密切。同时这一个进步，可以领导我们到与全人类相关的世界文学"。陈铨以对"世界文学"的提示，既清楚地表明了他的文学观，也再次透露出他本人以及此书与歌德的紧密联系。

《中德文学研究》是陈铨本人博士论文的翻译或编译。两相比照，可以发现一些有趣的偏差。先谈书名。其博士论文原名汉语直译，应该是《德国文献中的中国纯文学》，汉语书名中的"文学"两字在德语原文中没有出现。其实德语原文更精确。因为，陈铨此书的大量篇幅，同翻译或翻译批评有关，而与德国文学本身关系不大，比如第三章第八节的"德国学者对于中国灯影戏的研究"，更与狭义的文学无涉。

再看篇幅。《中德文学研究》用了相当多的版面，介绍有关中国文学作品的内容。粗看之下，有时似显多余。但其实作为一篇同中国文学有关的德语博士论文，是不得已的事。而比较德语原文来看，汉语文本在介绍中国作品内容方面，已有多处较大删节。包括德语博士论文后长达十页的附录"最常见之翻译错误的简要介绍"，在《中德文学研究》中全被撤除。究其原因，显然出于对读者不同背景之因素的考虑。

继续看文字。因为是翻译或者编译，陈铨此书同一般的汉语原创性著作也有不同，文字上常有西化或移译的痕迹。读者自有明鉴，此不赘言。饶有趣味的是，看有些典型的西文表达方式，在汉语中他是如何处理的？或者相反，有些典型的汉语表达方式，德语原文又如何？这里各举一例。比如原文二十二页"Es fehlt ihm die geistige Innerlichkeit"可直译为"他缺少精神的内向性"。但"内向性"这个词，好像不符合一般的汉语表达方式。陈铨似也遇到难处，便舍此不译，改写为："他处处开玩笑。"（《中德文学研究》第二章第三节）再比如同一节里，汉语文本有"借他人的酒杯，浇自己的块垒"的话，对应的德语原文却是："Dadurch veräußderlicht er ihn aber gleichzeitig"，可直译为："但由此同时他使他变得肤浅"。管中窥豹，中德两种文字转换之难已然可见，遑论含义更丰富的小说、戏剧和诗歌翻译。正如陈铨书中所言。

《中德文学研究》于 20 世纪 30 年代问世，而今"书龄"已逾古稀。虽然时迁境异，但其资料搜罗的广泛、排比考订的精审、比较方法使用的纯熟，依旧为人折服，是中德文学关系研究史上嘉惠学林的杰作。

（原载《中国比较文学》2006 年 3 月号，
原题为《一部"年逾古稀"的中国比较文学
名著——陈铨〈中德文学研究〉述评》）

从中译本说《魔山》热

在 20 世纪的整整一百年中，受诺贝尔文学奖眷顾的德语作家前后有十多位。但其中只有一位在世时已被公认具有广泛的世界影响，他就是托马斯·曼（1875—1955）。20 世纪结束前夕，德国六十多位记者和文学评论家曾在慕尼黑济济一堂，以无记名方式推举 20 世纪最重要的德语长篇小说。托马斯·曼的《魔山》（1913—1924）得二十九票，名列第三，而当时诺贝尔文学奖的新冕之王格拉斯的主要获奖作品《铁皮鼓》仅获八票。作品获此盛誉，应与它承载的所谓"现代性"有关。小说描述青年汉斯在瑞士一高山疗养院的经历。但作品关注的不怎么是汉斯的命运，不着力编织动人的故事，而将他置于这样一个相对封闭的环境中，杂糅叙事、议论、抒情等创作方式，在一批面貌各异、观念有别的人身上，形象地再现了对整个 20 世纪具有特征性的、当时德国乃至整个欧洲社会的各种情状和思潮，其写作手法的多样性及思想内容上的前瞻性，至今为人称道。

《魔山》虽然内容繁复、夹叙夹议，但德语小说的一大传统，即近于实证而疏于幻想的创作原则未改。早在写其成名作《布登勃洛克一家》时，为了用餐的描述，托马斯·曼曾不厌其烦地向母亲询问自家的菜谱；以后创作小说《绿蒂在魏玛》时，他偏偏去查了歌德《少年维特之烦恼》女主人公原型人物的受洗记录，证

实她实际出生于 1753 年 1 月 13 日，而不是之前一般辞书记录的
1 月 11 日。《魔山》的写作，起于同样台基。数十年间，研究者对
这座"魔山"挖掘不停，成果几已穷尽。但对普通读者来说，寻
幽探佚，魅力依在：人们既可在荷兰绅士佩佩科恩身上见到另一
位德国文学大家霍普特曼的身影，也能在奥地利耶稣会士纳夫塔
形象中重逢匈牙利文艺理论家卢卡契，更有机会在汉斯热恋的俄
罗斯女子肖夏身上，发现作者早年"或许有"的同性恋痕迹：因
为汉斯觉得肖夏与自己以前某个男同学相像；而他首次与她搭讪
的托词，竟是借用铅笔。此外，作品中的东西文化评论，包括对
老子语录的摘引乃至对中国文字的调侃，对今日身处文化转折期
的中国读者来讲，也平添了一项阅读的理由。

托马斯·曼作品在中国的译介，当以上海启智书局 1928 年版
的小说集《意志的胜利》为始。作家次年即获诺贝尔文学奖。当
时的译者或出版人，可称慧眼独具。译本在对原作者"汤谟斯
曼"的介绍中，恰恰言及《魔山》，只不过那时译名为《怪异的
山岳》。

此书正式被译成汉语，在半个多世纪后。1990 年 10 月，漓江
出版社推出杨武能、洪天富、郑寿康和王荫祺的合译本，属"诺
贝尔文学奖作家丛书"第六辑。稍后，即 1991 年 1 月，上海译
文出版社出版钱鸿嘉独译本，属"二十世纪外国文学丛书"的一
种。两书中译名，均采用最迟欧阳竞用过的《魔山》（《西洋文学》
1940 年第 4 期）。两个版本，就版权页看，虽有三个月的前后之
别，但译文版实非重译，相反更早启动和完成：就译者前言看，
译文版肇于 1980 年，漓江版始自 1983 年；译文版的"译者前言"
落款时间是"一九八九年十月于上海"，而漓江版的"译本前言"

以"1990年初于重庆歌乐山舍"收束。

两个译本再次联袂出场，是在纪念托马斯·曼逝世五十周年之际。上海译文出版社于2006年5月出版"托马斯·曼文集"，领衔的即是钱鸿嘉先生译的《魔山》。译本将1990年版的上、下两册合为一卷，其余文字大体未动，仅"译者前言"删去后面的署名和日期。而杨武能先生将多年前主译的《魔山》独立重译，并交不同出版社印出。北京燕山出版社2006年7月版的杨译《魔山》，改写了原先漓江版的译本前言，取名"《魔山》——一个阶级的没落"，并删去漓江版的三个附录，代之以"后记——我译《魔山》二十年"。作家出版社2006年11月版的杨译《魔山》，"译序"和燕山版相同，仅删去末尾三行"附记"，无"后记"，有漓江版的三个附录，但将原附录三"托马斯·曼自传"改成"托马斯·曼生平与创作年表"。作家版另一改动为，添上了德语原作就有、译文版刊出而漓江版和燕山版不曾置于书前的"目录"。

两位译者均为本领域浸淫有年的专家，但各人翻译宗旨不同，译本风格也就有异。如原书第五章，汉斯同肖夏太太的对话，部分是法语。钱译按传统方式，正文中保留法语原文，汉译进入脚注；而杨译将法语直接译成汉语，不再单个作注。两种做法，前者谨严科学，后者顺达流畅。这种差别在译本总体上也时有显现，为避免徒托空言，试以第六章第一节为例。标题德语原文为"Veraenderungen"，钱译是这个词通常的直译"变化"，杨译选择雅驯些的"变迁"。本节第一行德语原文是"Was ist die Zeit？ Ein Geheimnis, wesenlos und allmaechtig"，钱译为"什么是时间？这是一桩秘密，既空洞无实质，又威力无穷"，杨译则是"时间是什么？是一个谜——看不见摸不着，却又威力无比"。就 Geheimnis

和 wesenlos 两个词的汉语对应以及整个句子来看，钱译显现理性色彩，杨译呈露感性特征。话说回来，译者风格，在各自译序中已有表达，读者自可见微知著。译者风格不同，这已无可置疑，但读者要求各别，这似易遭忽视。其实，环肥燕瘦，各有千秋，只要符合翻译的基本法则，即忠实的原则，应该都能赢得各自的读者。

引人注目的是，杨译出版地点从桂林转到北京后，除上提作家版和燕山版，目前仅网上挂卖的还有中国书籍出版社、中国戏剧出版社和国际文化出版公司的版本。听说还有后续。究其所以，刚好没有版权的麻烦，许是原因之一。但该译如此竞相面世，还是引出了读者"译作可以这样出版吗？"的疑问。在此，我们一则欣慰地在允许"一稿多投"上目睹译者地位的提高；二则也得承认，表面的喧腾掩盖着深层的寂寞。因为，托马斯·曼一生著述丰硕，仅长篇小说，目前尚有多部没有汉译，而不少出版社，虽不吝人力物力，仍守旧不能出新。联想到近年来国内纪念多位德语经典作家的诞辰或忌日，常常也是重译重印不断，而新书新译殊乏。笔者虽知个中原因诸多，念之还是不禁怅然。

（原载《人民日报》2007 年 3 月 18 日，

发表时有删减，现补上）

《今古奇观》在德国

随着海外汉学研究的进展，中国古典文学在国外，也已成为学术界一个热门话题。而且在总体概述方面，已达到相当的水平。但是相对来说，详尽细致的个案探讨偏少，故留下不少未尽的话题。本文拟对中国明代姑苏抱翁老人选辑的《今古奇观》在德国的译介进行论述，并对《今古奇观》德译的集大成者、一位至今默默无闻的德国汉学家略作介绍。

16 世纪中叶，葡萄牙人首先打开了通向中国的航道后，西方传教士接踵而至。在巴黎，教士杜哈尔德自 18 世纪初起，专事收集传教士们发自中国的各种报告、译文，以后发表在他主编的《珍奇而有趣的书简》（今译《耶稣会士中国书简集》，有大象出版社 2001 年版中译本）中。在此基础上，他从 1735 年到 1737 年，编撰出版了洋洋四卷的《中华帝国详志》。该书第一次向西方世界全面介绍中国的政治、文化、历史和地理等情况，在中外关系史上享有盛名。书中，还收入法国传教士殷宏绪（D'Entrecolles）译的三篇《今古奇观》中的故事，它们是：《庄子休鼓盆成大道》（20 卷[1]）、《怀私怨狠仆告主》（29 卷）和《吕大郎还金完骨肉》（31 卷）。1747 年到 1749 年，《中华帝国详志》德译本在罗斯托

---

1 指汉语原著中的次序。以下均同。

克（Rostock）问世，《今古奇观》迈出了它在德语区漫长旅途的第一步。

在德国，早在 17 世纪下半年，孔子就被作为"中国哲学家的君主"受到重视。1697 年，莱布尼茨甚至谈道，应该让中国派传教士到西方去，传播中国的"自然神学"[1]。三年后，普鲁士科学院成立，他竟希望北京也能建立这样一个相应的机构，来实现他同中国进行文化思想交流的夙愿。[2]德译本《中华帝国详志》的出版，正是莱布尼茨等思想家倡导下启蒙运动时期"中国热"的具体表现。

但是，此后几十年中，《今古奇观》在德国久无音信。这同德国本土的文化政治有关。启蒙运动后，德国文坛上紧接而来的是狂飙突进运动，尔后又盛行浪漫主义运动。前者力图摆脱理性的枷锁，后者强调情感的奔放和想象的自由，这同中国哲学文化的务实精神迥然异趣。

进入 1827 年，汉学在欧洲，首先在法国成为一门独立的学科。执教于法兰西学院的法国汉学家雷米扎（Rémusat）偶得《今古奇观》第 26 卷《蔡小姐忍辱报仇》的拉丁文译本，将它交给得意门生儒连（Stanislas Julien）。后者将故事译成德语，发表在 1827 年雷米扎主编的《中国小说集》上。此书同时收录殷宏绪译的另三篇《今古奇观》译作，即《庄子休鼓盆成大道》（20 卷）、《怀私怨狠仆告主》（29 卷）和《吕大郎还金完骨肉》（31 卷）。

德国人闻风而动。同年，莱比锡出版这本小说集的德译本。由于那位匿名译者法语水平所限，译文质量未尽人意，后人颇有

---

1 莱布尼茨，《中国近事》序言。

2 参见 Horst von Tscharner, „China in der deutschen Dichtung bis zur Klassik ", Muenchen 1939, S. 49.

微词。但如此快速的转译，却透露出德国文坛对中国文学的强烈兴趣。

1839 年英国人斯洛斯（Sloth）在香港翻译了《王娇鸾百年长恨》（35 卷），译本辗转流入德国，触动了诗人阿道夫·伯特格尔（Adolf Böttger，1815—1870）的翻译雅兴，以一个扣人心弦的题目，《一个少妇的血仇》于 1849 年在莱比锡出版德译本。1852 年，他还根据法国巴维（Théodore Pavie）的《灌园叟晚逢仙女》（8 卷）法译本，写下长诗《花仙朝圣》。诗人的修养，使他改作的题目也富有诗意。

伯特格尔去世后三年，作家、外交家，著名叔本华研究者格里泽巴赫（Eduard Griesebach，1845—1906）借助伦敦博物馆东方部主任伯奇（Samuel Birch）的英译，转译了《庄子休鼓盆成大道》（20 卷），取名《中国寡妇》，并且写下一篇论文《不忠的寡妇，一部中国小说及其在世界文学中的演变》，附同译文一起发表。此书 1873 年初版于维也纳，以后分别有 1877 年斯图加特版，1883 年莱比锡版，1921 年慕尼黑版等，可见那时颇受读者欢迎。

1880 年，格里泽巴赫又编译《今古奇观：中国的一千零一夜中的古今小说》，在斯图加特刊行，其中除《庄子休鼓盆成大道》（20 卷）外，另收根据斯洛斯译的《王娇鸾百年长恨》（35 卷）和根据伯奇译的《羊角哀舍命全交》（12 卷）。

《今古奇观》真切地摹写了我国古代社会市民阶层崛起和地主阶级衰败时的社会矛盾与变化，在反映社会生活方面，同古代阿拉伯名著《一千零一夜》有同工异曲之妙，且两书都是经过多人的辑录整理而最后形成的。但是，无论就作品反映生活的广度和深度来说，还是就作品对后世文学的影响而论，《今古奇观》并不能同《一千零一夜》等量齐观。格里泽巴赫把《今古奇观》称为中国的《一千零一夜》，这是他对中国文学的褒扬。

接着，格里泽巴赫又根据伯奇译本翻译了《杜十娘怒沉百宝箱》（5卷）和根据荷兰人施莱格尔（Schlegel）转译《女秀才移花接木》（34卷），发表在他莱比锡1884年版的《中国小说》中。1886年，《中国小说》在柏林再版，又增添了根据施莱格尔译的《卖油郎独占花魁》（7卷）、《王娇鸾百年长恨》（35卷）。[1]

作为外交家，格里泽巴赫在公事之余致力于中国文学的介绍工作，极为难得。倘非具有对中国文化的浓厚兴趣，不至于此。但德国外交部对他的中国热情似乎并不理解。他先后被派往意大利的米兰和拉丁美洲的海地任职。

差不多同时，随着汉学在德国的发展，《今古奇观》中的故事甚至被作为教材，收入汉语语法书。1883年，格奥尔格·加布伦茨（Georg Gabelentz）在莱比锡出版《中国语法入门》一书，其中就收《金玉奴棒打薄情郎》（32卷）的德译，附有汉语原文。

1900年，威廉·塔尔（Wilhelm Thal）编译成《中国小说》，收《看财奴刁买冤家主》（10卷），《陈御史巧勘金钗钿》（24卷），《怀私怨狠仆告主》（29卷），在莱比锡出版。但此书今难寻觅。

1902年，法特尔·亨宁豪斯（Father Henninghaus）译《狠心的丈夫》，即《钱秀才错占凤凰俦》（27卷），在上海的《远东》第一卷第二分册上发表。

1913年，格莱纳（Leo Greiner）在柏林编译出版其《中国之

---

1 格里泽巴赫编译的另一本《中国小说》有巴塞尔1945年版，收《女秀才移花接木》（34卷）、《羊角哀舍命全交》（12卷）、《杜十娘怒沉百宝箱》（5卷）、《转运汉巧遇洞庭红》（9卷）、《王娇鸾百年长恨》（35卷）、《庄子休鼓盆成大道》（20卷）。

夜·小说和故事》，包括"花的童话"和"花痴"两个故事。它们实际上分别是《灌园叟晚逢仙女》（8 卷）中的入话和正文。

所谓入话，乃是中国话本小说的一种特定结构。体裁不一，有诗，也有可以单独成篇的故事。这种结构显然对欧洲人来说是陌生的。格莱纳作了这样的改动，以适合德国读者的欣赏习惯，原因即在于此。这种现象在《今古奇观》的传播过程中，并不鲜见。有德国汉学家这样批评："迄今许多单篇故事的译者大都把引言或入话、有时是整首诗删去了。由此，小说的特色荡然无存，创造出一种欧洲的复述形式。作了这样改动的小说可以发表在任何一份报纸上。"[1]

在 18、19 世纪，乃至进入 20 世纪后，德国的中国文学翻译，很多是依靠欧洲其他文字的转译。包括上面的格里泽巴赫和塔尔等人，都不谙汉语。而这些译文得益于法语和英语译本，无疑是因为法国和英国汉学相对比较发达的缘故。

但进入 20 世纪后，德国自己的汉学家也已成长。屈内尔（Paul Kühnel）就是其中一位。他在 1902 年至 1914 年间，译出《今古奇观》中约十三篇故事，主要发表在以下集子中：一是柏林 1902 年版的《神秘的图画与另外三篇小说》，收有《滕大尹鬼断家私》（3 卷）、《唐解元玩世出奇》（33 卷）、《崔俊臣巧会芙蓉屏》（37 卷）；二是慕尼黑 1914 年版的《违反意愿的丈夫》，收《钱秀才错占凤凰俦》（27 卷）；三是 1914 年慕尼黑版的《珍珠衫》，即《蒋兴哥重会珍珠衫》（23 卷）；四是慕尼黑 1914 年版的《中国小说》，其中有《裴晋公义还原配》（4 卷）、《夸妙术丹客提金》（39

---

1 Gottfried Rösel, „Nachwort zu ‚Altchinesische Erzählungen ' ", Manesse Verlag 1984, S.646.

卷）、《李谪仙醉草吓蛮书》（6卷）、《唐解元玩世出奇》（33卷）、《俞伯牙摔琴谢知音》（19卷）、《滕大尹鬼断家私》（3卷）、《赵县君乔送黄柑子》（38卷）、《杜十娘怒沉百宝箱》（5卷）。此书1924年重印。

1914年是人类历史上不幸的一年。第一次世界大战的爆发，使苍生无数死于非命，但偏偏也是《今古奇观》在德国的译介达到高峰的一年。除了以上屈内尔的译本，1914年，鲁德尔斯贝格尔（Hans Rudelsberger）编译的《中国小说》，在莱比锡出版，卷一收有《庄子休鼓盆成大道》（20卷），卷二收《乔太守乱点鸳鸯谱》（28卷）、《夸妙术丹客提金》（39卷）、《李谪仙醉草吓蛮书》（6卷）、《钱秀才错占凤凰俦》（27卷）、《蔡小姐忍辱报仇》（26卷）。此书反响应该不错，另有维也纳1924年的再版。

1914年，著名汉学家卫礼贤（Richard Wilheln）编译成《中国童话》，在耶拿出版，收《庄子休鼓盆成大道》（20卷）、《金玉奴棒打薄情郎》（32卷）。1917年重版改名《中国民间童话》。以后，卫礼贤还曾译出《杜十娘怒沉百宝箱》（5卷），发表在《科学与艺术中国之页》（1925年1月1日）。

进入20年代后，德国文坛还出现了另一位热心介绍《今古奇观》的作家瓦尔特·冯·施措达（Walter von Strozoda）。慕尼黑1920年版《卖油郎独占花魁》（7卷）就出自他手。他的另一部译作《赵公主的黄柑子》，慕尼黑1922年版，收《今古奇观》中五篇作品，它们是：《卢太学诗酒傲公侯》（15卷）、《苏小妹三难新郎》（17卷）、《庄子休鼓盆成大道》（20卷）、《赵县君乔送黄柑子》（38卷）、《夸妙术丹客提金》（39卷）。

此外，洪涛生译《卖油郎和妓女》[即《卖油郎独占花魁》（7

卷）]，有 1928 年莱比锡版；林秋生译《陈御史巧勘金钗钿》（24 卷），刊于《中国学》杂志 1929 年第 9 卷。

至 20 世纪上半叶，《今古奇观》德译史上的集大成者应为汉学家库恩（Fanz Kuhn，1884—1961）。他一人大约译了《今古奇观》中的十七篇故事，其中约十一篇已有德译，五篇已有法译，一篇已有英译，一篇（30 卷）似乎是第一次翻译 [1]。其译本情况大体如下：

1926 年，库恩在《科学与艺术中国之页》（第 1、2 卷），发表德译《滕大尹鬼断家私》（3 卷），又载柏林《东亚杂志》1930 年 16 期。

1928 年，库恩译《蒋兴哥重会珍珠衫》（23 卷）出版。

1935 年，库恩译《杜十娘怒沉百宝箱》（5 卷）发表在《中国学》第 10 卷上。

1937 年，库恩译《陈御史巧勘金钗钿》（24 卷）发表在《中国学》第 12 卷上。

1940 年，库恩编译《十三层塔》在柏林出版，收六篇《今古奇观》作品：《陈御史巧勘金钗钿》（24 卷）、《钱秀才错占凤凰俦》（27 卷）、《乔太守乱点鸳鸯谱》（28 卷）、《崔俊臣巧会芙蓉屏》（37 卷）、《唐解元玩世出奇》（33 卷）、《夸妙术丹客提金》（39 卷）。

1941 年，库恩编译《中国著名小说》，在莱比锡出版，收《滕大尹鬼断家私》（3 卷）、《金玉奴棒打薄情郎》（32 卷）。

1946 年，库恩译《庄子休鼓盆成大道》（20 卷），在慕尼黑版

1　参见 Gottfried Rösel, „Nachwort zu ‚Altchinesische Erzählungen‘ ", Manesse Verlag 1984, S.657。

《各族人民的声音》中发表。

1948 年，库恩译《小侦探》，即《十三郎五岁朝天》（36 卷）在巴登巴登（Baden Baden）出版。

1949 年，库恩编《东方花门》在杜塞尔多夫（Dusseldorf）出版，收《宋金郎团圆破毡笠》（14 卷）、《念亲思孝女藏儿》（30 卷）、《女秀才移花接木》（34 卷）、《十三郎五岁朝天》（36 卷）。

1952 年，库恩译《今古奇观》在苏黎世出版，收《卖油郎独占花魁》（7 卷）、《陈御史巧勘金钗钿》（24 卷）、《乔太守乱点鸳鸯谱》（28 卷）、《唐解元玩世出奇》（33 卷）。

1953 年，库恩译《赵县君乔送黄柑子》（38 卷），载弗莱堡版《黄鹂在西湖畔啼鸣》。

关于《今古奇观》在德国的流传，我国学者陈铨在他 1933 年的德文博士论文中这样说："希望有人能把《今古奇观》里的四十篇故事悉数译成德文，这将是对汉学和民俗学的一大贡献。因为这部集子提供了一幅中国生活的真实画面；此外，这也将丰富世界文学。"[1]

陈铨写下此话后半个世纪，《今古奇观》的四十篇故事中，依旧还有约十三篇没有德译。[2] 而这种情况最终随着瑞士玛奈塞（Manesse）出版社 1984 年版的《古代中国小说集。来自"今古奇观"》（*Altchinesische Erzählungen. Aus dem "Jin-Gu-Tji-Guan"*）的问世，最终得到改变。此书由选自迄今未有德译（或德译本无从寓目）的十三篇《今古奇观》故事组成，它们是：《三孝廉让产立高名》（1 卷）、《两县令竞义婚孤女》（2 卷）、《转运汉巧遇洞

---

1 Chen Quan, „Die chinesische schoene Literatur im deutschen Schrifttum ", Kiel 1933, S.401-402.

2 参见 Gottfried Rösel, „Nachwort zu ‚Altchinesische Erzählungen ' ", Manesse Verlag 1984, S.657。

庭红》（9 卷）、《看财奴刁卖冤家主》（10 卷）[1]、《吴保安弃家赎友》（11 卷）、《沈小霞相会出师表》（13 卷）、《刘元普双生贵子》（18 卷）、《老门生三世报恩》（21 卷）、《纯秀才一朝交泰》（22 卷）、《徐老仆义愤成家》（25 卷）、《怀私怨狠仆告主》（29 卷）[2]、《吕大郎还金完骨肉》（31 卷）、《逞多财白丁横带》（40 卷）。这个译本的问世，标志着《今古奇观》在两个多世纪时光的骎骎流逝后，终于被全部译成德语，意味着普通德国读者有了阅读整部《今古奇观》的可能。这无疑是中德文学交流史上应该记录的一件大事。

但是，译者勒泽尔（Gottfried Rösel）究竟是谁？通观现有多本相关著作，未见有任何记载。而笔者有幸与他结识，并从 1982 年 11 月起，与他有过将近十年的通信往来。现根据保留的来信，略述其生平如下：

勒泽尔 1898 年出生于魏玛。父亲是魏玛民族剧院第一小提琴手，祖父、曾祖父均为音乐家。中学毕业后先学习日耳曼学，然后在著名作家恩斯特（Paul Ernst，1866—1933）建议下，于 1920—1922/3 年在柏林大学东方语言系学习汉学。以主科汉学，副科满文和蒙古文博士毕业。通过口译考试。汉学老师有：高延（De Groot，1854—1921）、海尼士（Erich Haenisch，1880—1966）、福兰阁（Otto Franke，1862—1946），中国老师 Hsüe。汉学毕业后一时找不到工作。九个月后在米兰一家工具机器公司当记者。以后以此为业。"二战"期间事迹不详。1943 年，他在柏林的书房遭焚毁，当时人在斯德哥尔摩。战后，1948 至 1950 年曾任米兰一工

1 此译根据书目，见载于 1900 年威廉·塔尔 1900 年出版的《中国小说》，但今日难见。参见 Gottfried Rösel, „Nachwort zu ‚Altchinesische Erzählungen ' " , Manesse Verlag 1984, S.688。

2 同上书，S.690。

厂仓库主管。1958 至 1967 年在米兰的翻译学校当德语教师、教务主任。1968 年退休后，移居妻子的家乡、瑞士卢加诺（Lugano），以七十岁的年龄重起炉灶，温习汉语，从事中国古代小说的翻译和研究。

在上提德译的十三篇《今古奇观》故事正式发表前（1982 年 9 月 11 日给笔者写信时，正好译到第十三篇），勒泽尔博士花了近十年的时间，已将整部《聊斋志异》的五百篇故事，全部译成德语，拟分成五卷出版。1987 年，苏黎世的天秤出版社（Verlag Die Waage）出版第一卷，书名为《与菊花相处》（*Umgang mit Chrysanthemen*），收《聊斋志异》的前八十一篇故事；1991 年，推出第二卷，取名《睡梦中的两个生命》（*Zwei Leben im Traum*），收以下六十七篇故事；1991 年，出版第三卷，题名是《拜访仙人》（*Besuch bei den Seligen*），收下续八十六篇故事。未曾料到，这册 1991 年版的《聊斋志异》，竟然是他生前见到的最后一卷。勒泽尔博士 1992 年 5 月 19 日逝世。以后出版的两卷是：第四卷《让蝴蝶飞翔》（*Schmetterlinge fliegen lassen*），第五卷：《与生者的联系》（*Kontakte mit Lebenden*）。勒泽尔博士治学谨严，浸染着魏玛古典主义的学术风范。仅就其为《今古奇观》写的后记和为《聊斋志异》撰写的前言来看，译者具有对作家生平事迹和作品时代背景等情况的广博学养。两种译著后各附几十种现有多种欧洲语言的译本目录，既显示出他丰富的语言知识，也表明了他译作坚实的研究基础。

勒泽尔博士逝世后，他的儿子，海因里希·勒泽尔先生根据父亲留下的通讯录，寄来讣告，笔者保留至今。一直想有机会撰文，纪念这位勤奋的、因为年龄关系我称其为大伯的德国汉学家。今天文章虽就，其实言犹未竟，思之不胜唏嘘。但愿以后另有机会，述其汉学的译介成果，倾吐对他的怀念之思。

（2007 年 11 月于上海，原载《寻根》

2008 年 3 月号，此处略有增删）

汉学家艾希与中国古典诗歌

　　三十四页上是中亚和东亚的地图。它从帕米尔高原到横滨，从贝加尔湖到仰光。广袤的灰色山脉和高原，右边是太平洋那宽宽的蓝色长带，被日本列岛、朝鲜和台湾岛折断。

　　我把我的左手放到地图中央，它盖住了戈壁荒漠和黄河弯道中的大地，中指则指向满洲里，拇指够到开封府。我把耳朵贴下，听见在我手掌心下面，黄河那浑浊之水汩汩流淌，上升。（Ⅳ 193）[1]

　　1930 年，君特·艾希（1907—1972）以上述句子开始了他的首篇散文《地图册中的一张地图》，一直留到 1972 年正式发表。他怎么会偏偏打开一张亚洲地图，并且把手放到了有"中华民族的摇篮"之称的黄河上方？对于这篇散文的提问，涉及的是对作家本人的探询：艾希当时是一名汉学专业的学生。

　　艾希最后的散文集出版于 1970 年，即他逝世前两年，其标题是《我办公室里的一个西藏人》。也就是说，中国伴随了他的整个写作生命。所以，我们似有充分理由，对艾希同中国的关系进行

---

1 引文后的罗马数字和阿拉伯数字指的是艾希全集 „Gesammelte Werke ", Frankfurt am Main 1973 的卷数和页码。

追寻。

艾希 1907 年 2 月 1 日出生于奥德（Oder）河畔的勒布斯。他曾在勒布斯和柏林上学，最后在莱比锡中学毕业。关于他何时何地学习了汉学，这在研究资料中的答案不尽相同。根据艾希《全集》的生平附录（IV 477），情况应是这样：

1925 艾希在莱比锡中学毕业，开始在大学学习汉学。

1929/30 在巴黎学习，因为在德国的"这个学期汉学专业没有讲座"。

根据沙夫洛特（Heinz F. Schafroth）的说法，情况有些不同：

1925 开始学习汉学；以后艾希在莱比锡还学习国民经济学。

1928/29 在巴黎学习汉学。返回柏林，继续学业直到 1931。[1]

而就斯托尔克（Joachim W. Storck）的叙述，艾希自 1925/26 年冬季学期起在柏林开始汉学学习。1926/27 学年的冬季学期，他在莱比锡度过，1928/29 在巴黎。1932 年他中断了学业。但他编辑的那本书的内封上却写道："……1927/28 在莱比锡（汉学和国民经济学）"。[2]

1　Heinz F. Schafroth, „Günter Eich ", München 1976, S. 152.

2　Joachim W. Storck, „Günter Eich ", Marbacher Magazin 45/1988.

对此笔者曾进行了追寻。1988 年 7 月 27 日，柏林洪堡大学的档案馆友好地告诉我：

> 君特·艾希（1907—1972）曾在柏林大学注册，号码是 4282/115。从 1925 年 5 月 5 日到 1927 年 10 月 12 日，他在柏林大学学习国民经济学。

由此可见，艾希开始大学学习的时间是 1925 年；他已经在柏林开始学习国民经济学；从 1927/28 年起，他才可能在莱比锡学习。但是，这封回信只字未提艾希的汉学学习。

关于艾希在莱比锡学习汉学的经历，笔者从莱比锡大学档案室得到日期为 1988 年 8 月 19 日的回信：

> 姓名、出生地点和专业：君特·艾希，勒布斯，1927 年 10 月 26 日出生，哲学
>
> 出具证书：1928 年 2 月 25 日
>
> 继续学习：否
>
> 收到证书：1928 年 2 月 27 日　　君特·艾希

我们的猜测，艾希 1927/28 年冬季学期才在莱比锡大学开始学习，得到了证实。其原因可能柏林大学的汉学教授弗朗克（Otto Frank）1927/28 年冬季学期休假。[1] 值得注意的是，沙夫洛特和斯托尔克提到的国民经济学学习，在这封文件中没有出现。文件另

---

[1] 参见 Vorlesungsverzeichnis der Friedrich-Wilhelm-Universität Berlin WS 1927/28, S.78。

含以下内容：

听过和得到证明的讲座有：

1927/28 学年冬季学期：

清朝的殖民战争

多语种的喇嘛教碑文　　　　海尼士（Haernisch）

中国书面语 II　　　　　　　海尼士

汉语文本　　　　　　　　　海尼士

中国概况　　　　　　　　　海尼士

孟子　　　　　　　　　　　埃尔克斯（Erkes）

Yiu-fu-King　　　　　　　埃尔克斯

中国和佛教童话　　　　　　威勒尔（Weller）

汉语会话　　　　　　　　　王（Wan）

1928 年夏季学期：

德语构词法　　　　　　　　弗林斯（Frings）

撒利安和施陶芬时期的文学　弗林斯

专业课：福劳尔·亚历山大　弗林斯

高级讨论课：罗特尔　　　　弗林斯

法语音韵学　　　　　　　　贝克尔（Becker）

儿童心理学　　　　　　　　福尔克尔特（Volkelt）

1928/29 学年冬季学期：

长篇小说和中篇小说　　　　约勒斯（Jolles）

1929 学年夏季学期：

未选课

艾希何时在巴黎学习，这个问题尚未得到澄清。根据莱比锡大学提供的文件，在1928/29年的冬季学期，艾希应该还在莱比锡。但菲泽（Willi Fehse）报告说，他1928年曾同艾希在巴黎见面。[1]

为什么学汉学？他怎么会产生"同这样一个奇特和地域遥远的语言"（Ⅳ 317）打交道的念头？对此，艾希曾于1933年在一次题为《我学汉语》的广播讲话里，讲述了这样一个传奇故事：

那其实仅仅是个偶然。事情是这样开始的。那天，我来到柏林的一家中餐馆，在那里尝试用筷子以中国的方式吃饭。该怎么做，对此我一无所知。于是我拿起那两根小木棍，一只手一根，尝试着用它们往嘴里塞上一口饭，但徒劳无功。也许我摆弄几小时之久，还无法吃饱。最后我旁桌上的一个年轻的中国人，走来帮助我。他向我示范了，该怎么做。首先得把两根小木棍，一起拿到一只手里……

我同我的邻桌进入谈话，题目是关于中国人和欧洲人的饮食风俗。他告诉了我许多在欧洲流传的关于中国饭菜的奇闻逸事……

同我邻桌人的交谈持续许久。他告诉我许多有关中国的事情。最后我们的话题转移到了中国的语言上，而他就此所说的话竟然如此有趣，以至于我产生了兴趣，进一步地接触它。我那友好的邻桌，已经给别人

---

1 Willi Fehse, „Ein ganz natürlicher jünger Mann " . In: „Günter Eich zum Gedächtnis " , Frankfurt am Main 1973, S.30-40.

上过各种中文课，他主动提议，引导我进入这个神秘
语言的初阶。（Ⅳ 317—319）

不过，一顿中餐的经历和一次偶然的谈话，难道具有如此魔
力，让艾希作出人生的这样一个抉择？获得较有说服力的答案，
可能需要了解他所处之时代风尚。

中国和欧洲之间的关系曾受两个重大事件的推动。去往印度
的海路的发现（1557 年葡萄牙人发现澳门；1564 年西班牙人来
到菲律宾）打开了通往中国的大门。接踵而至的耶稣会士，在中
国传播基督教的同时，也把中国文化介绍到了欧洲。而这种文化
对欧洲的文化时代，比如洛可可和启蒙运动，发生了不可小看的
作用。

根据舒斯特（Ingrid Schuster）的划分，尤其在 1890 到 1925
年间，德国的中国热，极一时之盛。[1] 这首先表现在一系列对中国
文学和典籍的翻译和改编上。比如有汉斯·贝特格（Hans Bethge）
的《中国之笛》（1907），马丁·布伯的《中国神怪和爱情故事》
（1911），卫礼贤的《道德经》（1911）等。有鉴于此，恩斯特曾在
1911 年，就卫礼贤的《论语》德译这么评说：

> 我们面临着同中国人的重要接触。也许在不远的将
> 来，世界历史的内容会成为我们文化，印度和伊斯兰教
> 民族也可以归入这个文化，同中国人的文化的斗争。[2]

---

1 Ingrid Schuster, „China und Japan in der deutschen Literatur 1890 —1925 " , Bern, München 1977.
2 Paul Ernst, „Gedanken zur Weltliteratur. Aufsätze " . Gütersloh 1953, S.80.

在对中国增长的兴趣中，其实郁结有欧洲内部一种不断上升的危机意识。它体现在尼采对欧洲文明的批判中，也包含在斯宾格勒那本书的书名里：《西方的没落》。

德语文学也加入了这个精神的变化过程。所以在有些表现主义作家的作品里，可以观察到以东方文化抵消西方文化的倾向。德布林（Alfred Doeblin）就在小说《王伦三跳》中，展现出他对道家思想的认知，而这部小说甚至具有德国"第一部表现主义小说"[1]的称号；黑塞则在他的小说《东方国家之旅》中，描绘了一次面向东方的精神之旅，而艾希以后还为此写过一篇书评[2]；卡萨克（Hermann Kasack）的小说《大河后面的城市》，根据作家自己的陈述，曾受到"东方的思想世界""决定性的影响"[3]，而恰恰这部小说，被视为表现主义文学的"最后一条支脉"[4]。

艾希曾认可了自己同这个文学潮流，即同表现主义文学的契合。他说，自己曾作为"迟到的表现主义者和自然诗人"开始自己的文学生涯（Ⅳ 407）。艾希汉学学习的特定背景，由此昭然可见。

在一次同米勒－汉普夫（Müller-Hanpf）的交谈中，艾希回顾自己的汉学学习，说他选择这个大学专业，"是想做某些不会对任何人特别有用的事"[5]。以这样的决定，艾希从西方那现实的世界抽身而出，到东方的历史世界中寻求逃逸的可能。从这个视角观察，一次中国餐馆的经历或者同一个中国人的结识，仅是一个契机。学习汉学的决定，受到一个更深的精神史背景的托举，是

---

1 Walter Muschg, „Von Trakl zu Brecht, Dichter des Expressionismus ", München 1961, S.72.

2 这篇书评艾希以笔名 Georg Winter 发表，见：„Die Kolone ", Jg. 3. Heft 4, S. 64。

3 Hermann Kasack, „Mosaiksteine. Beiträge zur Literatur und Kunst ", Frankfurt am Main, 1956, S.18.

4 Karl August Horst, „Die deutsche Literatur der Gegenwart ", München 1957, S. 80.

5 Susanna Müller-Hanpf, „Lyrik und Rezeption. Das Beispiel Günter Eich ", München 1972, S.19.

风尚使然。

艾希的汉学学习，根据目前的资料，前后大约七易寒暑。1932年，在没有获得毕业证书的情况下，艾希正式中断学业，此后以自由作家的身份谋生。关于这个决定，有一次他对青年时代的朋友菲泽这么讲：

> 在学校里和讨论中，别人总是对一切都了解得更好。也许我仅仅适合于当作家……[1]

尽管艾希汉学学习半途中辍，但留下近一百首中国古典诗歌的德译。这既可被视为他汉学学习的果实，同时也是他作为汉学家与中国文学关系的显证。

艾希最初的汉诗德译是十首苏轼的诗，1949 年首先刊登在《意义与形式》杂志的创刊号上。其中第一首诗《新年》，是苏轼《新年五首》中的第一首。艾希的选择也许不是机缘凑巧，因为同样这首诗，已经由豪泽（Otto Hauser）译成德语。[2]而其余九首苏轼诗的汉语出处至今不明，虽然笔者仔细查阅苏轼全集，欲明究竟，但才力不逮，未能如愿，不无遗憾。而艾希译文下的注解"由君特·艾希译自汉语原文"[3]，更让事情显得扑朔迷离。

此后不久，艾希还有八十五首汉诗德译行世，刊登在贡德尔特（Wilhelm Gundert）主编的诗集《东方诗》（1952）上。艾希的

1　Willi Fehse, „Ein ganz natürlicher jünger Mann " . In: „Günter Eich zum Gedächtnis " , Frankfurt am Main 1973, S.34.

2　Otto Hauser, „Chinesische Gedichte aus der Han-Tang- und Sung-Zeit " , S.47-48.

3　Eich, „Gedichte des Su Tung Po " , in: „Sinn und Form " , Jg.1, 1949, S.91.

选择集中于四个唐代（618—907）诗人，六名北宋（960—1127）诗人，另有两人是汉朝（前206—220）诗人。笔者根据海德堡大学汉学系的藏书为主进行甄别，发现在这八十五首诗中，至少七十二首此前已有德译。而其余十三首诗中，起码十二首也已有英译。仔细检视，可以发现，艾希的翻译同以往的译文存有诸多联系。比如在翻译白居易的诗时，他显然使用了沃伊齐（Woitsch）的《白居易译诗》。[1] 艾希所译的十六首白居易诗，其中十五首可以在沃伊齐的译本中找到。而所有二十七首来自宋朝（960—1279）的译诗，也已在福尔克（Alred Forke）的《唐宋诗选》[2] 中出现。作为对以上立论的支持，这里先看艾希译诗同沃伊齐译诗的对勘。

艾希：

Mein Leben, wem gleicht es？

Dem einsam, wachsenden Beifuß gleicht es.

Vom Herbstreif zerschnitten, von den Wurzeln gelöst

Treibt er weit im langen Winde dahin.（Ⅳ 349）

沃伊齐：

Mein Selbst, wem gleicht es？

Es gleicht einer einsamen Crysantheme,

Die vom Herbstreif verdorben

Vom Sturme verweht wird.

---

1 D.L. Woitsch, „Aus den Gedichten Po-Chü-Is ", Peking 1908.

2 Alred Forke, „Dichtungen der Tang- und Sung-Zeit ", Hamburg 1929.

这是白居易《我身》一诗的第一段，描述漂泊的生活。两相比较，从用词和句法上来看，艾希的翻译明显受到沃伊齐译本的挽扶。

再看艾希译的一首李白诗 "An einem Frühlingstag betrunken erwachen"，汉语题目是《春日醉起言志》。

> Das Leben geht so wie ein großer Traum dahin,
>
> Und sich darin zu mühn, weiß wer den Sinn？
>
> Von morgen bis zur Nacht hab ich getrunken.
>
> Faul bin ich an der Schwelle hingesunken.
>
> Da blinzelnd ich erwach, dringt aus dem Garten vor
>
> Ein Vogelruf vernehmlich an mein Ohr.
>
> Ich grag verschlafen, welche Zeit es sei,
>
> Und flatternd ruft die Amsel mir zur Antwort: Mai！
>
> O wie mich das bewegt und mir die Brust beengt！
>
> Den Reiswein habe ich mir wieder eingeschenkt,
>
> Den hellen Mond erwartend laut gesungen,
>
> Den Seufzer schon vbergessen, als das Lied verklungen.

（Ⅳ 338）

在这首诗里，那只鸟儿具有叫出季节的能力，而且是 "Mai"（五月）。但艾希的译文同汉语原文明显形成偏差，因为李白笔下的小鸟没那么大的本事。原文其实就是："春风语流莺"，"五月"为艾希自己的添加。在对此诗其他西文的检视中，笔者发现了翟理思（Herbert A. Giles）的译文，其中有：

I ask, Is it evening or dawn ?

The mango-bird whistles,' Tis spring. [1]

汉语中没有清楚表达出的回答句，被译者清晰地提掣出，而且在内容上同"五月"非常靠近。但是，"五月"这个译法究竟从何而来？带着这个问题，我们发现了上提福尔克的译文：

Ich richte darunter die Frage,

In welcher Zeit wir denn sein.

Er sagt: Es sind Maientage,

Da zwitschern die Vögelein. [2]

艾希译文中的"五月"之于福尔克的"五月日"，应该非是不约而同，更像一种沿袭。另外，艾希的译文同沃伊齐和福尔克译本的关联，也绝非偶然。因为那两个译本都是德汉对照本。这给作为汉学家的艾希，在翻译时提供了比照和参考的便利条件。

以上拈举，虽然试图证实，艾希的汉诗德译往往其来有自，但这并不说明，艾希的翻译只是对已有译文的简单修订。倘若仔细考察，可以发现，在大多数情况下，艾希在翻译这些中国古典诗歌时，仔细琢磨了汉语原文，确有胜人之处。艾希被德国学界称为"汉诗德译最出色的译者之一"[3]，应该不是过度的褒扬。对于我们而言，艾希的中国古诗翻译，其更大的价值似乎在于，它们

---

1 Herbert A. Giles, Arthur Waley, „Select Chinese Vers ", Shanghai 1934, S. 28.

2 Alred Forke, „Dichtungen der Tang-und Sung-Zeit ", Hamburg 1929, S.50.

3 Joachim W. Storck, „Günter Eich ", „Marbacher Magazin " 45/1988, S.13.

出自一个集名诗人和汉学家于一身的德国作家之手。这在至今的德国文学史上，似乎前无古人，后无来者，值得记录和光扬。

（原载《中西文化研究》2009 年第 12 期，
原题为《德国作家艾希及其汉诗德译》）

席勒戏剧在中国

20世纪末，德国"文学教皇"赖希·拉尼茨基独自主编，在岛屿出版社推出系列丛书"德语文学经典"。人们饶有兴趣，看究竟有哪些作家、并以何种方式入他法眼。结果是：戏剧类的"经典"共分八卷，涉及作家二十四人，剧作四十四部，即每个作家入选作品平均不到两部。其中，以三部剧作入选的有：莱辛、克莱斯特、施尼茨勒、布莱希特；有四部剧作入围的是歌德。唯独席勒"鹤立鸡群"，携六部剧本上场。可见，在编者眼中，席勒该坐德语戏剧厅堂的头把交椅。

在德国，席勒（1759—1805）是与歌德齐名的文学大家，其作品沉雄浑厚，意蕴深远，充满理想主义色彩。本文主要考察中国的席勒戏剧研究，仅在相关语境中，会稍及席勒研究的其他方面。因为中国的外国文学研究，与汉译关系密切。尤其是早期研究，往往出现在译本的序跋中。所以，本文的考察，将对有关译本，予以高度关注。

一、民国时期的译介与研究

中国晚清外交家张德彝在《随使德国记》中，记载他1890年2月3日在柏林看戏，内容是"某甲"被迫箭射亲儿头上之

橘 [1]，这也许是中国人对席勒名剧《威廉·退尔》的首次记录。正是该剧，以后成了席勒第一部汉译剧本，译者马君武。1915年，该剧发表在上海中华书局发行的《大中华杂志》创刊号上，自1月20日的1卷1期开始，连载到6月20日的1卷6期。[2] 这份由梁启超主编的杂志，在创刊号上即以席勒作品开道，非属偶然。同是梁启超主编的《新小说》早在1905年3月第14号上，已刊出席勒画像。这部雄浑刚劲、摧抑豪强的剧作在中国际遇不凡。郑振铎在他"文学大纲——十八世纪的德国文学"（《小说月报》16卷12号，1925年12月10日）中称它为席勒最有名的剧本，并说："当威廉·退尔在射苹果时，或当他们在黎明的红光中报告胜利的消息时，不知怎样的总使读者感到一种莫可言论的感动。"他在文中一再突出主人公"被迫用箭射他自己儿子头上的苹果之事"，让人想起张德彝当年观看此剧后的记录，足证一个独创性情节的感人魅力。

　　1925年，上海中华书局推出《威廉·退尔》的单行本。马君武在"译言"中交代："吾欲译欧洲戏曲久矣。每未得闲。今来居瑞士之宁茫湖边。感于其地方之文明。人民之自由。到处瞻仰威廉·退尔之遗像。为译此曲。此虽戏曲呼。实可作瑞士开国史读也。予译此书。不知坠过几多次眼泪。予固虽非擅哭者。不审吾国人读此书。具何种感觉耳。"到1941年，此译至少重版四次，可见影响广泛。

　　该剧另一中译1936年由上海开明书店出版，译者项子和。他在"译者弁言"中讲述此译缘由：一是他初读此剧德语原文时，

<hr>

1　参见钟叔河：《书前书后》，海南出版社，1992，第201页。
2　参见《中国近代文学大系·史料索引集》(1)，上海书店，1996，第91页。

"泪为之收，血为之沸，头为之昂，臂为之健"，最后对此剧"爱不释手"；二是"偶以（马君武）译本与原文参照，见其所译简略之处颇多，意或译自节本"。项子和为马君武留德时的同学，或许因此，他才出言谨慎。但对马译的不满，清晰可读。最后他说："席勒与歌德齐名，此等世界文字，精神文字，自由文字，爱国文字，不可无足本之华译，因从以洪之意卒译之。"[1] 以"足本"替"节本"，这是项子和本意。

席勒的另一代表作《强盗》，1926 年由杨丙辰译出，上海北新书局以《强盗》和《讨暴虐者》两个书名同时出版。与项子和一样，杨丙辰在"译者自序"中也并提席勒与歌德。不同的是，他还出色地比较了席勒同歌德："葛德的才思是客观的，写实的，趋外的，八方面的伴奂全备的。释勒的才思是主观的，惟心的，趋内的，深不可识，高不可攀的。葛德是富有渊若大海，一望无际的情感的，释勒是富有灿若日月的哲识理想和奋斗向上的精神的。因此葛德就是一个天生的抒情诗人，释勒就是一个天生的戏剧家。而葛德一生最精纯最出色的作品，就是他的抒情诗。释勒一生的最出色杰作却是他的戏剧。"联系到前及项子和的评论，可见国人评论席勒的一大特点，是经常将他与歌德比较。而杨丙辰"释勒一生的最出色杰作却是他的戏剧"之语，更显示出中国学者目光的锐利。或许鲁迅也注意到了这部译作？不管怎样，他主编的《莽原》2 卷 3 期（1927 年 2 月 10 日）上也发表了杨丙辰译、席勒作的"《强盗》初版原序"。但钱杏邨的确熟悉此剧。他在其"德国文学漫评"[2] 中把此剧与《水浒传》相提并论，又把席勒笔下

---

1 据此译的译者弁言。以洪：陆以洪，项子和的朋友。
2 载《小说月报》19 卷 3 号，1928 年 3 月 10 日。

的"强盗"比作项羽，对"他们［强盗们］的勇敢，毅力，大无畏的精神"，以及"刚毅不屈，对社会不妥协"大加赞赏。

此后，席勒另外几部重要剧作也被译成汉语。1932年，上海商务印书馆出版胡仁源译《瓦轮斯丹》。此剧又由郭沫若重译，题为《华伦斯太》，上海生活书店1936年版。出于"求全的奢望"，郭沫若在跋文"译完了华伦斯太之后"中，既肯定剧本的艺术性，也指出席勒在人物塑造方面的破绽。涉及的问题有：对"返之自然"口号的误用，主题在性格悲剧和命运悲剧之间的游移及由此带来的人物性格模糊，体现出译者自身的理论修养及创作观。文章末尾，郭沫若感谢席勒，"替我们中国文艺界介绍了一位西方式的'汉奸'"，有意无意把读者拉回中国抵御外敌的现实。

1932年，上海安国栋发行叶定善编译的《奥利昂的女郎》。在书前的"席勒尔小传"中，译者也把歌德同席勒互作比较，说："前者是直感的，天籁的，所谓naive底诗人，后者却富于沉雄的气韵，而成其所谓sentimental底艺术。"译者甚至把席勒比作"吟望低垂的杜子美"，把歌德视为"兴酣笔落，诗成啸傲的谪仙翁"。想象力虽强，但考虑到中德作家截然不同的文化背景和才质性情，比较稍显勉强。

席勒另一部代表作《阴谋与爱情》1934年也由上海商务印书馆出版，译者张富岁。此书由胡适题字，书前又有杨丙辰的"杨序"，颇显珍贵。杨丙辰在序言中称赞席勒是个"理智敏捷，念虑深长，想象力极强烈"的人，自1926年译《强盗》后，再次显示他对席勒的看重。

20世纪二三十年代在中国得到译介的另一部席勒剧本是《狄默特纽斯》（片断）。李金发在其1929年由上海ABC丛书社出版的《德国文学 ABC》中，以《德姆特利阿斯》为名，收入黄似奇译这部"片断"中的片断。

由此可见，在 1915 到 1934 年的约二十年里，席勒的《威廉·退尔》、《强盗》、《华伦斯太》、《奥利昂的女郎》、《阴谋与爱情》等五部剧作，得到完整的中译。那些翻译家，几乎无例外地同时对这些作品进行评论，是为席勒戏剧研究在中国的开端。

民国时期，1934 年席勒诞辰一百七十五周年的纪念活动为重大事件。当时的中德学会在京举办"释勒展览"，北大德文组于同年出版《释勒纪念特刊》，其中收有德人阿尔贝特·克斯特的"图兰朵通话——从戈齐到席勒"和英戈·克劳斯的"席勒、中国和戏剧"两篇论文，一是表明中国的席勒研究，不时有借鉴德国学者的特征；二是倡导对席勒戏剧与中国关系的研究。之后，抗日战争的爆发，给中国的席勒戏剧接受史，留下另一值得记录的大事。1938 年，陈白尘、宋之的将席勒的《威廉·退尔》改编成《民族万岁》，借用舞台，宣传抗日。

二、1949—1966 年间的译介与研究

"二战"结束后，德国分裂为联邦德国（西德）和民主德国（东德）。新中国成立，不久就与东德建交。与西德建交，是 1972 年的事。由于意识形态的关系，这个时期人们主要关注当代东德作家的作品。但席勒属于德国古典主义作家，他的作品，在某种程度上能够超越意识形态造成的壁垒。1955 年，是席勒逝世一百五十周年，而世界和平理事会也将席勒选入当年的四大文化名人之列，民主德国甚至将这年命名为"席勒年"。中国的有关政府机构，为

此举行纪念活动，而出版界更是闻风而动。在北京，人民文学出版社修订出版郭沫若译《华伦斯坦》（1955）、廖辅叔译《阴谋与爱情》（1955）、钱春绮译《威廉·退尔》（1956）、杨文震和李长之译《强盗》（1956）、张天麟译《奥里昂的姑娘》（1956）；在上海，新文艺出版社推出张威廉译《威廉·退尔》（1955）、叶逢植和韩世钟译《斐哀斯柯》（1957）。其中，除《斐哀斯柯》之外，均为重译。这更凸显出民国时期译者力开先河的功绩。围绕着纪念活动以及因此而集中出版的席勒作品，评论界也热闹非凡。就现有资料看，仅在1955年的活动中，各类报刊为纪念席勒逝世一百五十周年，登载文章或论文，就达二十四篇（其中两篇译自德语）。[1] 它们一方面在当时的政治社会背景下称颂席勒，比如杨宪益在《纪念世界文化遗产的伟大代表》一文中，先介绍席勒的戏剧创作，然后说："今天，当全世界人民正在为反对西德重新军国主义化而斗争，而美帝国主义及其追随者正以巴黎协定阻碍着德国的和平统一的时候，纪念席勒对于德国人民以及全世界人民具有特殊重大的意义，而席勒精神必将成为鼓舞人民争取德国和平统一的道德精神力量。"[2] 而冯至的《"建筑自由庙宇"的伟大诗人——纪念席勒逝世一百五十周年》，其实不涉及席勒的"诗歌"，而是重点介绍其剧作《强盗》，并将它与推翻暴政联系起来，说："现在，在席勒的祖国，已经有一部分地域——德意志民主共和国——在工人阶级政党的领导下，实现了席勒的梦想，永久削除了暴君统治和不合理的社会制度。但是在西德却完全两样……当年

1　参见丁敏：《席勒在中国：1840—2008》，上海外国语大学博士学位论文（2009年5月），第167—168页。

2　载《世界知识》1955 (09)。

席勒所攻击，所控诉的，不但没有消逝，而且面貌更为狞恶了。"[1]冯至还援引恩格斯对席勒《强盗》一剧的赞赏，说"席勒写他的'强盗'，是对于一个向全社会公开宣战的、胸怀磊落的青年的赞颂"。另一方面，也有文章比如黄嘉德《席勒的创作道路——纪念席勒逝世一百五十周年》，认为"席勒的作品是有一定程度的局限性的"，具体而言，是其剧作中"抽象的人道主义说教的倾向"，以及"思想的矛盾"[2]。后者主要涉及席勒《强盗》和《唐·卡洛斯》中主人公最后的妥协姿态。

紧接着是 1959 年，那是席勒二百周年诞辰。首都文化艺术界千余人集会，纪念这个日子。中国戏剧家协会主席田汉，在会上做了题为《席勒，民主与民族自由的战士》的报告。报告主要内容围绕着席勒的戏剧创作展开，得到论述的有：《强盗》、《斐斯科》、《阴谋与爱情》、《唐·卡洛斯》、《华伦斯坦》、《玛利·史都瓦特》、《奥尔连的姑娘》、《墨西拿新嫁娘》、《威廉·退尔》、《德米特里俄斯》，几乎囊括所有席勒的戏剧创作。田汉的评论，继承了建国后中国左翼文评的主要传统。他这么说："唯心主义的美学观曾经一度使诗人减弱了对人民力量的信任和对革命的向往，而依靠所谓'美感教育'。但由于当时日益加深的德国民族危机和诗人热爱祖国、反抗侵略的至情，使他终于脱出了'美的迷宫'，写出像《威廉·退尔》这样不朽的剧本。"[3]这次集会结束后，中国青年艺术剧院还演出了席勒名剧《阴谋与爱情》。

总而言之，一直到 20 世纪 50 年代末，这一时期的席勒剧作评

1　载《人民日报》1955 (5/4)。

2　载《文史哲》1955 (5)。

3　载《戏剧报》1959 (22)。

论，政治背景突出，辩证方法流行，虽然肯定了其创作的"进步"意义，但也对其"唯心主义"倾向啧有烦言。但两次纪念活动过去之后，一直到"文革"结束，席勒作品的译介大体停顿，而席勒之名在我国学术领域，渐行渐远。今天能看到的，一是朱光潜1963年的论著《席勒的美学思想》[1]，与席勒戏剧大体无关；二是张威廉1963年的文章《略谈席勒对中国的了解》[2]，涉及席勒剧本《图兰朵》中的中国因素。两篇文章当时均未引起学界反响，但前者似为20世纪70年代末起中国的席勒美学研究开了先河，而后者既续接了前及1934年《释勒纪念特刊》所载、德国学者对席勒与中国文学关系的研讨，同时也为20世纪80年代后此题获得热议做了铺垫。

三、1978—2010 年间的译介与研究

从"文化大革命"爆发前后的几年，一直到"文化大革命"结束，由于政治环境的制约，席勒作品在中国的译介与研究几乎全部停止。就已有资料来看，席勒研究重新展开，是在1978到1979年间。在这两年中，约有八篇关于席勒的文章问世[3]，其中七篇讨论马克思和恩格斯提出的"莎士比亚化"和"席勒式"，表现出马恩理论不仅统率中国政治，而且引导席勒研究。克地、张锡坤的《论"席勒式"的创作倾向》，可能是此类文章中的首篇。它在以马克思主义理论对席勒创作进行总体评价后，着重分析席

---

1 载《北京大学学报（哲学社会科学版）》1963年（1）。另可见"北京大学朱光潜来我校作'德国古典美学'等问题的学术演讲"，《吉林大学社会科学学报》1963年（3）。

2 载《雨花》1963年（1）。

3 参见丁敏：《席勒在中国：1840—2008》，上海外国语大学博士学位论文（2009年5月），第41、172、175页。

勒的《华伦斯坦》和《威廉·退尔》。就前者来说，作者的结论是"席勒以形象演绎他的道德理想的观念"；至于后者，虽然歌颂了"争取自由解放的英勇斗争"，但"依然存在着唯心主义的创作倾向"。[1]

席勒戏剧研究真正的振兴，是进入 20 世纪 80 年代后。1981年，上海译文出版社同时推出张威廉译《唐·卡洛斯》和《威廉·退尔》。后者是 1955 年新文艺出版社版同名译本的重印，前者为新译，译本前言落款日期是 1964 年 11 月。看来正是此后不久开始的"文化大革命"，推迟了该译本的出版。此译正文附有不少译注，译序列出的参考书就达八部之多，可见翻译本身就是研究成果。接着在 1983 年，张威廉在江苏人民出版社出版另一新译，《杜兰朵——中国公主》。1985 年，上海译文出版社推出张玉书、章鹏高译《玛丽亚·斯图亚特》。至此，席勒中译剧本达到十部。

80 年代中国的席勒戏剧研究，是 70 年代末此类研究的继续。就目前统计资料来看，从 1980 年到 1988 年，篇名提及席勒和莎士比亚"问题"或"席勒式"的杂志文章约有九篇[2]，而专门评论席勒剧作的杂志文章仅约七篇[3]。以应启后、范小青《〈唐·卡洛斯〉和"席勒式"》[4]为例。此文回顾了马恩给拉萨尔信中关于"席勒式"的话，具体议论《卡》剧三方面的"错误和缺点"：一是主要人物不能表现当时时代精神的进步思想；二是剧作表现的矛盾冲突显得

1　载《吉林大学社会科学学报》1978 年 (1)，第 53 页。

2　其中一篇为译文：《舒伯特教授谈"席勒式"和"莎士比亚化"》，宁瑛译，《外国文学动态》1984 (12)。参见丁敏：《席勒在中国：1840—2008》，上海外国语大学博士学位论文（2009年 5 月），第 176—177 页。

3　参见丁敏：《席勒在中国：1840—2008》，上海外国语大学博士学位论文（2009 年 5 月），第172—173 页。

4　载《江苏师院学报》1982 (1)。

空洞和概念化；三是表现方法上有抽象化和单一化倾向。

　　而在专门评论席勒剧作的七篇文章中，有三篇谈《阴谋与爱情》，一篇论《唐·卡洛斯》，一篇论《玛丽亚·斯图亚特》，一篇论《强盗》，一篇综合性地介绍席勒的悲剧和历史剧。以蓝泰凯《席勒的悲剧〈强盗〉》[1]为例，该文依照杨文震、李长之的译本，参考马恩全集、《外国文学评论选》（湖南人民出版社1982年）中梅林关于此剧的评论、《外国文学教学参考资料》（福建人民出版社1980年）、《西方文论选》（上海译文出版社1979年）中载亚里士多德的《诗学》以及孙席珍《外国文学论集》（福建人民出版社1983年）写成，主要介绍剧本内容，总结其"语言充满反抗激情，生动有力，富于形象性合个性特征"的成功之处，又指出其结构的"不够连贯"的缺点。概而言之，论文作者看来大多不谙德语，采用的基本是二手资料，关注重点、论述方法和研究结论，大体延续了50年代以来的传统，几无突破。

　　《阴谋与爱情》在中国获得青睐，展现出与德国席勒戏剧研究重点的不同。试以新近两本德国的席勒专著为例。其一是萨弗兰斯基著《席勒传》[2]；其二为弗尔克尔（Kurt Völfel）著《弗里德里希·席勒》[3]。前者讨论了席勒主要剧作，按书后"作品索引"所列页码的次数，按序为《强盗》（37）、《斐耶斯科》（25）、《唐·卡洛斯》（23）、《华伦斯坦》（21）、《阴谋与爱情》（17），后者也涉及席勒主要剧作，同按书后"作品索引"所列页码的次数，按序为《唐·卡洛斯》（19）、《华伦斯坦》（15）、《斐耶斯科》（12）、

1　载《贵州师大学报》（社会科学版）1987（4）。

2　Rüdiger Safranski, „Schiller oder die Erfindung des Deutschen Idealismus ", Carl Hanser Verlag, 2004.

3　Kurt Völfel , „Friedrich Schiller ", Deutscher Taschenbuch Verlag, 2004.

《强盗》(10)、《奥里昂的姑娘》(8)、《阴谋与爱情》(7)。可见，在席勒大约十部的主要剧作中，《阴谋与爱情》的被关注度，在上提两部德人著作中基本一致，分别排在第五位和第六位，亦即处于中间状态。《阴谋与爱情》在中国的席勒研究中受到特别关注，似和另一位德语作家、茨威格在中国风光八面的原因类似，即与被缠绵悱恻的温柔之风吹软了的文坛相关，也同我们那常常诉诸情欲的审美倾向有涉。这是另话。

新中国席勒研究的一项重要研究成果，是杨武能选编《席勒与中国》(四川文艺出版社，1989)。文集上篇为"席勒与中国"，收文十六篇，全部与中国有关，可归入比较文学研究；下篇是"席勒论"，收文十五篇。总共三十一篇文章，约十二篇出自德国学者之手，其中不乏德国汉学家，其余大多由中国各大学的德语教师或德语文学研究者写成，学术品质达到崭新水平。文集中，约十五篇文章，题目已涉及席勒的戏剧创作（其中一篇谈两部剧作），占全部论文总数的百分之四十六点五。可见戏剧创作，仍然是研究者关注席勒的重点。细看十五篇文章，有五篇谈《阴谋与爱情》，三篇论《威廉·退尔》，各有二篇研究《强盗》、《奥里昂的姑娘》和《玛丽亚·斯图亚特》，各有一篇涉及《唐·卡洛斯》和《杜兰朵——中国公主》。结果表明，在中国的席勒戏剧研究中，《阴谋与爱情》依旧占据要位。这十五篇论席勒戏剧的文章中，至少有八篇进行中德文学或文化的比较研究，比如涉及《强盗》的两篇论文，都将此剧与中国的《水浒传》进行比较，体现出中国席勒研究跨文化的特点[1]。

---

1 但这是阿英 1928 年已做过的事。参见上及钱杏邨：《德国文学漫评》。载《小说月报》19 卷 3 号，1928 年 3 月 10 日。

上及论文集《席勒与中国》，其实是为纪念席勒逝世一百八十周年，1985 年在中国重庆举办的一次国际席勒研讨会的成果。之后，席勒研究虽然在场，但受关注的重点大体是其美学论著。中国的席勒戏剧研究，等待着二十年后又一个大规模的席勒纪念日。

2005 年，中国纪念席勒逝世二百周年的活动，规模空前，仅在北京，就有三个大型纪念活动暨国际学术研讨会。这一年，人民文学出版社隆重推出张玉书选编的 6 卷本《席勒文集》，其中第 2 到第 5 卷为戏剧卷。第 2 卷收《强盗》、《斐耶斯科的谋叛》和《阴谋与爱情》；第 3 卷收《唐·卡洛斯》和《华伦斯坦》；第 4 卷收《玛丽亚·斯图亚特》、《奥尔良的姑娘》和《图兰朵》；第 5 卷收《墨西拿的未婚妻》、《威廉·退尔》和《德米特里乌斯》。共计剧本十一部。其中，《墨西拿的未婚妻》为首译，《德米特里乌斯》的全译，也为初印。也就是说，席勒剧本汉译，在此首次整体亮相。尤其值得一提的是，选编者张玉书为每卷所选剧本，均写下资料翔实、脉络清晰的介绍文章，属于中国学者席勒戏剧研究的新近成果。[1]

另外，张玉书等人担任主编的德语版年刊《文学之路》[2]（2005年），辟出席勒专栏，收文十一篇，题目涉及席勒戏剧作品的有三篇，讨论剧作分别是《阴谋与爱情》（论剧本人物语言的中译问题）、《唐·卡洛斯》（讲自由母题）和《玛丽亚·斯图亚特》（谈妇女形象的塑造）。

1　作者与此有关的多篇论文，以后发表在多本杂志上。可参见《同济大学学报》（社会科学版）2005（12）、《国外文学》2008（8）、《北京大学学报》（哲学社会科学版）2008（3、9）等。

2　„Literaturstrasse", Wuerzburg, K&N 2005.

叶廷芳、王建主编的《歌德和席勒的现实意义》（中央编译出版社，2006），是1999年歌德诞生二百五十周年和2005年席勒逝世二百周年的纪念文集，收文十九篇，其中四篇以席勒为讨论对象。这四篇文章中，两篇关注席勒美学，各有一篇谈席勒对于时代的贡献及与歌德的友谊，均与戏剧无关。

其实，在2005年，还有众多报纸杂志纷纷登载文章，纪念席勒，按笔者目前统计，至少有十九篇（版）文章。[1] 就内容看，其中九篇（版）属一般对席勒生平与创作的介绍，八篇的篇名已指向其艺术美学或美育思想，另有两篇谈剧本《强盗》（作者为同一人）。除了一些普及性的内容，开始有文章借席勒话题，议论中国当下现实生活。比如2005年10月出版的《吉首大学学报》（社会科学版），设"纪念席勒逝世两百周年"专版，收《和谐社会与和谐美学》一文。此文倡导以席勒的"和谐美学"，构建我们的"和谐社会"，由此"最大限度地降低社会管理成本"，并在论述席勒游戏说的时候，举青少年迷恋网络游戏为例，说明实践中要避免"感性之上和快感崇拜"。学术上的席勒研究，似有介入社会管理之倾向。而上海的《文景》（2005年第6期）杂志，封面即是一幅席勒肖像，在"席勒逝世两百周年纪念"的专题下，同时刊文三篇，在整个参与纪念的报纸杂志中，其对席勒的关注力，尤为

---

1 它们分别见载于以下报刊：《文艺报》（2005年3月24日）、《文艺报》（2005年5月24日，整版）、《文学报》（2005年6月16日）、《音乐艺术》（2005年第2期）、《广东外语外贸大学学报》（2005年4月）、《人民日报》（海外版）（2005年5月16日）、《人民日报》（文艺评论栏）（2005年9月22日）、《人民日报》（国际副刊）（2005年11月1日）、《江苏大学学报》（社会科学版）（2005年9月）、《江西社会科学》（2005年第7期）、《同济大学学报》（2005年8月）、《同济大学学报》（2005年12月）、《德国研究》（2005年第2期）、《吉首大学学报》（社会科学版）（2005年7月）、《吉首大学学报》（社会科学版）（2005年10月）、《人民政协报》（2005年8月8日）、《文艺研究》（2005年第6期）、《社会科学报》（2005年5月26日）和《中华读书报》（2005年12月21日）。

突出。文章《我们一直还是野蛮人，原因何在？》，谈《强盗》一剧引发出的自由问题及其在当下的意义；《席勒的美学思想》，介绍其美学思想的原创性贡献；《席勒与"古今之争"》，涉及作家审美思想中的现代性批判问题。以上报刊文章，纪念意义比较突出，笼统介绍是其重点，并不专注席勒的戏剧创作。

"文革"后至今的席勒戏剧研究，有一部分成果可见两本关于席勒的专著。一是董问樵的《席勒》（复旦大学出版社，1984）。此书上篇为"生平、诗歌、美学观点"，下篇即是"戏剧"，介绍《强盗》等九部"完整的名剧"[1]。他的结论是："就剧情内容看：《强盗》可看作是社会悲剧；《斐耶斯科》是诗人自己定名为共和主义的悲剧，实即政治悲剧；《阴谋与爱情》是市民悲剧；《唐·卡洛斯》是政治悲剧；《华伦斯坦》是历史悲剧；《玛丽亚·斯图亚特》是宗教政治悲剧；《奥尔良的姑娘》是诗人定名为浪漫主义的悲剧；《墨西拿的新娘》是仿古的命运悲剧。就时间性质看：《强盗》和《阴谋与爱情》是时代剧……其余七部包括《威廉·退尔》都是历史剧，然而亦寓有借古讽今之意。"[2]不失为对席勒戏剧创作的一个简明概括。

二是叶隽《史诗气象与自由彷徨——席勒戏剧的思想史意义》（同济大学出版社，2007）。[3]此书以思想史或主题史研究的方法，探讨席勒的戏剧创作：在"个体叛逆与公正诉求"的题目下谈论《强盗》；以"英雄类别与民族前途"的标题论《斐爱斯科》、《唐·

---

1 董问樵：《席勒》，复旦大学出版社，1984，第240页。
2 同上。
3 此书出版前后，作者有多篇相关论文公开发表，包括前及"另有两篇谈剧本《强盗》"，不再一一列举。

卡洛斯》、《华伦斯坦》和《威廉·退尔》；借助"市民社会的建构"之标题评说《阴谋与爱情》；在"重构善恶"与"异邦想象"的题目下探讨《玛丽亚·斯图亚特》、《奥尔良的姑娘》、《墨西拿的新娘》和《杜兰朵》。此书全面评论席勒戏剧创作，在研究角度上，呈现新锐之气，实为新中国成立以来汉语语境中席勒戏剧研究的重要成果。[1]

四、结语

综观新中国的席勒研究的重点，最明显的变化是，从新中国成立前的文学创作转向他的美学思想。有数字表明：1949 年前，在百余篇席勒文献（含翻译）中，涉及文学创作的研究有二十三篇，涉及哲学的仅五篇；1977—1989 年间，文献总数达一百四十九篇，其中哲学（美学）类研究论文近一半。而在 20 世纪 70 年代末到 80 年代，人们大多热衷于讨论"席勒式"和"莎士比亚化"，方法雷同，用语相似。进入 90 年代，"席勒式"渐渐退出论坛，但哲学、美学依旧是我国席勒研究的重点，而所用资料，大多来自汉语。视野有限，新见殊乏。根据现有统计，从 1977—1999 年，研究文献的分布大体为：翻译百分之十九，其他百分之十九，文学研究百分之十七，哲学研究百分之四十五。[2] 即使在席勒研究的专著方面，情况类似。有关席勒哲学、美学的中

---

1 关于席勒研究，另有张玉书的著作《海涅、席勒、茨威格》（北京大学出版社，1987），其中《席勒的历史剧〈玛丽亚·斯图亚特〉》一文，详细介绍剧本的产生背景和人物塑造，并引述梅林和斯太尔夫人，对有人指责此剧并非历史剧进行辩难。

2 参见丁敏：《席勒在中国：1840—2008》，上海外国语大学博士学位论文（2009 年 5 月），第 52、53 页。

文著作，加上一部译著，目前至少有四种：毛崇杰：《席勒的人本主义美学》（湖南人民出版社，1987）；张玉能：《审美王国探秘——席勒美学思想论稿》（长江文艺出版社，1993）；卢世林：《美与人性的教育——席勒美学思想研究》（人民出版社，2009）；L. P. 维塞尔著、毛萍、熊志翔译：《活的形象美学——席勒美学与近代哲学》（学林出版社，2000）。而就席勒戏剧创作来讲，严格地说，仅见《史诗气象与自由彷徨——席勒戏剧的思想史意义》一部。

反观德国的席勒研究，仅在过去的约半个世纪里，个人专著就不下四十部，其中不乏戏剧研究论著。[1] 德国的学术研究，一般以绵密的细节考证和严谨的逻辑演绎见长。例如比纳特《席勒在柏林或者一个大城市的繁忙的生活》（2004）[2]，详述席勒与柏林的关系，虽然席勒一生，长住魏玛等地，仅逝世前一年，短访柏林数周。此书材料的挖掘与梳理，细致精到，功力显豁。而哲学家、传记作家萨弗兰斯基同年出版的《席勒传》，则另辟蹊径，从思想和哲学史的角度，散论式地重释席勒的创作（主要为剧作）与生平。该书立论新颖，叙述流畅，同时引起学界、媒体和书市的高度关注，获得巨大社会效应，为德国席勒研究的深入和普及，带来崭新气象。以上两例，都值得我们借鉴。

尽管如此，中国的席勒戏剧研究，还是留下自己的痕迹。尤其是上及叶著，从思想史出发探索其意蕴，已超越普及性介绍的范畴；也有文章不再囿于席勒作品在华的接受史或其作品中所谓的中国因素，进而探讨其戏剧创作与中国现代文学的关系，比

---

1 参见 Kurt Völfel, „Friedrich Schiller ", Deutscher Taschenbuch Verlag, 2004, S. 182-183。

2 Michael Bienert, „Schiller in Berlin oder Das rege Leben einer großen Stadt ". Marbach, 2004.

如：马焯荣的《田汉的戏剧艺术与席勒》[1]；范劲的《论席勒对郭沫若历史剧的影响》[2]。可以期待，随着席勒主要剧作终于全部被译成汉语，研究人员中熟练掌握外语，尤其是德语者的比例不断扩大，中国的席勒研究，会进入新的盛期。

（原载《东南大学学报》2012 年 5 月号）

1　载《江汉论坛》1983（11）。

2　载《吉首大学学报》（社会科学版）1997（3）。

今天您"诗意地栖居"了吗？

偶见归于"文化随笔系列"的《观念的水位》一书[1]，收有文章题为《今天您施密特了吗》，并称施密特（另译施米特）是"中国思想界的新款 LV 包"！用语犀利，令人叫绝。这个涉嫌替法西斯独裁思想作铺垫的德国法学家，近来的确走红大陆学界。其实，德国哲人中，今天在中国更风靡者该是海德格尔。但本文无意替他举证争胜，只谈因其《荷尔德林和诗的本质》一文，在汉语区域流播甚广的、荷尔德林的诗句"诗意地栖居"。不敢掠美，就此交代本文题目由来。

先看"刘再复作品06"号《走向人生深处》，有作者所云："到了海外之后，荷尔德林的名字在我心中愈来愈响亮，他的'人类应当诗意地栖居于地球之上'的思想也愈来愈成为我思索的中心。也就是说，我愈来愈自觉地把'诗意栖居'作为第二人生的目标。这种栖居方式，意味着远离仇恨、远离贪婪、远离傲慢，远离权力、财富、功名的追逐。"[2] 又见刘先生《人生悟语》一文[3]，再引荷尔德林此诗，并总结道："无论选择什么角色，关键是让自身的存在变成诗意的存在。"可见该诗在作者心中地位不凡。

1　刘瑜，《观念的水位》，浙江大学出版社，2013。
2　刘再复、吴小攀，《走向人生深处》，中信出版社，2011，第 17 页。
3　载《读书》2013 (9)。

再看约同时复出大陆学界的李泽厚，也对此诗念念不忘。有《李泽厚、刘绪源 2011 对谈——"情本体"能取代宗教吗》[1]一文可证。此文主要介绍李泽厚与康德"物自体"有千丝万缕之联系的"情本体"哲学。对谈结尾处，李先生说："所谓'诗意地栖居'有此敬畏才更完整，也更令人追求'乐天知命'。"

两位各具济世之志、忧国之怀的中国本土哲学大家，作客他乡，异口同声地推举"诗意地栖居"，让人叹惋，感慨万端。此属另话，不赘。

"诗意地栖居"作为超脱俗世的符码，也已越出学界，高频率地现身大众媒体。上海的《新民晚报》（2013 年 1 月 20 日，B2 版）就曾刊文《诗意地栖居》，介绍海德格尔如何演绎出以上"哲学命题"，说他："主要是针对人与自然的关系而言，他期望着一种人与自然相互依存、和谐共生的理想状况。"约半年后，又见《新民晚报》（2013 年 6 月 23 日，B2 版），有《圆梦环保栖居空间》一文，起首便是"'人，诗意地栖居'是我青睐的一句雅致美言"。

北京的《新华每日电讯》（2013 年 8 月 9 日，14 版）也曾载文《〈万象〉引发的"人文"思考》，其中有言："什么是'人文'？人文，就是我们能够'诗意地栖居在大地上'……在这个时代，我们必须高声呼唤'人文精神'的回归！"一旦"诗意地栖居"等同于"人文"，那么召唤"人文精神"，也就是呼吁"诗意地栖居"。一句德诗，在中国悄然担起社会重责。

又见《新华每日电讯》（2013 年 9 月 9 日，5 版）刊文《一个护林员的诗意栖居》，借本诗开头："19 世纪德国古典诗人荷尔德

[1] 载《社会科学报》2012 年 1 月 12 日。

林说:'人,诗意地栖居';然而,世间又有多少人求之不得。"

以上仅是笔者平时翻书读报,随手所得。倘若刻意搜寻,类似例子恐怕汗漫无际,不可收拾。小心起见,作罢。

海德格尔所引荷尔德林的这句诗,于当下中国文坛或媒体而言,可谓极一时之盛。但它在德语中,果真是"一句雅致美言"吗?多年来,笔者对精妙讨巧的翻译,有一种莫名的疑虑或恐惧。日前找来德语原作,果真发现,此译颇值一谈。有关原文如下:

Voll Verdienst, doch dichterisch,

wohnet der Mensch auf dieser Erde.

较新的一个汉译版本为:

虽说忙碌不堪,却能诗意地

栖居在这大地上。[1]

汉语"诗意地",德语中原来是"dichterisch"!其释义为:诗的,诗人的,富有诗意的。与这个形容词相匹配的名词是"Dichtung",本义为:"诗,文学创作",转义是:"虚构,杜撰"[2]。歌德的自传 *Dichtung und Wahrheit*,书名中就有这个词。刘思慕曾译为《诗与真》,流行至今。但之前已有魏以新,将此书名译为《我的生平——虚构与实录》,并说明:"按此书多半被译为《诗歌与真理》,或《理想与事实》等相似名辞,均与原意相违,兹不避生

---

1 《荷尔德林诗新编》,顾正祥译,商务印书馆,2012,第223页。

2 《新德汉大词典》,上海译文出版社,2000。

硬，将这部'半真半假'的自传名，试译如上。"上文中的"半真[1]半假"，点到这部自传的实处。歌德足够智慧，在书名中就让虚构与真实互相戏仿。他以此书名宣告，这既是文学创作，又是历史纪实。其效果为，自传真假互现，作者本人则"漂浮"于上，赢得写作自由。由此可见，德语"dichterisch"一词的重点更是"创作"或"写诗"，而非"诗意"。

其实，德语中另有一个可现译为"诗意"的词，即"poetisch"。它与德国浪漫主义文学纲领中的重要概念"Universalpoesie"（一译"万象诗"，又译"普遍诗"）密切相关。德国浪漫主义文学纲领制作人施莱格尔，以此呼吁同人，创作出一种冲破现有界限、囊括所有文类特点的新文学。在之后的德国现实主义文学中，也曾出现"poetischer Realismus"（诗意现实主义）这样的词。作为杰出的浪漫主义诗人，荷尔德林未取当时流行的"poetisch"，而用"dichterisch"，应该自有考虑。他在应付日常的生计劳作之时（以当家庭教师谋生），始终视文学创作为其生命所依，并非在此"诗意地""期望着一种人与自然相互依存、和谐共生的理想状况"。

但中译为何将"dichterisch"等同于"poetisch"处理，笔者心中犯疑。最近找出较早介绍海德格尔引荷尔德林此诗的译本，才洞然了悟。那是海德格尔著，彭富春译，戴晖校，文化艺术出版社1991年出版的《诗·语言·思》。有关译文为：

> 充满劳绩，但人诗意地
> 居住在此大地上。（188页）

---

[1]《歌德的生平及其著作》，载《新时代月刊》2卷2/3期，1932年3月。

而译者在 1988 年 12 月的"译后记"中写道:"此书的译校工作完成于一九八七年秋季。它主要依据阿尔伯特·霍夫斯达特所编的英文版《诗·语言·思》一书的翻译,仅略去了无关紧要的英译者前言和资料出处。"原来此译转道英语,而非译自德语原文!

而略通德、英两种语言者,应该知道,德语"dichterisch"一词,在英语中缺少对应,也就是说,它不像国人想象的那样,可以准确译入英语。若查词典,可见德语"Dichtung",英译为"poetry";而德语原来就有"Poesie"一词,英译也是"poetry"。如此而言,荷尔德林诗句中的"dichterisch",英译只能是"poetic"(诗的,诗意的)。

这个德英之间的翻译问题,其实在汉译《诗·语言·思》的"导言"中,已有说明,只不过被我们有意无意地忽略不计。英译者曾如是说:"……思者所为乃是诗人所为(dichtet)。我在英语中找不到与它相称的词。我试图用'poetize'译'dichten',但这具有错误的内涵,并且在那些寻找语言暗示情感的人之中引起烦恼。Dichten——写作或创作诗歌或者其他文学;创造想象的事物,构造它,想象它。于是,这不如翻译成诗歌,或诗意的写作。"(第 3 页)(以上引文中的西文拼写,照抄中译本)

可见,原英译者已知德语"dichterisch"一词的要旨及英译的难点。遗憾的是,依靠"poetic"这样的英译,进而又不顾原英译者强调的"写作或创作诗歌"这个要素,汉译"诗意地"顺势而成。因为此译精致,以后即使有译者了解德语原文,也不作细考,循"约定俗成"法跟进。

曾见学友,手持英译(甚至法译),商榷德汉翻译。献疑者显然认定,较之汉语,一种西语能更准确地迻译另一种西语。这大体没错，但易涉于偏，因为西文之间，也有内在囿限。以上可为一例。再加上译者发挥，甚至妄改，西文之间的翻译问题，同样不容小觑。其实在我国，当今不少原文为德语的文史哲类著作，转译自英语，其中蕴含的、背离德语原作的情况，就笔者所见，远超人们所想象。

日前又读《社会科学报》（2013 年 7 月 18 日）纪念《君主论》出版六百周年的专版，有意大利学者维奇（Carlo Vecce）如下建议："中国应该翻译出版新的《君主论》，最好直接从意大利语翻译……这样才能客观上展现马基雅维利的《君主论》到底是什么样的著作。"维奇此处所及，实为同一问题。

以上诗句中的"栖居"，也值一议。"栖"字"本指鸟停在树上，泛指居住或停留"[1]。比较"住"或"居住"，此语巧妙地建立了人与自然的联系。但荷尔德林的原文是"wohnen"。在德语中，这是一个再普通不过的动词，汉语直译是"住"或"居住"，无关鸟兽。上及《诗·语言·思》一书，老老实实地将此译为"居住"。但之后流行的译文，是更雅驯的"栖居"。它无疑"诗意地"改造了朴素的原文。要知道，对于"住"或"居住"，即此处的"wohnen"，德语中也有更具"诗意"的同义词，但荷尔德林在此弃之未用！以上该是汉译西文，喜欢矫饰、好尚虚浮的又一显例。行文至此，对鲁迅先生当年主张"硬译"的苦衷，体悟尤深。

其实，"知人论事"地看，将沾有老庄俊逸出世之思的"诗意地栖居"，归于德国诗人荷尔德林，只是我们的一厢情愿。荷尔德林哪怕略得如此译文的其中三昧，想来不会早年就因生活所困

---

1 《现代汉语词典》，商务印书馆，2005。

而精神分裂，以致被他在疯狂中轰出家门的寡母，绝望地空巷凄号："荷尔德林疯了！"[1]青年荷尔德林随后在忧郁、孤独和精神错乱中，"最不诗意地"蜗居塔楼，终了余生。

笔者无意颠覆现有译文。从功能翻译理论的角度来讲，汉译"诗意地栖居"，与德语原文相比，实有"胜蓝"之效。更由于面对"华化西学"的呼声、"翻译就是创造"的豪言、"'抠字眼'的翻译理念该更新了"这样的大报头版标题[2]，以及各种倡导"广义翻译"的观点，确有"抠字眼"之嫌的本文会冒"不合时宜"之险。不过，求真本性使然，依旧撰述如上，就教于方家同好。

（原载《中华读书报》2014 年 1 月 1 日，

发表时有删减，现补上）

---

1 参见吕迪格尔·萨弗兰斯基著、卫茂平译：《席勒传》，人民文学出版社，2010，第397页。
2 载《文汇报》2013 年 9 月 11 日。

书前书后

《神秘与虚无——布洛赫小说〈维吉尔之死〉的价值现象学阐释》[*] 序

日前上课，开场读报一篇。文章虽为书评，但篇首即批评当下学术气候，说那些著作"林林总总、千奇百怪"，但"多数了无新意"，而是"千人一面，重复遍抄"。显然是针砭世风之论。

梁锡江博士的这部论著断然不在此列。可圈之点，至少有二：一为选题；二是方法。先说选题。手头有《现代德语文学研究导论》[1]，其中谈到 19 世纪上半叶至 20 世纪初德语小说的发展。先提社会巨变之下大众文学或通俗文学的急速发展，未及代表作家。再说随着社会矛盾日益尖锐以及市民社会愈加堕落，现实主义小说崭露头角。举例名家有：冯塔纳（Theodor Fontane）、拉伯（Wilhelm Reabe）、海因里希·曼（Heinrich Mann）、托马斯·曼、雅各布·瓦塞尔曼、赫尔曼·布洛赫（Hermann Broch）等六位。前五位，在中国多少有译介。而梁锡江所选对象，恰是虽享盛名，但在汉语语境内几无踪迹的赫尔曼·布洛赫。这是选题之新。下谈方法。虽然主要讨论小说《维吉尔之死》，但梁锡江未守常规，撇开人物塑造或形式构筑，深入作家的"精神意向结构"，换言之，从

---

* 《神秘与虚无——布洛赫小说〈维吉尔之死〉的价值现象学阐释》，梁锡江著，吉林大学出版社，2010。

1 Dieter Gutzen, Norbert Oellers, Jürgen H. Petersen: „Einführung in die neuere deutsche Literaturwissenschaft", Erich Schmidt Verlag, Berlin 1976.

布洛赫的哲学观念出发，借助现象学理论探讨其小说的内在意蕴。这是方法之新。而这个切入点，建立在布洛赫是"一个误入文学这条歧路的哲学家"的基础上。表明作者已窥布洛赫作品命意。尤值称道的是，梁锡江有意识地将他的论文写作，当成与布洛赫及其作品的精神对话，而且明白，对话客体只是在对话主体的诘问过程中才会彰明自身。

《神秘与虚无——布洛赫小说〈维吉尔之死〉的现象学、神学阐释》是梁锡江的博士论文题目。记得初见此题，颇感震动。且不说布洛赫尽管常被归入现实主义作家行列，一如上及《导论》，但他擅长抽象思辨，其著作往往深邃难解；还因为其作品汉译缺失，中文资料贫乏。因此，该论文的撰写，带出不少附加的翻译工作。但梁锡江不仅按时成文，而且成绩不俗：论文连续获奖，颇受同行好评。

梁锡江出生东北，在那里上学，之后辞亲远游，只身在京，完成本科和硕士学业后，没折回家乡，却继续南下，来沪读成博士。其通脱不羁的鸿鹄之志，彰明较著。他本来就天资聪颖，加之在京沪两地接受不同风格的教育，兼具北方人豪爽通达和南方人细腻温润的特点。而留学德国的经历，为他学术研究再添助力。博士毕业后他留在上海外国语大学德语系任教，我们也就从师生变为同事，得以在另一个层面上继续合作，共续前谊。

布洛赫的文学创作有主题先行的倾向。梁著也就有充分的理由，从主题思想出发，挖掘《维吉尔之死》的微言大义。而且，正是这样的论述方式，让他能在德国思想史上纵横驰骋，旁征博引：从卢卡契（Ceorg Lukacs）到埃克哈特（Meister Eckhart），从海德格尔到尼采，从斯宾格勒（Oswald Spengler）到舍勒（Max

Scheler），从马丁·布伯（Martin Buber）到魏格宁（Otto Weininger）。如此视野见识，在当今青年学者中并不多见，使人感奋。

写此序时，数年前初读此作时的一个想法，再现脑海。《维吉尔之死》不管怎样是小说。倘若避开其繁复的哲思，从结构到语言，从形象塑造和审美趣味等角度探究此作，来部续编，那会怎样？对梁锡江来说，这可能是个得陇望蜀的要求。但我心中挥之不去的是《维吉尔之死》开头对那个"雍容华贵"、也承载维吉尔的舰队的描述：船上是达官贵人"如狼、如狐狸、如猫、如鹦鹉、如马、如鲨鱼"地享乐，"在下面，在下面的昏暗中，一大群戴着枷锁的摇桨奴隶在辛苦地劳作，一下接着一下……"（梁锡江译文）如此文字，让人想起布洛赫的奥地利同胞、年长他十二岁的霍夫曼斯塔尔，其诗《许多人自然……》中有如下场景："许多人自然必须死亡，/ 在沉重的船桨摇动的地方，/ 另一些人居住在上面船舵之旁，/ 他们知道鸟的飞翔、星的家乡。"（陈铨译文）浩渺大海，古罗马舰船，贵族或作家，摇桨的奴隶。同样的母题，类似的景象。两个作家都以此控诉社会不公和奴役制度？容或他们在讨论艺术的本质或者对其正当性提出质疑？

虽应命为序，但也想借此表达我对此著的敬佩，以及对梁锡江博士加盟上外德语专业、共襄教业的感谢。

（2010 年 11 月 15 日于上海）

"外教社走近经典德语阅读系列"[*] 总序

编写一套"德语经典原文导读注释读物",出自外教社策划编辑的总体设想。既是"导读注释",也就是说丛书体例已定,无须编者费神。但"导读"什么,却让人颇费踌躇。篇幅所限,不能过长;要单独成册,也不能太短。所以最后选出的,大体为中等篇幅的作品,也有由短篇组成的"文集"。

作家的确定,是选篇的另一问题。德语文学的不少经典之作,尤其是像歌德、席勒、海涅等人的作品,其德语原文,近年来在国内屡被选家看中。研究或写作要求"出新",编写外语读物也该不拘一隅。经过斟酌,我们圈定(以下按作者出生年份排列)叔本华(1788—1860)、默里克(1804—1875)、俾斯麦(1815—1898)、马克思(1818—1883)和恩格斯(1820—1895)、冯塔纳(1819—1898)、拉贝(1831—1910)、里尔克(1875—1926)以及爱因斯坦(1879—1955)的八册德语作品。作者大多出生于19世纪,其活动时间,除了最后三位,也集中在19世纪。这个选择的结果,首先与"经典"的要求和"出新"的愿望相干,因为所选作品不仅可算"经典",更主要是它们(尤指德语原文)在国内不容易读到,有的甚至阙如。其次同德语语言的发展关联,因为恰

---

* "外教社走近经典德语阅读系列",卫茂平主编,上海外语教育出版社,2010—2012。

恰在 19 世纪，现代德语正式形成，并在成熟和规范、丰富及典雅上，达到一个后世很难企及的高峰。而且，鉴于我们目前的德语学习，世风所趋，更多地依靠时文，追求实效，阅读来自这个时期的文本，对我们研习经典德语，认识德意志民族的传统文化，愈显重要。

以上作者中的半数，即默里克、冯塔纳、拉贝和里尔克，属纯文学作家。默里克创作颇具浪漫主义色彩，语言朴素，情感真挚，尤其对音乐情有独钟。《莫扎特在去布拉格的路上》，即是一篇充满音乐要素的艺术家小说。其中译在国内不难找到，但其原文之精妙，恐怕只能在阅读德语原作中，才能真正体味。

冯塔纳则是德国现实主义文学的主要代表。他运笔不事声张，生动又不失含蓄。特别是女性那纯真的情感和凄惨的命运，往往在他笔下跃然纸上。其小说故事发生地，常常在德国的大都市柏林。两德统一后，柏林文学界要恢复自己的创作传统，力图推出所谓的"柏林经典作家"，以对应以歌德和席勒为首的"魏玛经典作家"，其领衔人物就是冯塔纳。他的代表作《艾菲·布里斯特》（1895）和《燕妮·特赖贝尔夫人》（1892）等，已有中译。但偏偏我们这里选中、在情节内容及艺术风格上已为上述作品奠基的名著《迷惘与混乱》（1888），似乎至今无人介绍。谨借这套系列丛书，补缺拾遗。

拉贝也是德国现实主义文学的一名重要代表。他熟悉社会下层，人物刻画细腻，语言机敏幽默。这里推出的《雀巷纪事》，突出地表现出其创作特征。本书已有中译。有心的读者，不妨现在读一下它的德语原作，看一下，约一个半世纪前，德国作家是用何样语言，展现那条又短又窄的"麻雀胡同"的。

里尔克超越了现实主义的创作思想与手法，被视为象征主义文学大师，尤其以诗鸣于世。本系列则选中他的《给一个青年诗人的十封信》。用中国诗人和日耳曼学家冯至的话说，这些信"混然天成，无形中自有首位"，"里面他论到诗和艺术，论到两性的爱，严肃和冷嘲，悲哀和怀疑，论到生活和职业的艰难"。而他那诗人婉丽多姿的笔法和真诚感人的情谊，让这些信笺的动人魅力，经久不衰。坊间也有此书中译，德语原文，尚未见有出版社重印。

本系列另四册导读注释读物，并非严格意义上的文学作品。叔本华是哲学家，俾斯麦是政治家或国务活动家，马克思和恩格斯是哲学家和共产主义思想的创立人，而爱因斯坦是科学家。但他们有一共同点，即都是德语语言大师，其著述极富文学性。而这点并非为人熟知。

叔本华长期以来在中国，以其所谓悲观主义哲学闻名。其中有误解的成分。本系列所收叔本华晚年力作《人生的智慧》（摘编），讨论了比如健康、财富、荣誉和养生等日常问题，直面人生，充满睿智，可以部分地纠正这一评判。他不仅思想缜密周到，而且文字也洗练雅致。据载，卡夫卡曾经有言："叔本华是一个语言艺术家，仅仅因为他的语言，我们就应该无条件地读他的著作了。"这实为我们在此推荐他的一个理由。

俾斯麦作为1871年德国统一的头号功臣，一直以其所谓"铁血政策"闻名天下，但其精湛的文风，却鲜为人知。这里选出若干他给妻子约翰娜的情书，虽然时常与他执政时期的政治事务牵扯不开，因而颇具历史价值，但他那以严谨而不失灵动、热情而不乏矜持的语言道出的风雅柔情，确实能让世人，对这位孤傲狷介的"铁血宰相"刮目相看。

《共产党宣言》是马克思主义学说的一座丰碑。不过，就是在文学性上，这篇纲领也堪称佳作。仅看"一个幽灵，一个共产主义的幽灵，在欧洲游荡"这样的开头，我们可能很难想象，它引出的是一篇战斗檄文。其实，非灵气在腕，曷能臻此。马克思还是语言艺术家。在1865年给恩格斯的信中，他就自己的作品这样说："不管它们会有怎样的不足，我文章的优点都是艺术性的整体。"但长期以来，《共产党宣言》的政治因素，往往遮盖了它的艺术色彩。而其犀利的笔锋、形象的比喻及晓畅的文字，不读其原文，又是很难真正领略的。我们的选篇，希望能给中国的德语学习者，提供欣赏马克思主义创始人笔墨之美的契机。

爱因斯坦是本系列所收作家中唯一的自然科学家。但他除了为世界科学史做出伟大贡献外，还就人文社会科学的诸多题目写过大量文章。此处选编的文字，出自他的《爱因斯坦晚年集》，不仅体现了他对于社会、文化、科学和宗教等人文社会科学问题的负责任的成熟思考，也展示出伟人坦荡真挚、深入浅出的文风。

按本系列导读注释读物的统一体例，各位编者在每册书中，除有一篇导读外，另有一些段落译文。如上所说，本系列所收篇目，其中部分已有汉译，部分尚未介绍到中国。无论在哪种情况下，所给出的汉译并非是严格意义上的"经典译文"，只是翻译尝试。编者基本上是上海外国语大学德语系的青年教师，奉行的大多是译文能够经受同原文对照的直译原则，其译文很可能有别于其他一些翻译。倘若读者能以此给出更恰当的译文，因而进一步提高自己的德语水平，更喜爱德国文学与文化，本丛书的目的，就能更好地达到。

优美谨严的德语，不仅仅出自一些文学大家的手笔，更有像叔本华和尼采、俾斯麦和马克思等哲学家或政治家，同样创造了杰出的语言艺术作品。笔者一直有向我们德语学习者及同行也介绍这些"圈外"语言大师的想法，苦于没有适当机会。而随着我们的外语教学越来越向实用主义的方向发展，这种机会似乎变得更加渺茫。适逢外教社有编这么一套丛书的设想，就有了却夙愿的机会，甚感欣慰。谨对我们的出版人表示感谢，也欢迎读者对我们工作的批评和指正。

（2007 年春节于上海）

《德语文学辞典》[*] 序

　　合适的辞书，始终是求真和启智的必要工具。这一部《德语文学辞典》，在查阅或了解德语文学方面，也追求这个功能。

　　由于民族、语言、历史和地理环境等因素，德国、奥地利和瑞士的德语文学，包括其他欧洲国家的个别德语作家，在文学史中被视为一个整体。缘于此，本辞典名为《德语文学辞典》，而非"德国文学辞典"。它既包括了德国、奥地利和瑞士的德语文学，也旁涉欧洲其他国家（包括英国、瑞典、捷克等国）的知名德语作家及其作品。

　　作家和作品，是组成一国文学的基本要素，也是人们学习一国文学时叩访频率最高的对象。这本《德语文学辞典》，秉承以作家和作品为主的体例，冀求为学习或认识德语文学，提供一部翔实的辞书。而书后所附德语文学的著名奖项，以及历届获奖人员名单，则打开另一扇接近德语文学的窗户。

　　在世界的文学殿堂里，就历史传统的悠久或作者队伍的规模来说，德语文学似乎不在前列，但其作家或作品的数量，同样浩博可观。如何在有限的篇幅里，辑录德语文学的主要信息，是我们拟定词条时颇费周折的问题。作为由中国人编撰、又面对中国

---

[*]《德语文学辞典》，卫茂平主编，谢建文副主编，复旦大学出版社，2010。

读者的德语文学辞典，我们淘漉的标准是，既考虑这些作家和作品在德语文学史上的地位，又顾及其在中国的译介状况。

其实，重要的德语作家或作品，在汉语世界，许多已见介绍或已有译本。但散落四处，不易归拢。有心探究其详的读者，不难在此按图索骥，找到作品完整的中译；而本书所采用的译名，基本以通译或已有译本为准，也为进一步查找提供了便利。

如上所及，本辞典体例上遵循本系列辞典的统一设想，具体有以下特点：

一、正文共收词条约四百八十五个，其中作家二百零六条，作品二百七十九条。

二、每一词条设为一页。

三、除几部古代"无名氏"作品之外，按作家姓氏字母排序；作品词条随后，按出版年份排序。

四、作家词条主要介绍作家生平和创作；评骘力求简明扼要。

五、作品词条大体叙述故事梗概，兼顾与创作有关的信息。

六、附录收对五种主要德语文学奖的介绍，包括至 2006 年的获奖人员名单。

七、书后添附作家姓名和作品名称的德语索引，便于根据原文查找。

本辞典的条目设定由主编负责完成，具体撰写由副主编统筹协调。编撰人员，由上海外国语大学德语系的数名教师，以及该系德语文学方向的部分博士研究生和硕士研究生组成。也就是说，本辞典是上外德语专业师生通力合作的成果。

对于德语文学，编者虽说多少都有自己的见道之解，但编撰这样一部囊括德语文学从古到今之宏富史实的中型辞典，还是深感任重力微。尤其是个别作家的资料，即使在德国本土，同样难觅。众编者已苦心网罗，形诸楮墨。留有缺憾，只能期盼来日，寻机补正。也衷心欢迎同行及读者，对本辞典纠谬正误。

感谢复旦大学出版社的信任与本书责编的指导，让我们有机会，为德语文学在中国的普及和研究，奉献薄力。

（2010 年 3 月于上海）

《阐释与补阙——德语现代文学与中德文学关系研究》*前言

中国的德语文学研究，开拓者中成果最多、特色最明的，可能并非他人，而是文坛大家郭沫若。他与德语文学的不解之缘，可从他著译的历史看出。其代表作《女神》，1921 年 8 月 5 日由上海泰东图书局初版推出，而他与钱君胥合译的、德国"施笃姆"的《茵梦湖》，1921 年 7 月 1 日已由上海泰东图书局初版。译著问世，早于创作。探究其间关系，属另一话题。在此搁置不论。

据统计，此后至 20 世纪 40 年代末，郭沫若翻译发表德语文学名著约十部。厥功甚伟。而且他为每册均写下长短不一的译序或后记；或交代译事由来，或点评译作主旨。这些文章，真知卓识，频有显见，而且特点鲜明，大致有二：一是结合自身审美趣味或文学观念，评述译作，对照证验；二是联系中国实际，鞭挞弊端，批评时政。

先看其一。以郭译歌德的《少年维特之烦恼》（1922 年 4 月 10 日上海泰东图书局初版）为例。1922 年 1 月 22 日脱稿于日本福冈的"序引"中说：

> 我译此书，于歌德思想有种种共鸣之点。……第一，

---

* 《阐释与补阙——德语现代文学与中德文学关系研究》，卫茂平主编，谢建文副主编，上海外语教育出版社，2012。

是他的主情主义……第二，便是他泛神的思想……第三，是他对于自然的赞美……第四，是他对于原始生活的景仰……第五，是他对于小儿的尊崇……

不忌讳以"我"字打头的评论文字，洒脱爽直，直逼《维特》一书的思想要旨，尽显译者与原作者心灵相契。

再看第二点。先以郭鼎堂（郭沫若）上世纪 20 年代译霍普特曼（Gerhart Hauptmann）《异端》（上海商务印书馆 1926 年 5 月初版）为例。"译者序"（1925 年 9 月 14 日）中有：

> 他这部小说《异端》……是 1918 年出版的，要算是他新近的作品。我们假使已经知道他做这部小说时已经是行将六十的老人时，我们怕谁也是会生惊异的。他的取材是那么大胆，他的表现是那么浓艳，他决不是我们中国的一些未老先衰的道学大家们所能梦想得到的呢！大凡伟大的艺术家，在精神上是长春不老的青年，他的田地永远没有秋风肃杀的时候。

译者借题发挥，以霍夫曼"大胆"的"取材"和"浓艳"的"表现"，抨击中国文坛的"道学大家"。

再看 20 世纪 30 年代郭译席勒的《华伦斯太》（上海生活书店 1936 年 9 月初版）的后记"译完了华伦斯太之后"（1936 年 8 月 15 日）中有：

> 本剧全体的构成是苦心经营出来的结果，时代的

刻画和事件的推进，一经一纬地几乎没有一丝一毫的罅漏，织出了一幅锦绣图。而尤其对于时代的教训，在欧洲虽然是过去了，而在我们中国却正好当时。因为本剧所表现的是欧洲封建时代末叶，而我们中国的社会还没有十分脱掉封建时代的皮。……

那儿所刻画着的骄横淫纵的佣兵们，他们的生活样式和思想情感，在我们中国不是依然还活着的吗？阴谋，暗杀，卖国，卖友……本剧是可以称为"汉奸文学"或"国防文学"，这儿正刻画着汉奸的生成，发展和失败，这对于我们好像是大有效用的。

在对这样一部欧洲历史剧的评论中，中国社会的封建因素成了被告，而对"汉奸文学"及"国防文学"的抨击，则涉入当时的文学论争。显其作为作家和评论家的本分。

最后谈其 20 世纪 40 年代完成的译作《浮士德》（群益出版社 1947 年 11 月）。在"第二部译后记"（1947 年 5 月 25 日于上海）中有：

我们今天的道路是很明了的，认真说，不是升天，而是入地。就是"永恒之女性"也须要先求得她的解放。在中国的浮士德，他是永远不会再老，不会盲目，不会死的。他无疑不会满足于填平海边的浅滩，封建诸侯似地去施予民主，而是要全中国成为民主的海洋，真正地由人民来做主。

那是中国抗战结束、内战正酣的时期，但郭沫若对建立民主与自由之新中国的憧憬与信心，借浮士德的话题，跃然纸上。

郭沫若品评德语文学的方式，以后虽然在冯至等专业德语文学研究者的论著中，在一定程度上被突破，但总体来说，这种体悟性的和时不时掺入社会批评式的，而非辨识性的和更重审美判断式的文评方式，至少在中国大陆，一直延续到20世纪八九十年代。

而我们在此推出的十四篇论文，虽然对象也是德语文学，其中相当一部分也涉及中国，但方式方法已大为不同。论文少有郭沫若作家式的直抒情愫，更无对时政的指斥及对理想的憧憬。那是岁月如流，沧桑易变的缘故。郭沫若时代的文评氛围，几已荡然无存。也因为本书的作者们是专业德语教师和德语文学研究者，而非旁涉翻译的创作家。这些文章大体属于现今所谓学院派式的论文：或关心理论的建构和运用，或讲究材料的收集与梳理，形成了与前辈学者迥然不同的论述方式。

在上编"现当代德语文学研究"中，谢建文的论文，讨论奥地利作家施特劳斯与他同后现代主义之间若即若离的关系，有很强的理论挑战性；张帆的论文，从现代女性主义诗学观为出发点，探讨德国早期浪漫主义文学，别开生面；吴勇立的论文，追问奥地利现代主义大师穆齐尔（Robert Musil）《没有个性的人》中，稀奇古怪的人物名字的意蕴，颇见新意；丰卫平的论文，探究20世纪末诺贝尔文学奖获得者、德国作家格拉斯小说《比目鱼》中的童话原型，对现代叙事学中的互文理论，运用纯熟；梁锡江的论文，以奥地利作家布洛赫的小说《维吉尔之死》为研究对象，展开对生命之本体论的追问，具有显豁的思辨性特点；齐快鸽的论文，讨论的是新近诺贝尔文学奖获得者耶利内克（Elfriede

Jelinek），为我们理解这位极具争议性的奥地利女作家的创作思想，也为纠正某些对她的误读或成见，提供助益；鲁晓雁的论文，讨论格拉斯小说《母鼠》，重点是它与《圣经》末世论的关系，提供了文学作品互文研究的一个范例；李宝鸿的论文，则以战后德语文学名篇《德语课》为例，直指如何克服过去罪恶历史的问题。八篇论文，除一篇涉及德语文学的断代史，其余七篇均为作家及其代表作研究。所涉作家六人，除格拉斯和伦茨（Siegfride Lenz）是德国作家，施特劳斯、穆齐尔、布洛赫和耶利内克四位，均为奥地利作家，其作品虽然形态有别，旨趣各异，但强于思辨是其共有特征。论文作者不约而同地将这四位作家作为研究的切入点，看似巧合，实非偶然，显示出年轻一代德语文学研究者，对解读德意志民族思辨特点的浓厚兴趣。

下编"中德文学关系研究"，主要致力于清理中德两国文学关系，但其中还包括现代形象学研究或接受史研究的个案，考证取舍，正误补缺是其鹄的。马佳欣的论文一方面梳理 20 世纪上半叶德语文学在中国的译介和传播，另一方面探讨这种译介和传播，对中国现代作家产生的影响；王蔚的论文则选取个案，尝试对已在中国文坛产生巨大影响的卡夫卡，进行汉语译介史的研究；胡凯的论文，以大量第一手资料为本，探讨晚清时期德国在华形象的演变，是介乎于文学形象学和中德关系史的研究；方厚生的论文，讨论曾享誉德国的辜鸿铭，为我们进一步认识这位中国晚清名人，提供了不少坚实佐证；张晓青的论文也是接受史的个案研究，谈的是奥地利作家茨威格，尝试勾画出他在中国大红大紫的成因；殷瑜的论文则以类似的方式，探究布莱希特在中国的接受，但重点放在中国学术界对其戏剧理论的译介和评判。这几篇论文，多少都具有史论的性质，大多尝试复原中德文学及文化关系中的某个环节，接近这个环节的固有形态，所以，文献的排比钩稽、史实的笺注移录，是其主要研究手段，并由此完成各自所设目标。

上外德语专业博士点 1998 年获国家教育部正式批准设立，1999 年起招收第一届博士研究生，2002 年起有博士生毕业。本书所收十四篇论文，即为 2002 年至 2008 年这八年中，部分毕业生的论文精粹。2009 年底，我们师生曾欢聚一堂，庆祝上外德语语言文学博士点建立十周年。这个文集的付印，即是这个庆祝活动的一个延续。这既是毕业博士生的研究成果展示，也是对关心和帮助过我们的前辈师长、领导和同行们的一个汇报。

作为他（她）们的导师，重读这些曾经寓目的结晶之作，百感交集。他（她）们毕业后，有的留在了上海，成了我的同事；有的返回自己的母校，成了那里的学术中坚；也有的奔赴他乡，去开创自己的天地。无论是师生情分，还是同事之谊，大多保持至今，让人念之心热。感谢他（她）们积极参与这本文集的编撰，祝愿他（她）们在广袤的学术田野上，收获更丰。也相信本文集的出版，能对我国的德语文学研究，产生积极的推动作用。

（2011 年 3 月）

《斯·茨威格在中国，1949—2009》* 序

　　当今中国作家，常被问及这类问题："你最喜欢的外国作家是谁？"主打外国文学译作的中国南北两个出版重镇，曾各自出书，让作家就此作答。上海译文出版社 1997 年版的《作家谈译文》一书，收三十七位作家的三十七篇文章，篇名涉及德语作家两位，卡夫卡和黑塞（Hermann Hesse）。[1] 北京的外国文学出版社 2003 年推出余中先选编的《寻找另一种声音——我读外国文学》，也收文三十七篇[2]，题目中出现两名德语作家，卡夫卡和荷尔德林。[3] 由此看来，卡夫卡为中国作家最爱。

　　出人意外的是，卡夫卡的同胞茨威格，在上提两书中，未获特殊关照，尽管其作品汉译版本的数量，或者他在中国的知名度或影响力，不输卡夫卡。几年前，演员兼导演徐静蕾，召集俊男倩女，拍出根据茨威格同名小说改编的电影《一个陌生女人的来信》，惹得影坛文苑一片喧闹，几乎让茨威格在中国家喻户晓，就是一例。卡夫卡作品无此际遇。

---

* 《斯·茨威格在中国，1949—2009》，张晓青，外语教学与研究出版社，2012。

1 但是文为三篇。它们是：赵长天，《〈变形记〉及其他》，格非，《迷失中的迷离——我读〈城堡〉》，袁筱一，《赫尔曼·黑塞——一本我读过二十遍的书》。

2 但由三十六位作家写成。唯一提供两篇文章的是残雪。

3 它们是：余华，《卡夫卡和 K》，残雪，《分段修建——艺术家的活法——读卡夫卡〈中国长城建造时〉》，海子，《我热爱的诗人——荷尔德林》。但书中另有两篇主讲里尔克，它们是：陈敬容，《这里那里的》，郑敏，《天外的召唤和深渊的探险》。

在德语圈内，茨威格尚属名家，但出于种种原因，学界对他评价不高。不过在汉语语境里，他享誉甚早。笔者曾在《德语文学汉译史考辨——晚清和民国时期》（上海外语教育出版社 2004年）中，介绍过其作品在民国时期受到译介的肇端：

> 他的第一部中译单行本为中篇小说《一个妇人的情书》，译者章依萍，上海华通书局 1933 年版。此年，孙寒冰译《一个陌生女子的来信》连载于《世界文学》1 卷 1—3 期（1934 年 10 月至 1935 年 2 月）。……译作发表后想必颇得众爱，1935 年，上海商务印书馆推出此译单行本，而且把它纳入"世界文学名著"丛书，这无疑使此书身价倍增。

可见，这应该就是上述电影《一个陌生女人的来信》的起始。而卡夫卡作品汉译，是几十年以后的事。

碍于篇幅，乏于精力，笔者对包括茨威格作品在内的德语作家汉译史之探究，限于晚清和民国时期。此后至今，未见他作，对此题在新中国的发展，作专门研究。张晓青博士的论著，考察了茨威格 1949 年至 2009 年在中国内地的译介史，实为拾遗补缺之作，功莫大焉。

随着中国社会诸端融入世界之速加快，中外文学交流史之话题，在学者笔下出现的频率愈见密集。但时下风尚，受生硬概念裹挟的宏阔大论趋多，依文献资料支持的精致研讨见少。但张晓青踏踏实实，查找版本，考索文献，分疏史料，勾勒背景，在汉语语境内，首次较完整地清理出茨威格作品在中国内地的翻译和评论史，确实可喜可贺。其翔实的"研究资料索引"和"出版茨威格书目索引"，还给后续研究，提供可靠基石。其实，让作为论文指导人的我感到欣慰的，不单是论文本身所获成绩，还有激活文献资料、追溯历史实相、催发学术问题之研究姿态所显示的，作者勉力追求的治学方法。

返回短序起首话题。虽然上及京沪两书，未对茨威格专门眷顾，但中国作家中，不乏他的梯己。叶兆言就曾有文，评说汉译茨威格小说集《情感的迷惘》，其中有言：

> 这一包书中，我印象最深的是一本《译文》，上面刊载了茨威格的《一个女人一生中的二十四小时》，我那时正好十八岁，已记不清将这部小说看了多少遍。这是祖父向我推荐的不多的几部中篇之一……这小说果然不错。……本质上看，茨威格是一个古典意义的作家，他的小说以细腻见长，能很好地进入女性的心灵深处，对女性的了解甚至超过了女人自己。他小说中女人的爱，让读者难以忘怀，这也是他的小说至今仍有销路的原因。[1]

以上引语，探究了茨威格在中国风光八面的原因。其实，这不啻由茨威格作品本身魅力所至，还与我们那被缠绵悱恻的温柔之风吹软了的文坛相关，同我们那常常诉诸情欲的审美倾向有涉。这是值得追问的另一话题。

---

1 叶兆言，《看书——叶兆言的品书笔记》，江苏文艺出版社，2009，第49页。

感谢张晓青博士邀序的盛意，得以再次拜读其作，有感而发，赘言如上。

（2011 年 9 月 9 日于上海）

《德国早期浪漫主义女性诗学》[*] 序

记得去年为一文集写序，起首谈郭沫若，说他对德语文学在中国的介绍与研究，贡献甚大。当时言犹未尽。还曾想说，郭氏非德语科班出身，而这种情况在民国时期并不少见，显示那一代学者深厚的学养及宽阔的视野。较之当下，对外国文学的介绍和研究大体以研究者所治语言为界。越界现象有而不多；而在不多者中，成功的更少。

今读张帆《德国早期浪漫主义女性诗学》一书，则想起另一位同样成名于民国时期的学者与诗人吴宓。他曾主攻英美文学，但和德语文学也有牵连：译过海涅，甚至写有长文《德国浪漫派哲学家兼文学家弗列得力·希雷格尔逝世百年纪念》[1]。这同时说明，德国浪漫主义文学，最迟在 20 世纪 20 年代，已入中国的外国文学评论视阈。

浪漫主义，应属人文社会科学领域歧义最多的概念之一。不管作为个人性情，还是作为文艺现象，均无法避免虚幻无常、浮华幼稚等种种责难，在阶级意识浓烈的时代和国度，甚至被斥为反动。但它的确又是人类抗拒启蒙理性对个性的羁约，争取精神自由的重要尝试，为世界精神文明史，留下丰富遗产。尤其是德

---

* 《德国早期浪漫主义女性诗学》，张帆，上海大学出版社，2012。
1 原载《大公报·文学副刊》第六十七期，1929 年 4 月 22 日出版。

国浪漫主义，它一方面具有德意志民族内倾性偏好的象征意义；另一方面又是这个遍及欧洲的文学艺术运动的肇始。且不说德国当红哲学家萨弗兰斯基的鼎鼎大作《浪漫主义——一个德国事件》[1]，径直把"浪漫主义"定为"一个德国事件"，就是近年来在中国名噪一时的英国哲学家伯林，也曾强调："无论如何，浪漫主义运动起源于德国。"[2] 作为一名专业德语教师和德语文学研究者，张帆选此为题，属其本分。

随着时间的推移，伴着前苏联左翼文艺理论影响的式微[3]，德国浪漫主义文学在中国的翻译介绍，尤其在改革开放之后，趋于繁盛[4]。就是在研究领域，单篇论文除外，近年来专著类研究也时有所现。笔者所见，至少有赵蕾莲著《论克莱斯特戏剧的现代性》，刘文杰著《德国浪漫主义时期童话研究》以及刘学慧著《德国早期浪漫派的世界文学观》等[5]。凸显德意志民族文化特征的德国浪漫主义文学研究，显然已获中国学界深度关注。本书则另辟蹊径，以女性的细腻敏感，掘发和探讨德国早期浪漫主义文学中的女性

---

1 Rüdiger Safranski, „Die Romantik – Eine deutsche Affäre ", Carl Hanser Verlag, München 2007.

2 以赛亚·伯林著，亨利·哈代编，吕梁等译，《浪漫主义的根源》，译林出版社，2008，第131页。

3 比如伊瓦肖娃谈德国浪漫主义时，每每冠以"反动"两字："德国反动的浪漫主义……它的目的在于直接反对法国资产阶级革命及其意识形态。"引自：（苏）伊瓦肖娃著，杨周翰等译，《十九世纪外国文学史》，人民文学出版社，1958，第一卷，第323页。

4 比如江苏人民出版社1984年版、钱春绮译《德国浪漫主义诗人抒情诗选》，漓江出版社1991年版、富凯等著、袁志英等译《水妖》，人民文学出版社1997年版、孙凤城编选《德国浪漫主义作品选》，上海译文出版社2010年又推出"德国浪漫派文学丛书"，共五种，分别是胡其鼎译《施特恩巴尔德的游历——蒂克小说选》、袁志英译《O侯爵夫人——克莱斯特小说全集》、张威廉、韩世钟等译《丝蔻黛莉小姐——霍夫曼小说选》、商章孙、王克澄等译《艺桥倩影——豪夫小说选》、富凯等著、袁志英、刘德中等译《水妖》。

5 按序分别为黑龙江教育出版社2007年版、北京理工大学出版社2009年版、北京旅游出版社2011年版。另有中国社会科学出版社2009年版、刘润芳、罗宜章著《德国浪漫派与中国原生浪漫主义——德中浪漫诗歌的美学探索》和浙江大学出版社2012年版、贾峰昌著《浪漫主义艺术传统与托马斯·曼》。但后两书的主题，并非德国浪漫主义文学自身。

因素，为我们进一步理解德国浪漫主义文学，开启另一窗口，可喜可贺。

女性或女性精神对于德国浪漫主义的重要性，可能大于对德国文学史上任何一个其他运动。前及吴宓之文，其实已涉此题。文中有言：

> ……有雷兴等之批评研究以启其先，有海达之精神热诚以广其绪，有葛德之天才以示其秘，并为之造成文字之工具。又须经历布格及席勒等诸人之传授，由错误而获正途，由失败而底成功。而苟无彼才智卓越之加罗林，倾注其热烈之爱情，为之批评，为之赞助，为之诱导劝慰，则威廉·希雷格尔（August Wilhelm Schlegel，1767—1845）之译莎士比亚，犹未能成功。呜呼，天时人事，诸种机缘，共相凑逼，乃结此区区之善果。甚矣文学创造之非出偶然！甚矣翻译外国文学名篇之未易言也！[1]

引文先历数希雷格尔（今译施莱格尔）文学及思想之前驱人物，后突出其妻加罗林（即本书专章论述的卡洛琳·施莱格尔－谢林）的"热烈之爱情，为之批评，为之赞助，为止诱导劝慰"，对于施莱格尔浪漫主义文学事业的重要作用。吴宓之言虽出自大半个世纪之前，但于今视之，其目光的敏锐，依然令人感慨万端。

无独有偶，同是这位"加罗林"，以后成为徐菲·维特曼主编

---

1 吴宓著、吴学昭整理，《吴宓诗话》，商务印书馆，2007，第 135 页。

"永恒的女性"丛书中的一种、顾江禾著《浪漫主义的一生——卡洛琳·谢林》中的传主。从书名看，作者强调了她离开施莱格尔后，转嫁谢林后的身份。可惜此书虽称为"著"，但通篇来看，主要参考艾卡特·克莱斯曼 1975 年版《卡洛琳·伯莫尔·施莱格尔－谢林的一生》和艾里希·施密特 1989 年版《与卡洛琳相遇——卡洛琳·施莱格尔－谢林信函》两书，缀合成篇，似非学术论著，更属通俗读物。在中国大陆，恕我孤陋，尚无介绍或讨论德国浪漫主义女性诗学的专著。就此而言，本书对于汉语语境内此题的研究，具有拾遗补阙之功。

此书循学院派论著之规，既孜孜访求现有成果，又详尽归纳前人观点，再小心推出思考结论，表现出作者认真的工作姿态和出色的解题能力，为我们了解德国浪漫主义文学中的女性诗学要素，提供了充分的资料和说明。而书中的另一重点，即对数位浪漫主义女作家的介绍（其中不乏在中国尚属陌生的诗人），则进一步拓展了我们对德国浪漫主义文学的认知，十分难得。

作者对浪漫主义女作家的兴趣，始自其博士论文。当时她研究的是克里斯塔·沃尔夫（Christa Wolf）对浪漫主义女性思想和传统的继承问题。博士毕业并留校任教后，她志趣未减，选取了从现代文学回溯浪漫主义文学的途径，以探索其源。在对德国文学发展史的讨论中，浪漫主义本来就常被视为现代主义的肇始，这种溯源就变得顺理成章。而始终未变的是对女作家的关注。而此书的完成，也意味着她从克里斯塔·沃尔夫出发，最终完成了探究浪漫主义文学中的女性诗学以及多位浪漫主义女作家之创作与命运的学术之旅。不知此书的杀青，意味着她在这一领域、即"女性文学"领域中的终结或者新启？就我而言，已被书中比重不大，但颇显新意的两节，即第三章中"信件：女性表达自我的媒介"和"沙龙：女性主体实现的场所"，引发新的期待。它们切中了当时女性文学独特的存在方式，兴许还给本书作者，留下继续展开的空间。

搁笔之时，有个场景浮现脑海。那是作者读博期间，参加其学长论文答辩时的情境。这天讨论稍见拖沓，几近傍晚，有旁听者逐渐离去。唯见张帆，坐姿不变，或抬头倾听，或低首记录，直到最后。数年后向当时的答辩委员、来自北京的一位教授举荐张帆。他仅问道：是当年旁听答辩、坐到结束的那个女孩？可见张帆的认真，也让他印象殊深。

当年的那个女孩，倏忽间已立业成家，相夫教子，生命中增添了新的欢乐，当然也出现了新的繁难。不过，正是因为专注与坚持的品格、聪颖与好学的天资，她在学术道路上毫不懈怠，一路走来，成就斐然。本书当为明证之一。

（2012 年 8 月）

《德国童话精品》* 译后记

眼前这本《德国童话精品》原名为《格林以来的德国童话》，是德国欧根·迪德里希出版社（Eugen Diederichs Verlag）"世界童话丛书"（共五十四种，包括一本《中国童话》）中的一种。此书原编者保尔·曹讷（Paul Zaunert）的用意是，对未见载于《格林童话》的德国童话作一番清理，作为对《格林童话》的补充。原书分两卷，分别于第一次世界大战前后问世，后人又把它们增删为现在的一卷。所以，此书名副其实是一部与《格林童话》没有重复的《德国童话精品》。

可能是编者艺术加工和改动较少的缘故，书中有不少很难直译成汉语的词句、习语以及个别今天罕为人知的地名。为了免去不适合一般读者的烦琐译注，译者在这些地方采用了与上下文贯通的意译。本书翻译期间，还曾遇到一些仅靠词典无法解决的难点，尤其是书中两篇故事用低地德语写成。在这方面，德国方言研究者和翻译家瓦尔特·绍尔（Walter Sauer）博士曾给予译者很大帮助，在此一并致谢。

以上是对本书版本和翻译过程中一些问题的说明。至于这

---

* 《德国童话精品》，卫茂平译，北岳文艺出版社，1995。

六十篇童话本身，就请亲爱的读者自己去欣赏品味了。是为译后记。

（1994 年夏于德国海德堡）

《莱辛寓言》*译后记

　　莱辛（1729—1781）是德国启蒙时期的一位著名作家，尤其在戏剧创作和文艺理论领域做出了巨大贡献。早在求学时期，他就创作了一些主要以诗歌体为主的寓言，先发表在杂志上，后于1753年以《寓言》为题收入自己的《文集》第一部。由于他所写下的寓言并非局限于"有教益的动物故事"这样一种狭义上的寓言体，还包括诗体故事和短篇散文，所以，这些作品在1771年被收入他的《杂文集》时，改名为《寓言和故事》。这也构成了这个译本的第一部分。这部分"附录"（篇次为译者所加）中的第一篇寓言曾被作者收入1753年的《文集》，但未载于作者1771年的《杂文集》。原因也许是这篇寓言影射了当时欧洲各地秘密结成的共济会会员，而莱辛本人此后也加入了这一组织。"附录"中的第二至第五篇寓言仅在杂志上发表过，未被作者收入上提两部文集。"附录"中的最后，即第六和第七篇，属于"补遗"，是莱辛死后由他的兄弟公之于世的。

　　1753年，莱辛转向以散文体为主的寓言创作，其主要成果是他1759年发表的《寓言三卷》。这构成了该译本的第二部分。这部分的"附录"（篇次同样为译者所加）的前三篇寓言出自作者

---

*《莱辛寓言》，莱辛著，卫茂平译，北岳文艺出版社，1996。

1753 年的《文集》，但未见载于作者以后编的寓言集。第四至第七篇原注是"补遗"，亦属作者遗著，生前未曾发表。

　　动笔移译前，我曾比较了几种莱辛著作的不同版本，最后选定柏林建设出版社 1981 年版、由 W. 阿尔布雷希特（W. Albrecht）和 W. 里舍尔（W. Rischel）作注审定的莱辛作品集（第 1 卷），因为这个版本不仅以附录的形式使《莱辛寓言》更加完整（比目前国内较流行的译本多收了十几篇寓言），而且附有不少注解，能帮助解决以往汉译中未能解决的个别难点。

　　《莱辛寓言》问世至今已有两个多世纪，时代相隔久远，语言几经变化，再加上译者水平有限，这个译本的失误或不足依旧难免，欢迎朋友们指教。

（1995 年初于德国海德堡）

《青年维特之烦恼》*译后记

眼前这本《青年维特之烦恼》，原译为《少年维特之烦恼》或《少年维特的烦恼》。重译这部世界名著的书名，当有一番解释。

歌德的这本《维特》，仅笔者所知，新中国成立前已有郭沫若（1922）、黄鲁不（1928）、达观生（1932）、陈弢（1934）、钱天佑（1936）和杨逸生（1938）等人的多种译本（包括编译）。目前较容易见到的是杨武能（1981）和侯浚吉（1982）两人的译本。从书名看，这些译本除了"之"和"的"的变化外，几无偏差。尤其是"少年"一词，郭译后为人沿用至今。但若仔细析别，不难发现，此译有未善及值得商榷之处。

何为少年？《现代汉语词典》的释义是："人十岁左右到十五六岁的阶段。"维特难道是这样一位少年？显然不。他是个受过高等教育、离家独立谋生并雇有童仆的青年人。再看汉译"少年"所依据的德语原文"Jung"。这个词外延较大，一般指十二到二十五岁这一年龄段的人（可参见 1983 年版 *Meyers Grosses Standartlexikon* 中"Jugend"条目）。可见，汉译"少年"对原文作了不当的限定。

---

* 《青年维特之烦恼》，歌德著，卫茂平译，北岳文艺出版社，1996。

把"Jung"译为"少年",不仅与小说主人公的年龄不符,而且与小说中不少重要情节相悖。谓予不信,请看书中第一编5月17日信中的一例。杨武能先生译为:"可叹呵,我青年时代的女友已经死了!"侯浚吉先生的译文是:"唷,我青年时代的女友已离开人间!"(这里的"青年"原文为"Jugend")这两种译文都无可挑剔。可联系书名来看就不同了,"少年"维特难道可以回忆"青年"维特的往事?这不合逻辑。

殆无疑问,"少年"一词因含注天真无邪、情窦初开等意象,比起"青年"一词,更能拨动新文学运动后千千万万个追求朴素率真、主张情感自然流露的青年读者。郭译当时之所以一版再版,大放光彩,与此译名恐怕不无关系。这使以后许多译者很难摆脱他的影响。或许有人知道,这种译法有抗原文,但为了适应郭译塑就的读者口味,人们顺理成章地袭用了旧译。

这里暗含一种误导作用:由少年一词为译本定下的基调,往往会使阅读失于肤浅。因为这个译名容易使人把目光圈于书中那个纯洁感人的恋爱故事以及主人公真性情的涌动和喷薄,由此忽略小说中许多深刻的人生见解及哲理探讨。而这正是贯穿歌德整个创作的一条红线,是满怀社会理想的青年人观察人生的结果,又是未历人世沧桑、心理体验不足的少年人无法感悟的。

基于上述思考,笔者新译了《维特》这本小说沿用了七十余年的书名,以期能对更准确、更完整地理解这部作品有所助益,并写此后记,以就教于前辈、同行及读者。

末了还余两点说明。《维特》一书已有非常出色、几已不可企及的译本。笔者之所以不怕出乖露丑、斗胆重译,无非想借此对多年来萦绕于怀的本书译名问题作一了结。译本大体原则是,尽量贴近原文，少作夸饰。

由于文笔功力所限，加上翻译时间紧迫，错误难免，尚希识者匡正。

（1993 年 7 月 2 日）

《闵希豪森奇游记》[*] 译者前言

　　每本书（这里指文学作品）都叙述故事，而几乎每本书的产生又都有自己的故事。这本《闵希豪森奇游记》也同样。

　　本书主人公封·闵希豪森男爵，历史上确有其人。他 1720 年 5 月 11 日出生于德国博登韦德——林特尔恩的一个贵族家庭，幼时在沃尔芬比特尔（下萨克森州）长大，十八岁时跟随公爵兄弟安东·乌尔别希·封·不伦瑞克去了俄国，在他的军团中先当候补军官，后任少尉。无法肯定他是否参加过本书多次提及的"俄土战争"，可以确认的只是，他曾置身于俄国对瑞典的战争。他 1750 年被晋升为上尉，但同年 11 月即离开俄国，返回家乡，以后似乎再也没有离开他在博登韦德的祖传庄园。这位往日的士兵和游子以后一边喝着潘趣酒、抽着烟斗，一边讲了不少打猎冒险故事，在耸人听闻上比别人有过之而无不及。他以这个"以其人之道，还治其人之身"的办法，揭穿了一班酒友的夸张和谎言，在远近获得一定的名声。他 1744 年成家，一直到妻子 1790 年去世，生活幸福，但膝下无子，第二次婚姻娶了一位轻浮的少校女儿，以后郁郁寡欢，1797 年 2 月 22 日去世。

　　1781 年，即在闵希豪森六十一岁那年，在一本在柏林出版的

* 《闵希豪森奇游记》，（德）G. A. 比格尔著，卫茂平译，北岳文艺出版社，1998。

小说集《快活人袖珍指南》的第八卷中，印出了十六则以"M-h-s-n 的故事"为题的轶事（参见本书附录）。两年后，这本故事集第九卷中又登载了"另外两个 M- 谎言故事"（同样参见本书附录）。它们的作者至今不明。

这些轶事或谎言故事没有湮没无闻，首先得感谢鲁道夫·拉斯伯（R.Raspe）。他当时流亡英国，原因是 1775 年当黑森州侯爵收藏品管理人时，这位集翻译家、作家、地理和矿物研究者于一身的学者，由于一念之差，侵吞了宝石和古币而被通缉捉拿。拉斯伯对这些故事进行了编译和整理，并且点明主人公 M-h-s-n 是闵希豪森。这本四十九页的英语小书 1785 年在伦敦问世，即告售罄。拉斯伯次年又推出第二版，增加了"海上冒险"部分。

这本英语书落到当时哥廷根大学编外讲师比格尔（G. A. Burger）手中。他毫不迟疑，把这部在国外畅销的本土作品重译成德语，同时增加了不少时代影射及新的轶闻故事，于 1786 年发表。在此期间，拉斯伯在英国又出了此书新的版本，增加了诸如月亮居民等奇幻故事。从此，这本书的内容由猎人的冒险越来越倾向于奇妙的幻想。比格尔于 1788 年对这本书的英语第五版再次进行编译和增删，《闵希豪森奇游记》就这样取得了它最终的形式，历史的闵希豪森也就成了一位文学的闵希豪森。

值得注意的是，围绕着这个"吹牛男爵"所产生的故事，大多不是拉斯伯和比格尔的独创，它们常常有自己的文学渊源。本译本所采用的此书德国雷克拉姆版的编者，就以附录形式，选登了一部分早于此书已流传于世的作品，以便读者在欣赏这本书的同时，也能窥其母题和题材的演变过程。译者把这部分"附录"在这里也一并译出。

尽管本书故事主要是德国乃至欧洲文学流变的结果，尽管拉斯伯为收集这些故事立下了筚路蓝缕之功，这本书的最后形成并获得世界声誉，还得归功于比格尔。奇怪的是，比格尔是匿名发表此书的。直到 1798 年，即比格尔逝世两年、历史的闵希豪森去世一年后，才有人公开了这一秘密。或许比格尔以为这样一本滑稽故事或者谎言集有损于他作为一名严肃的大学教师的体面？这就不得而知了。

本书的翻译是我在德国搞研究之余进行的，没有机会把它以前的汉译本拿来对照，以少犯错误。有利的是，在这里遇到疑难问题，可以随时求得德国同行的帮助。但愿这能减少一些我无法请教前辈译本的遗憾。

又：书中出现的有些不常见的地名，基本上按中国大百科全书出版社 1984 年版的《世界地名录》译出。至于个别没发现有现成译名的地名，我在译注中附上了原文。

（1995 年 10 月于德国内卡河畔寓所）

《彼得·施莱米尔卖影奇遇记》*译者前言

　　《彼得·施莱米尔卖影奇遇记》是 19 世纪德国文学中流行最广的作品之一。它在某种意义上是童话，作者沙米索（Adelbert von Chamisso）本人更把它称为"儿童童话"。这不无道理，因为作品使用了出卖影子、幸福女神的吉利钱袋、隐形鸟巢、隐身小帽、七里靴以及魔鬼等神话中常见的母题，给作品的确添上一层"奇妙的"色彩；但它又不是严格意义上的童话，因为这些童话母题在这部作品中缺少与神秘的童话世界的联系，作品的背景是现实的市民社会，主人公时时受制于各种社会关系。就是那个魔鬼，既没有魔鬼的长相，又缺乏必要的魔性，甚至说话也会脸红，事实上已人化。德国著名作家托马斯·曼认为这部作品"尽管有荒诞的特点，可是太严肃、太现代和太热情，无法归入童话的类型"，这也不无道理。有鉴于此，有人建议或称它为"中篇小说童话"，或称它为"童话中篇小说"，以左右兼顾。

　　作品一开始，沙米索让施莱米尔这个笃信金钱万能的"穷鬼"来到一个港口城市，拜访托马斯·约翰这个认为没有至少一百万就是一个无赖的富翁。那天主人家中有不少客人，施莱米尔适逢其会，观察到客人中一个"沉默寡言、身材瘦削细长、稍稍上了

---

* 《彼得·施莱米尔卖影奇遇记》，（德）阿德伯特·封·沙米索著，卫茂平译，北岳文艺出版社，1998。

年纪的男子"。他随随便便地从自己灰色上衣的胸袋里掏出客人们想要的一切东西：从医用胶布到望远镜，从土耳其地毯到豪华帐篷，最后甚至还拿出三匹备好鞍子的骏马。更奇怪的是，没有一位客人对此表示出任何惊讶。施莱米尔感到恐惧，打算抽身离去，但被灰衣人赶上。金钱的诱惑力战胜了无名的恐惧。他没有多加思索，便接受了灰衣人的建议，用自己的影子换取他一只永不枯竭的钱袋。直到在回客店的路上受到路人和学童的嘲笑后，他心中才产生了预感，"在世界上金钱越胜过事业和道德，影子也就越比金钱更为人看重"。可惜这已太迟。只是在忠实的仆人本德尔的保护下以及借助金钱的力量，他才得以担惊受怕地与社会保持一定的联系。灰衣人此刻暂时退出故事，童话的"奇妙"也暂时消失。

在社交活动中，施莱米尔先钟情于美丽的芳妮小姐，但是月光最终暴露了他没有影子的真相。芳妮昏倒，施莱米尔带着仆人连夜逃出这个港口城市，来到一个温泉小城。他在这里凭借金钱的力量成了彼得伯爵，又对美丽的米娜、一个林务官的女儿一往情深。狡诈的仆人拉斯卡偷走了主人的钱后又觊觎主人的情人，向林务官告发施莱米尔没有影子，使他不得不再次品尝自己酿下的苦酒。林务官对他当面宣告，要是他三天内找不回自己的影子，就把女儿嫁给拉斯卡。紧要关头灰衣人再次出现，表示愿意交还影子，但条件是能在施莱米尔死后得到他的灵魂。施莱米尔似乎没有选择余地，因为这不仅事关自己的影子，而且事关美丽无辜的情人的命运。在这种情况下牺牲自己的灵魂，难道不是道义上的责任？叙述至此，沙米索巧妙地避开了故事情节的激化：施莱米尔手拿纸笔，准备签约，但突然昏倒在地，醒来后米娜已同拉斯卡结为夫妻。这个往日的彼得伯爵不仅失去了未婚妻，而且被当作可疑分子驱逐出境。他孑然一身，当夜离开这个温泉小城。灰衣人此后并未善罢甘休，甚至把他的影子暂借给他，让他享受人间社会，来引他上钩，让他签字。施莱米尔几经犹豫，最后见到灰衣人口袋里托马斯·约翰那变形的头颅、听见他的哀号，才义无反顾地把那个钱袋扔入深渊，与灰衣人彻底决裂。现在的施莱米尔没有影子，没有家，也没有钱，可以说是一无所有。但倒霉鬼最终要获得幸福，这是童话模式。他无意中得到一双七里靴，得以远离嘲弄他的人世，在研究大自然中得到解脱。后来有一次病倒后，他还意外地被送到本德尔用他的钱、以他的名义开的医院，没被别人认出地重新见到这位忠实的仆人以及在此期间已经守寡、帮助本德尔管理医院的米娜。故事的悲剧性结尾就这样得到避免，辛酸的往事在故事人物的回忆中成了一种"考验，以便人们带着明智的判断力，等待真正的开始"。

毫无疑问，统军这个故事的是影子，对此人们通常从社会学和作者生平这两个角度进行阐释。施莱米尔失去了影子，同时也就失去了社会对他的承认，影子也就成了人类整体的一种象征。施莱米尔一开始并未认识到这点，否则他不会轻易地把它让给灰衣人。只是当人们在他身后大喊"这个可怜人没有影子"时，他才恍然大悟，意识到自己已被社会遗弃。偏偏他又是为了钱卖掉了这个影子，使他难以启齿，向人解释。在这个影子的故事中，沙米索似乎也融入了本人的经历。他 1781 年生于法国香槟地区一个贵族家庭，1792 年 11 岁时，为了躲避法国大革命，他随全家逃离法国，辗转来到柏林。他以后虽然多次往返于法德两国之间，但最后还是在 1838 年死于柏林这个当初的避难之地。他幼时曾当普鲁士王后的侍从，后来又在普鲁士军队当少尉，但始终感到自己由于出生、由于德法两国间频仍的战争而受人猜疑。特别是到了德国反抗拿破仑的解放战争爆发、国内爱国主义情绪高涨时，他不得不听从朋友的安排，于 1813 年年初离开柏林，在好心的伊策普利茨伯爵的庄园中避难。《彼得·施莱米尔卖影奇遇记》就在这个时候产生，表现出作者失去某种世所公认的身份的苦闷。而施莱米尔最后脚蹬七里靴，跨越人间社会在研究大自然中找到归宿的结局，同样可以在沙米索生平中找到解释。沙米索曾于 1812 年以近三十二岁的年龄开始学习自然科学，写完这本名作后不久，就作为一名自然研究者登上一艘俄国探险船，进行他长达三年的世界航行。对这次旅行途中搜集的植物、动物和人类学材料的研究，一直持续到他生命结束。他由此又成了 19 世纪植物地理学界为人承认的权威之一。

再谈一下影子这个母题的渊源流变问题。这个母题不是沙米索的独创。他以前的德国作家，比如维兰德和歌德，就已经处理过这个母题。而失去影子意味着被社会排斥的母题，同西班牙传说故事"萨拉曼卡的魔鬼"有亲属关系。这个传说故事已在 1690 年被介绍到德国。据说影子同灵魂的关系这个母题源自印度神话。这使我想起《庄子·渔父》中的一段话："人有畏影恶迹而去之走者，举足愈数而迹愈多，去愈疾而影不离身，自以为尚迟，疾走不休，绝力而死。不知处阴以休影，处静以息迹……"这是讲想抛弃自己的影子，同沙米索想得回自己的影子的用法恰恰相反。不知古老的中国文学中是否有更近的例子？

本书已有中译。可惜身在国外，没能找来，放在案头请教，以减少自己的失误。但世上的事常常有利有弊，利弊相当。缺少范本，或许能译出另一个施莱米尔。才疏学浅，想来这只是奢望而已。

（1995 年 10 月于德国内卡河畔寓所）

《小查克斯奇历记》[*] 译后记

所谓童话，一般可分两种。一是民间童话。民间童话中故事情节比较简单，人物性格也比较单一。善与恶、美丽与丑陋、勇敢与懦弱、愚蠢与聪明之间的矛盾不断发展，最后达到符合读者或听众所期待的幸福结局。二是艺术童话。它与民间童话有着千丝万缕的联系，但在结构上更具艺术性，有心理—哲学的意味。更重要的是，它不像民间童话那样，先是通过民间流传、然后由人汇集改编而成，而是某一位著名作家独立创作出的作品。德国著名作家 E. T. A. 霍夫曼（1776—1822）就在艺术童话创作领域中做出了巨大贡献。本书所收的《小查克斯奇历记》与《咬核桃小人和老鼠国王的故事》也是世界艺术童话中的名篇。

《小查克斯奇历记》1819 年问世，讲一个性格卑劣的畸形小人，在一位仙女的帮助下，不劳而获，飞黄腾达，但最后还是没能逃脱身败名裂、悲惨死去的下场。这篇童话常被批评界视为抨击社会陋习的范例，而作家本人却说，它只不过铺展了他一个幽默和松散的念头。这也难怪，因为作品的社会效果和作家原本意图往往是两回事。尤其是一篇童话，倘若人们在阅读、在得到消遣之余，还能体悟到某种深意，那么它的确不失为一篇好作品了。

---

* 《小查克斯奇历记》，（德）霍夫曼著，卫茂平译，北岳文艺出版社，1999。

《咬核桃小人和老鼠国王的故事》发表于 1816 年。童话产生的背景则不是"一个幽默和松散的念头",而是作家与他的朋友 J.E. 希奇希的孩子们的交往。同作品中那位州法院顾问一样,霍夫曼本人确实也当过法院顾问,也做过精巧的手工玩具,送给希奇希的两个孩子作为礼物。这篇童话中梦幻与现实交织,往往使人真假难分,与此不无关系。

《小查克斯奇历记》,就我所知,曾被收入人民文学出版社 1984 年版的《德语国家中短篇小说选》以及上海译文出版社 1988 年版的《封·丝蔻黛丽小姐》中,译者分别为焦魁一和韩世钟。这次重译,曾找来看过。《咬核桃小人和老鼠国王的故事》有过少年儿童出版社 1957 年的单行本。可惜走了上海的几家图书馆,或是不见馆藏,或是有卡无书,懒意渐生,就此作罢。或许北岳文艺出版社的编辑嘱我译出这篇童话,本来就有补缺之意?

（1996 年 11 月于上海）

《午夜钟响》、《山妖传》[*]译后记

与英、美、法、俄等国文学相比，德语文学在中国的译介稍迟，势头也弱。这抑或同它长于哲理，逊于形象有关。这有违中国大众的阅读趣味。大概正是如此，第一部比较完整地被译成中文的德语小说，是一部少儿作品。许是少儿天性使然，各国少儿文学在题材选择、形象塑造和描写手法上差别较小。瑞士德语作家威斯的冒险小说《小仙源》，1903年分七次连载在《绣像小说》上。这部原名为《瑞士的鲁滨逊》的小说反响颇佳。1905年，上海商务印书馆推出此书单行本，以后一版再版，足以为证。随后，《莱辛寓言》、《豪夫童话》和《格林童话》在中国少儿文坛上不胫而走。流传最广的该是《格林童话》，但它往往难脱王子公主历经磨难后终成眷属的套路，读多了让人徒生倦意。近年来在中国登堂入室的普鲁士勒的童话则大异其趣。他常常把目光投向精怪、幽灵，把故事的发生地迁往古堡、森林、荒山和磨坊，替生活在日益逼仄的城市中的小读者打开一片云谲波诡和大为广阔的天地。

这次翻译的普鲁士勒的两本童话，一本题为《午夜钟响》，讲掘宝传奇，巫婆、魔法师和幽灵的故事。另一部《山妖传》，以波西米亚和西里西亚之间巨人山脉的山妖、侠义心肠和惩恶助善

---

* 《午夜钟响》、《山妖传》，(德)奥得弗雷德·普鲁士勒著，卫茂平、王滨滨译，二十一世纪出版社，2000。

的"萝卜数字"为中心。译书期间无意中发现，这座山脉本世纪初已在中国文人笔下出现。1911 年 6 月至 7 月，中国杰出的翻译家、教育家马君武留德期间游历此山，并写下《辛亥六月至 Riesengebirge 为地质旅行》一诗。诗中出现的"雪峰"、"鬼目"和"狐鸣"等词，已透露出一股此山的冷峭阴森之气。

中国的《聊斋志异》"叙畸人异行"，却常能"出于幻域，顿入人间"，"使花妖狐魅，多具人情，和易可亲，忘为异类"（鲁迅：《中国小说史略》)，并用谈狐说鬼的形式批判现实，寄寓理想。而普鲁士勒的作品从真入幻、幻而似真、人鬼融合、衔接无痕，大体上也用前暗后明的叙述手法。所以二十一世纪出版社的编辑，给此书冠以《日耳曼聊斋》之名，有其道理。

本文开头曾提及德语文学总体上讲长于哲理思辨、拙于形象塑造的特点，眼前的这几十篇普鲁士勒童话，虽然具有很强的娱乐性，但其哲理文化背景实际未减。看一下近二十多年来西方文坛上后现代主义对工具理性的批驳和对宏大叙事的反叛以及重评童话的呼声，大致可揣摩出普鲁士勒这些童话作品可能的寓意和旨归。

书译完后，本应一如常例，对照原文和脱离原文再各看一遍，可惜旁事干扰，已无暇再顾。幸亏同行王滨滨老师鼎力相助，纠错润色，代我完成了这最后两道工序。是以为谢。

（2000 年 6 月于上海）

《恶——或者自由的戏剧》[*] 译后记

《荀子·性恶》中有言:"今人之性,生而有好利焉,顺是,故争夺生而辞让亡焉;生而有疾恶焉,顺是,故残贼生而忠信亡焉:生而有耳目之欲,有好声色焉,顺是,故淫乱生而礼义文理亡焉。"

这位中国哲人把"恶"归于人性中的"好利"、"好声色",末了结论是"人之性恶"。而从古希腊、古罗马一直到现代思想,西方传统则另有一说,认为"恶"来自原罪,确切地说来自上帝给予人的自由。这是缺乏基督教思想浸染和不长于(很长时间里惮于)形而上学思辨的中国传统不易一下领会的。由此产生了此书的一大魅力。不仅如此,此书从"恶"出发,对哲学的功用、艺术的定位、国家的职能、宗教的理由等人文科学的各个方面阐发了许多真知灼见,醒人耳目,促人深思。

全书发凡起例,上下千年,援引了众多西方典籍和作品,其中不少已有中译。所以移译之初,我曾定下找出这些引文已有中译的原则,以减少由于上下文不明而产生的误译。但一则原书引文均未注明出处,二则本人学养不够,藏书不多,而交稿时间紧迫,不允许在外面的图书馆盘桓过多,故留下许多遗憾。无奈只

---

* 《恶——或者自由的戏剧》,(德)吕迪格尔·萨弗兰斯基著,卫茂平译,云南人民出版社,2001,即将由北京:生活·读书·新知三联书店再版。

能借书中"完美无瑕仅在上帝那儿有"（第一章、第十六章）自我开脱了。需要说明的是，引用已有中译时，不时有些许改动。或是因为此书作者所据版本与已有中译所据版本不同，或是为了上下文的贯通我做了变动。极个别的地方我也试图纠正以往译文的欠妥之处。为了省去一一区别的麻烦，所以脚注中均以"参考"两字注明。在此请原译者原谅我的冒昧，也请接受我的谢意。

记得云南人民出版社的编辑拿来此书，我第一次见到书名，不禁想起幼时熟读的一首西方诗歌："生命诚可贵，爱情价更高，若为自由故，两者皆可抛。"对西方传统来说，自由是比生命、比爱情都更高贵的东西，与人皆弃之的"恶"有何干系？译完此书，深感书名不假，能解此惑。愿读者诸君有此同感。

（1999 年 8 月于上海）

《哲学家的咖啡馆》[*]译后记

承蒙一位认识不久，但相处不错的编辑拿来此书，请我翻译。尽管诸事繁忙，要稿又急，大致翻阅后，还是欣然接下。因为哲学问题在我兴趣范围之内。说兴趣，也就是说哲学并非我的专业，所以就译文中可能出现的错误，只能厚颜请专家读者指教了。

书中有一些拉丁语，甚至希腊语等德语以外的西文，鉴于此书非学术专著，为了阅读流畅的缘故，仅译成汉语而不再附上原文。

译书期间，恰逢恩师，德国海德堡大学威廉默·屈尔曼（Wilhelm Kühlmann）教授来沪讲学，获得不少帮助。我的在外语方面各有所长的同事们也不吝指点，谨此一并致谢。

译完此书，似有经历了一番哲学洗礼之感，很想以一篇书评代为译者序言或译后记。可惜交稿时间已到，后面的文债也已逼近，只能涂下以上絮语，作为这两个半月译事的了结。

（2001 年 6 月于上海）

---

* 《哲学家的咖啡馆》，（德）诺拉·K. 赫斯勒、维托里奥·赫斯勒著，卫茂平译，复旦大学出版社，2001。

《追猎隐身人》*译后记

　　《西游记》中的孙悟空虽能腾云驾雾，随意变形，被关入坚实的老君炉后却也无计可施，因为炉中没有一丝缝儿，能让他变成小虫后钻出。这部德国童话中的隐身人虽无七十二变的本领，上天也需要飞艇相助，却有跃迁即穿墙而过的天赋。悟空天上有知，至少在这点上自叹不如。

　　此书所述隐身人，全身无色透明，旁人对其存在几无知觉。隐身人的天职是搜集人类遗忘的秘密并予以保存。他们对人类本无恶意，只不过天性调皮，有时会开些玩笑。但人类中却有一帮知其存在的歹徒，专事猎捕隐身人，意在攫取他人秘密，以达到控制世界为己用的目的——这就是隐身人猎手。此书主人公隐身人保罗被隐身人猎手追得走投无路，深夜误入男孩奥利弗的卧室。这个平时仅对电视片感兴趣的世上最懒的孩子，渐渐同保罗成为朋友，两人携手共济，终于战胜了阴险恶毒、诡计多端的隐身人猎手。几近灭亡的隐身人世界终于得到拯救，奥利弗也一改既懒又馋的毛病，变得勇敢勤奋。

　　这是一篇所谓的艺术童话，又以跃迁和无形飞艇等题材因素，指涉科幻。民间童话可以不必有什么深意，艺术童话则喜欢文以

＊《追猎隐身人》，（德）迪米特里·克罗著，卫茂平译，二十一世纪出版社，2002。

载道。这在此书扶正祛邪、弃懒取勤的题旨中清晰可见。尤其在结构上，此书环环相扣，前后呼应。比如小狗哈利的消失与出现，女孩蒂内善使弓箭等情节，显示出作者的细密匠心，也营造出此书的惊险氛围。对两位小主人公保罗和奥利弗的叙写也很值得关注。他们决意同隐身人猎手斗争，并非完全出于对正义的信仰或对他人的关怀，而是受自身处境所迫。保罗从鼻尖开始，全身逐渐变得可见，而奥利弗却相反，与隐身人接触后开始变得不可见。倘若不战胜隐身人猎手，他们两人都面临着本体消亡的灭顶之灾。也就是说，为了自己的生存，除了接受隐身人猎手的挑战，他们别无退路。置于死地而后生，这也许是作者在书中有意无意地诠释的西方英雄主义背后的另一番义理。

本书情节紧凑，悬念不断，配以趣味盎然的插图，颇值一读。

又：原书没有注释，译本中个别脚注为译者所加。

（2001 年 12 月 6 日于上海）

《魔鬼橡树》*译后记

　　这本《魔鬼橡树》，实际上还有一个副标题：《恐怖侦探小说》。"恐怖"在哪里？小说中有夜半荒野上的"鬼火"、古堡地洞里的"幽灵"，还有抛尸荒野的谋杀。令人毛骨悚然。"侦探"小说中肯定要有警察或侦探。这本小说中确实也有开始扮成失业登山运动员，最后显其真身的欧洲刑警。但完成主要任务的是两个勇敢少年，安托尼奥和萨沙。这也就为小说定下少儿文学的基调。

　　少年侦探的故事在德国文学中自有传统。最知名的可能要数凯斯特纳（Erich Kastner）的《埃米尔捕盗记》，早在民国时期就有中译。不同的是，埃米尔面对的是一个陌生的小偷。他在小伙伴们的帮助下，终于逮住盗贼，得回自己的钱；而安托尼奥和萨沙面对的是一个有组织的犯罪集团，其主犯又是平时与他们友好相处的山村邻人，这让故事更加悬念迭出，扣人心弦。另外，《埃米尔捕盗记》出自20世纪20年代末，乡村生活尚占主导地位的时代，故事却以当时尚待发展的城市文化为背景；而写自20世纪90年代末，现代都市景观早已形成年代的《魔鬼橡树》，却把故事地点搬到远离现代社会的僻壤山村，值得我们回味。也许这就是当今文学创作中某种返璞归真的尝试。

---

* 《魔鬼橡树》，（德）亨宁·帕维尔著，卫茂平译，二十一世纪出版社，2005。

以神秘莫测的橡树、一望无际的森林、独自兀立的古堡和怪石嶙峋的大山为背景，小说塑造了一系列今天城市读者已无缘相识的人物和形象，其中有善用偏方的郎中、笃信上帝的羊倌、忠于职守的护林人、心地险恶的理发师，还有调皮好斗，又善恶分明的山羊戈特弗里德和聪明伶俐、善解人意的牧羊犬海军上将，似乎让我们回到了 19 世纪某个尚未完全开化的偏远之地。但是，偷猎、凶杀、利用先进科技手段作案，又是具有现代社会特征的犯罪行为。

不仅时代特征互相杂糅，就是题材和母题也犬牙交错。橡树的故事属于传说，外星人的母题来自科幻，最后牧羊犬的开口说话又赋予小说童话色彩。诸如此类的特征相加，我们见到的是一种与传统侦探小说全然不同的样式，一种"后现代"的少儿作品样式。

但是，见义勇为、互帮互助、惩恶扬善，这些人类共有的美德懿行，不受时代地域的阻隔，一如既往地在小说中得到张扬，这一定也会引起我们中国读者的共鸣。

（2002 年 6 月于上海）

《第五福音》* 译后记

　　安娜·封·赛德利茨是个年轻和勇敢的女人。当她丈夫——一个艺术品商人——在一次神秘的车祸中丧命时,她陷入了绝望。她在丈夫的遗物中发现一个胶卷。几十张底片上是同一母题:一张写有古代科普特文字的羊皮纸手稿。安娜不久明白,此后隐藏着一个巨大秘密。因为,有人为获取照片所摄的原件开出一个天价。对遗失的原件的寻找和对丈夫死因的调查,把她引到巴黎。在那里,一个德裔美国教授的大胆之举成为媒体头条新闻:他在卢浮宫用硫酸洒向达·芬奇的一幅圣母画像……

　　小说《第五福音》就这样吸引读者进入一个极为扑朔迷离和充满悬念的故事。

　　此书作者、德国作家菲利普·范登伯格 1941 年 9 月出生于布雷斯劳,曾任多家报纸杂志的记者,1973 年完成第一部小说《法老的诅咒》后一举成名,并正式开始其自由作家的生涯。这部《第五福音》初版于 1993 年,是他所谓的"历史三部曲"中的一部。其他两部为《西斯廷的密谋》和《哥白尼的诅咒》。仅从书名看,在这部《第五福音》里,范登伯格固守于他的"考古或历史侦探小说"的类型,而其内容的确也涉及不少欧洲的历史、考

---

* 《第五福音》,(德) 菲利普·范登伯格著,卫茂平译,辽宁教育出版社,2005。

古、文学及文化史实，尤其是基督教史。由于岁月的洗涤和自然的剥蚀，这些史实已逐渐淡出人们的记忆，给翻译带来一定的难度。更由于这又是一部虚构的小说而不属于专业书籍，书中的内容往往亦真亦假，虚实相间，迫使译者最后放弃了详做注解的初衷。就此敬请读者原谅。不过，译者还是愿意就自己使用的工具书作一说明，以便有心的读者可以进一步查阅。对于大多数的人名地名、史实概念和专有词汇，除了常用的德汉、英汉、法汉、拉（丁语）汉等词典以及有关的地图和圣经词典，译者主要使用了以下两本工具书：《简明不列颠百科全书》（中国大百科全书出版社，1986），《外国地名译名手册》（商务印书馆，1993）。

菲利普·范登伯格是当今最成功的德国作家之一，其作品已被译成三十多种语言，并早在20世纪末（1999年）已拥有一千六百万以上的读者。但愿此书中译的问世，能为中国读者领略其作品那建立在西方宗教文化史背景上的、扣人心弦又开启心智的魅力，作为添助。

（2003年4月于上海）

《偶像的黄昏》* 译后记

这里想特别交代一下《偶像的黄昏》注疏问题。

我当时主要译了 Pütz 版的注释。KSA 版的注释，仅译了每篇的序言，其他未译。今年春节刚过，责编寄来上述尼采著作的法文本相应注释的汉译，让我过目，尤其让我注意法文本注释同我原先译文的相左几处，并确定取舍。同时希望补上 KSA 版的其他注释。

对照德语原文，重新斟酌拙译与法文本注释有抵牾的几处，觉得原汉译大抵没问题。由此也感到，即使西文内部的翻译，即这里的法译德，也非易事。有理解的，也有误解的。

但通读法文注释的汉译，以及法文注释汉译者的个别提醒，还是有所助益。比如 KSA 版 97 页（属《偶像的黄昏》）中，有"Wir leugnen die Verantwortlichkeit in Gott"一句，我原先的译文是"我们否认上帝的责任"，法文注释的汉译者提示，法语译文为"nous nions en Dieu la responsabilité"，直译应为"我们否认上帝拥有责任"。仔细推敲，虽不认为德语原文该这样译成汉语，但由此也发现自己原先的粗疏或失误。因为实际上，德语介词 in 在此并不是常用的"在……里面"的意思，而有 vor（在……之前）或者

---

* 《偶像的黄昏》，尼采著，卫茂平译，华东师范大学出版社，2007。

gegenüber（面对）的含义。现改成"我们否认面对上帝的责任"，可以解释为：面对上帝，我们无须承担任何责任，或没有承担责任的义务。准确翻译之难，思之的确令人惶惑。

补译 KSA 版其他注释的要求，其实不敢违背。但笔者不意发现，工作大体已由法文注释的汉译完成，因为法文本注释，基本是 KSA 版一些注释的翻版。所以 KSA 版的注释，最后仅补充了为数不多的几个，实非搪塞，而是避免重复。

本著作的法文版注释由姜宇辉博士译出，谨对他的劳作，表示感谢。

（2007 年 3 月 5 日于上海）

《瓦格纳事件 / 尼采反瓦格纳》[*] 译后记

按原计划,《瓦格纳事件》、《尼采反瓦格纳》同《偶像的黄昏》并为一卷出版。现情况有变,前两部作品在此单独成书。就它们均与瓦格纳有关,变动顺理成章。

背弃瓦格纳,在尼采生平中,是个重大"事件"。尼采曾在不同的论著中,试图对这一"不可理喻"之事,进行说明或辩解。而比较集中涉及此题的,即为《瓦格纳事件》和《尼采反瓦格纳》。但是,通观尼采以上著述,可见这些理由常常顾左右而言他,并不怎么令人信服。其实,尼采对于此事的真正原因,始终讳莫如深。然而随着研究的深入,不少以前鲜为人知的材料不断呈现,尼采所举审美或价值判断方面的缘由,往往蜕变为与瓦格纳的个人恩怨。曾有德人,仅就此事,旁征博引,写出几百页的专著。不过这是另话。

多年前造访拜罗伊特,看完瓦格纳故居后,入一雅静餐馆。墙上有一幅字,赫然入目,至今让人难忘:"Irgendwann einmal sitzen wir alle in Bayreuth zusammen und begreifen gar nicht mehr, wie man es anderswo aushalten konnte." 试译为:不知何时,我们大家聚坐拜罗伊特,就再也无法明白,以前怎能忍受别处。事后,还

---

* 《瓦格纳事件 / 尼采反瓦格纳》,尼采著,卫茂平译,华东师范大学出版社,2007。

在一旁书店里，觅得印有这句话的明信片。据考，此言出自尼采1873 年 2 月底给女友马尔维达·封·迈森堡的一封信。那时，尼采与瓦格纳的关系尚处"蜜月"期。可见，尽管尼采以后对瓦格纳百般"攻讦"，拜罗伊特人对他似未生气，至今还引他为荣。这是尼采的魅力所在。

（2007 年 6 月 28 日补记于上海）